机遇、挑战与使命

——融媒体时代的传媒教育

OPPORTUNITY, CHALLENGE AND MISSION

THE MEDIA EDUCATION IN THE ERA OF MEDIA CONVERGENCE

胡洪春 ◉ 主编

中国传媒大学出版社

·北京·

图书在版编目(CIP)数据

机遇、挑战与使命:融媒体时代的传媒教育 / 胡洪春主编. — 北京 :
中国传媒大学出版社,2017.12
(高等教育研究前沿丛书)
ISBN 978-7-5657-2085-7

Ⅰ.①机… Ⅱ.①胡… Ⅲ.①传播媒介—教育研究—中国 Ⅳ.①G206.2

中国版本图书馆 CIP 数据核字(2017)第 197141 号

机遇、挑战与使命:融媒体时代的传媒教育

JIYU TIAOZHAN YU SHIMING:RONGMEITI SHIDAI DE CHUANMEI JIAOYU

主　　编　胡洪春
策划编辑　冬　妮
责任编辑　张　旭　吴　磊
特约编辑　陈　默　沈梦绮
封面设计　拓美设计
责任印制　曹　辉

出版发行　中国传媒大学出版社
社　　址　北京市朝阳区定福庄东街 1 号　　邮编:100024
电　　话　010-65450532 或 65450528　　传真:010-65779405
网　　址　http://www.cucp.com.cn
经　　销　全国新华书店

印　　刷　北京玺诚印务有限公司
开　　本　787mm×1092mm　1/16
印　　张　16.25
字　　数　317 千字
版　　次　2017 年 12 月第 1 版　2017 年 12 月第 1 次印刷

书　　号　ISBN 978-7-5657-2085-7/G·2085　　**定　价**　68.00 元

目　录

理论探索

课程研究

案例分析

人才培养

理论探索

LILUN TANSUO

提升“当代世界经济与政治”有效教学的路径探析

——基于传播学视角

◆ 武 闽

教学有效性（Teaching Effectiveness）是高校思想政治理论教学研究中的核心问题之一。高校思想政治教育的有效性是指思想政治教育的实际运作对目标的实现程度的影响，即“学生的思想政治教育活动产出与出现正向结果的效能属性”①。目前，我国高校思想政治理论教育还存在一些问题，教学效果还有种种不尽如人意的地方。原因有多种，主要症结之一就是长期以来我们习惯用“灌输”的方式向学生传授马克思主义的理论、观点和方法，而忽视受教育者的知识结构、兴趣偏好、情感体验等因素，没有对教学内容进行及时的更新和挖掘，教学方式方法相对单一，这些都严重削弱了课堂的教学效果。

本文以“当代世界经济与政治”课程为例，旨在借用现代传播学的理论和方法观照高校思想政治理论课教学的理念与实践，使高校思想政治理论课的教学理念、教学内容以及教学评估等环节更加符合传播规律，进而取得令人满意的教学效果。

一、传播视角下“当代世界经济与政治”的教学理念

教学理念是人们对教学活动内在规律认识的集中体现，是人们对教学活动持有的基本态度和观念。教学理念是否科学，很大程度上影响着有效教学的能否实现。先进合理的教学理念能够为教学活动提供不竭的理论源泉和实践指导，最大限度地保证教学目标的实现；反之，则会阻碍教学活动开展，不利于社会主义现代化人才的培养。

与单向的“灌输论”不同，现代传播学强调“共享与互动”。美国实用主义学者杜威认为，传播就是参与一个共同的世界，有意义的是，大家正在共享着一些东西，正在认

① 刘川生.大学生日常思想政治教育实效性研究[M].北京：北京师范大学出版社，2009.

同着一些东西。[①] 美国传播学者詹姆斯·凯瑞认为，传播就是仪式，是一种对主体的召唤，重要的不是通过传播获得了什么样的信息，而是通过传播我们与其他人建立了内在联系，获得了对现实的共同理解。[②] 德国学者哈贝马斯认为传播即共享，人们可以通过传播获得共识。[③] 可见，现代意义上的传播是人们互动的过程，是人们达成共识的重要手段，最终的目标是实现人们对传播内容的理解和认同。这种传播观念被运用到教学领域，教学活动就成了教师与学生知识建构的双向的、互动的传播过程，教学理念也相应地具有了新的特征。

（一）教学过程的互动性

哲学家马丁·布伯（Martin Buber）在其代表作《我与你》中指出，“我”并非单独存在，而是存在于“我和你”以及“我和他”的关系中。“我和他”的关系则基于功利主义，“他”是“我”审视、观察的对象，两者之间是主体和客体的关系。“我与你”之间的关系则是对等的，“你”具有独特性，是无法被物化的。哈贝马斯的交往行动理论也强调交往双方的互主体性，与布伯提出的“我—你”关系有相似之处。他认为，对话就是一个互主体性的过程，真正的对话不仅意味着倾诉，还要求倾诉者首先能够倾听。对话交往的双方具有同等的主体地位，处于平等的关系中，达到一种“协商的理解”。

单向灌输式教学就像单向的独白式传播，类似“我—他”的关系，而双向的对话式传播则类似“我—你”的关系。这种双向对话传播理念被运用到教学活动中时，就需要我们重新审视教师和学生的角色定位。教学活动是一种有目的、有组织、有计划的教育过程，作为传者的教师在这一过程中主要发挥着“把关人”“组织者”和“引导者”的重要作用。同时，作为传授主体的教师和作为接受主体的学生之间是一种开放、民主、平等的关系，学生在教学过程中不再单纯地作为“被动接受者”，更多地成为“积极参与者”和“自主学习者”。美国学者、著名的学习专家爱德加·戴尔1946年提出的“学习金字塔模型”显示（见图1）：从金字塔尖到塔基是现代最重要的7种学习方式，分别是“听讲”“阅读”“视听”“演示”“讨论”“实践”“教授给他人”。

实践也证明，“听讲”的学习效果最低，储存率只占5%，而“教授给他人”的学习效果最好，储存率高达90%；学习效果在30%以下的几种传统方式，都是个人学习或被动学习；而学习效果在50%以上的，都是团队学习、主动学习和参与式学习。可见，要想提高教学的有效性，就要重视和充分尊重作为受众的学生的主体意识，鼓励学生参

① DEWEY J.The public and its problems[M].New York: H.Holt and Company, 1927:26.
② CAREY W J.Communication as culture:essays on media and society[M].Boston:Unwin Hyman,1989:23.
③ 哈贝马斯.交往行为理论[M].曹卫东，译.上海：上海人民出版社，2004:26.

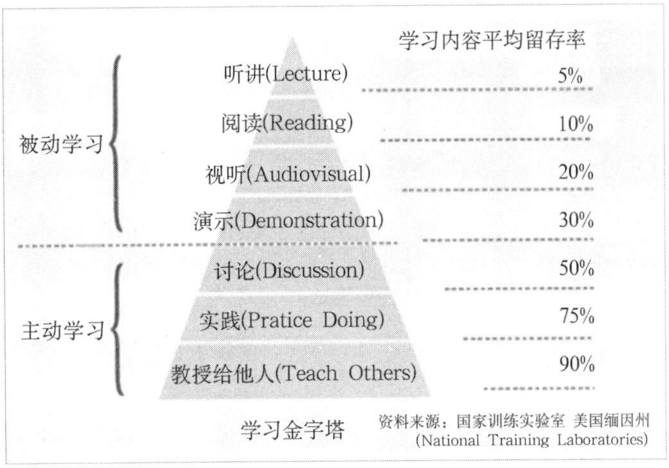

图 1 “学习金字塔模型”

与到教学过程中，尽可能多地采取学生参与度高、师生互动性强、符合现代传播规律的教学理念和方法。

（二）教学内容的共建性

现代传播理论认为，受众会根据自身所处的语意环境对信息进行解读，也就是说，同样的传播内容，受众的解读是多样的。著名文化传播学者霍尔（Stuart Hall）提出的编码和解码理论，强调信息接收者在意义创造过程中的能动性，解读的多义是由符码之间缺乏相宜性造成的，是由传者与受众之间关系的不对称性造成的。因此，在传播过程中，如果想要获得良好的传播效果，就需要充分考虑到受众的个性特点、文化背景和社会阶层等因素。

传而不通、通而不受是当今教学过程中普遍存在的问题。现代传播理论让我们意识到教学活动需要以学生的接受度为导向，课堂教学是否有效，很大程度上取决于学生对教学内容是否进行了合理解读。因此，在教学过程中，教师除了根据教学目的，精心准备教学内容、合理设计教学环节、确保课程体系的稳定性之外，还应适当倾听学生对这门课程的想法和建议，了解选修这门课的学生的年龄、专业、兴趣和心理等社会文化因素，在编排课程时应尽量将学科逻辑性与学生的主体需求统一起来，让授课内容更加贴近社会现实。另外，以学生喜闻乐见的方式设计教学环节也非常重要，这有利于充分激发学生的学习热情和兴趣，变“要我学”为“我要学”。当教学内容是由“传者”教师和“受众”学生共同建构时，我们离有效教学就又近了一大步。

（三）以理解和认同为基点的教育目的

在杜威和哈贝马斯等学者看来，传播的主要目的不仅是提供信息或提供接触与使用信息的渠道，更是针对特定的文化和政治环境，为受众提供信息的分析和解释，形成对话的基础，建立倾听、理解和交流的关系。以“对话”为特征的传播活动是两个主体或他们所代表的群体间的信息和观点的交流，强调双向平等沟通，通过对话建立相互理解和认同。

新媒体时代是一个信息爆炸的时代，学生可以通过互联网和移动手机媒体等多种渠道获取和传播大量信息，学生在信息量占有方面的优势越来越明显，这对教学活动来讲既是机遇又是挑战。从某种意义上讲，学生对教学活动的期待从之前的“获取知识”变为“提升能力”，教师的职责也相应地从“知识给予者”转向“思维启迪者”和“能力培养者”，这种转变使得教学活动更多地以一种师生之间对话的方式展开。课堂上的互动交流，一方面促使学生能够真正将所学知识内化理解，另一方面教师也在与学生对话讨论的过程中获得了学术灵感和教学感悟，真正实现了教学相长。对“当代世界经济与政治”课程而言，今后的教学目标不应当仅仅停留在学生对知识的了解上，更重要的是，要让学生掌握正确分析当今国际局势的方法和科学思维方式，理解我国在当今重大国际问题上的立场和政策，将爱国心和责任感内化为自身的价值观，这将大大提升“当代世界经济与政治”教学的针对性、实用性和适用性。

正如苏联著名教育家苏霍姆林斯基所说的，“学校里的学习不是毫无热情地把知识从一个头脑装进另一个头脑，而是师生之间每时每刻都在进行的心灵的接触”。在“当代世界经济与政治”具体的教学活动中，教师应该摒弃旧的灌输理念，建立以学生学习兴趣和内在需要为基础、以学生主动自觉参与教学为特征、以实现学生主体能力综合发展为目的的教学理念，努力打造教师主导作用和学生主体精神有机结合的新型师生关系。

二、传播视角下“当代世界经济与政治”的教学实践

作为高校马克思主义理论教学体系的重要组成部分之一，“当代世界经济与政治”课程旨在通过一系列的教学活动使学生能够掌握马克思主义的时代观、国家观和民族观等重要理论思想，能够运用马克思主义的辩证法、阶级论、合力论等科学方法对全球政治经济形势做出理性判断，在充分理解我国外交政策和对外战略的同时，更好地为祖国的现代化建设贡献力量。由于这门课本身理论性较强，研究的对象相对宏观，

在某些方面超出了学生的实际经验范畴，加上传统的“我讲你听”“满堂灌”的教学理念，学生难以对教学内容“入脑”“入心”，很大程度上制约和影响着教学的有效性。

（一）“当代世界经济与政治”的教学内容

决定课程教学效果的关键在于学生能否理解并认同教学内容。现代传播学认为，受众接受信息的过程，是选择性接受、选择性理解、选择性记忆的过程，而这种选择标准又会受到受众主体心理因素、个体需要、社会因素和文化规范的影响。因此，为了达到有效教学的目的，在教学过程中要对当代大学生的认知偏向、情感需求以及表达习惯等特征有所掌握，并将其作为优化教学内容的重要依据。

首先，优化教学结构，重点突出，详略得当。

“当代世界经济与政治”课程是一门集理论性、现实性、政策性于一身的综合性很强的思想政治理论课。它的内容十分丰富，在课时不变甚至减少的情况下，如果完全按照教材逐章讲授，很容易照本宣科，详略失当，教学效果难免不尽如人意。因此，教师有必要根据实际情况、紧密围绕教学目的，将教材体系转换成教学体系，在确保教学内容完整、规范的前提下，力求结构简明清晰、重点难点突出，提高教学实效。

在具体教学实践中，我校“当代世界经济与政治”课程教学内容主要优化为以下几个专题：导论、当代世界政治、当代世界经济、唯一的超级大国——美国、全面迈向一体化的欧洲、困惑的日本、古老而又年轻的俄罗斯和当代国际舞台上的中国。“05 方案”之前，选择这门课的学生主要是大三的文科生，年级和专业相对集中。而在新课程体系之下，这门课成为面向全校学生的公共选修课，因此学生群体趋向多元化。这就需要教师在组织教学内容时既要考虑当代大学生群体的共性，又要尽量兼顾不同专业学生的学科背景和知识结构。比如，面对文科专业学生，应更加注重知识的系统性以及应用性；面对理工科学生，则需要深入浅出，并适当地增加一些知识性的补偿性讲解；对于艺术专业的学生，则要强化内容的趣味性和形象性等。

其次，增强教学内容的实效性，注重理论联系实际。

当前大学生视野开阔，思维活跃，对当代世界的新形势、新变化有着强烈的兴趣和探索欲。教师应准确把握学生这种求知心理，把理论教学和学生感兴趣的、时代感较强的时事有机地结合起来，找到这门课的课程特点和学生主体需求之间的契合点，不断提升教学效果。

例如，2014 年秋季学期，在讲到“当代世界经济”专题中“区域经济一体化”的相关内容时，恰逢亚太经合组织领导人会议周。上课时，教师从同学们熟悉的“APEC 蓝”“APEC 顺”等现象谈起，结合这次 APEC 北京会议所取得的成果，进一步阐述 APEC 组织的宗旨、原则、运行机制、面临的机遇和挑战以及给老百姓生活带来的便利实惠。借助主办地优势,在条件成熟的情况下,课外安排学生以志愿者的身份参与到 APEC 北京会议中,使学生们能够在切身体验的基础上,全面地了解和掌握区域经济一体化的相关理论以及中国在亚太经济一体化中的外交政策和关键作用。

坚持理论联系实际,持续关注国际局势发展变化中的新问题、新动向,及时分析、讲解国际突发事件和热点问题,不但有利于"当代世界经济与政治"课程历久弥新,也有利于调动学生的学习兴趣,培养他们对国际问题的敏锐的观察力和理性的判断力,实现教学目的。

最后,突出形象化表达,增强教学内容的吸引力。

对大多数学生而言,这门课主要关注理论层面,研究对象也超出日常生活的一般体验。因此,教师有必要通过各种表现方式将抽象的教学内容形象化、生动化,使其易于被学生理解和掌握。当下,网络流行语大多生动形象、诙谐幽默,在构词形式和修辞用法上更贴近年轻人的心理需求和表达习惯,若经常引用,则易于让学生产生共鸣。除此之外,教师也可以采取对比式、案例式、引导式等多种方法由表入里地组织教学内容,提升课程的感染力,增加教学内容的趣味性。

另外,新媒体具有将文本、声音、图形、图像等多种表现形式很好地结合起来的优势,能充分创造出一个图文并茂、生动逼真的教学环境。因此,在教学中,适当运用多媒体、降低理论教学的抽象性,有利于于让学生理解教学内容。例如,在讲到"当代世界经济"章节中的"2008 年美国次贷危机"时,可以结合教材播放网民制作的动画短片《十分钟搞懂美国次贷危机》,这样复杂抽象的金融危机原理由形象生动的动漫演绎,使原本枯燥的教学内容变得生动活泼。

(二)"当代世界经济与政治"的教学模式

教学本身就是一门艺术。它不仅要求有科学的教学内容,而且要求有适当的教学模式与之相适应。合理设置教学模式,是提升教学有效性的关键环节。特别是对于"当代世界经济与政治"这门思想性、理论性较强的课,在从"必修课"转为"选修课"的新形势下,更需要依赖现代化的教学理念来改革、创新现有的教学模式,不断提升课程吸引力,更好地实现"思想政治教育"的功能与目的。

在新的教学模式实践过程中,教师的职责不再仅仅是满足学生对于新知识、新观点的需求,更重要的是,要了解学生的学习动机,激发他们强烈的学习兴趣,鼓励学生积极参与到教学过程的各个环节,以探讨、交流与对话的形式增强课程教学的有效性。下面,就以讨论式教学为例,探讨教学模式改革在"当代世界经济与政治"课程中的具体运用。

首先，确定选题是讨论式教学的关键，选题的难易程度和质量高低直接影响到讨论式教学的效果。教师在讨论式教学中主要扮演着“把关人”“组织者”和“引导者”的重要角色，根据教学目标设置具有时代性和代表性的选题，例如“试论美元霸权的兴起及衰落”“新形势下中欧关系的机遇和挑战”“美国全球战略的转型及中美关系”“钓鱼岛问题与中日关系”“后乌克兰危机时代中俄关系的发展前景”等，并根据教学进度安排上述选题。我们也会鼓励同学们在讨论后对选题做出符合自身专业背景和知识兴趣的适当调整，比如，我校学生结合传媒专业特色，提出了“全球化背景下中美文化贸易逆差探析”的选题，力图从文化贸易领域探索中国应对经济全球化的举措；选题“美国媒体中的中国国家形象变迁”，从新闻传播视角探析中美关系的历史变迁及影响因素。这种师生共同确定选题的过程既能保证选题的针对性和有效性，又能激发学生的学习主动性和参与热情，确保教学讨论顺利开展。

其次，选题确定后，学生可以以班级、宿舍为单位自行分成若干由8—10人组成的小组，由每个小组的组长选择本小组感兴趣的选题；或者也可以让每个同学都选择自己感兴趣的选题，根据选题的选择情况再进行分组，这样可以确保对同一个选题有浓厚兴趣的同学在一个组内。教师需要向学生传授小组研究、讨论的基本方法，提供选题的参考大纲以及相关的阅读书目。每个小组的组长根据该小组成员的专业特长、兴趣爱好进行分工，并负责整个讨论过程的协调工作。此外，借助电子邮件、微博、微信等新媒体手段建立课外网络学习空间，加强师生之间的沟通与交流，学生可随时就讨论过程中出现的疑问与教师在线互动交流，教师及时、便捷地为学生提供有针对性的建议和指导，确保小组讨论过程的有效性。小组成员根据教师布置的内容和传授的方法进入自主学习状态。这种开放的讨论式情境，给予了他们激发灵感、挖掘潜能的空间。他们既需要查阅大量资料，不断消除认知上的盲点，打破思维方式的局限，独立完成所承担的任务，同时又需要与其他成员配合、讨论，并在此基础上就汇报的内容框架和表现形式达成共识，最终呈现出让所有成员都满意的成果以及PPT课件。这一过程极大地调动了各成员学习的积极性和创造性，培养了他们的团队合作精神和自主学习能力。

再次，每个小组在教学进行至与其选题一致的章节时在班内进行汇报展示。各个小组推荐1名发言代表上台做10—15分钟的成果汇报。汇报结束后，教师先请其他小组对本小组的表现进行评价，然后再让本小组的组长进行自我评价，最后教师对学生们的意见进行总结点评。教师既要充分肯定选题汇报的优点以及同学们的表现，同时也需要恰如其分地指出其不足之处。这种立体的、有针对性的评价方式，对于引导学生深入思考，加深其对国际问题的理解和认识，促进教学相长有着非常重要的作用。

最后,这种讨论式教学促使学习流程得以重建。学生对知识的获取是在课前经教师指导或通过自身学习获得的,而对这些知识的“吸收内化”是在课堂上通过互动来完成的。从某种意义上讲,学生对教学活动的期待从之前的“获取知识”变为“提升能力”,教师的角色也相应地从“知识给予者”向“思维启迪者”和“能力培养者”转变。

(三)“当代世界经济与政治”的教学评估

在现代传播研究中,反馈是传播过程的重要环节。它既是对一次传播过程效果的检验,同时也为进行下一次有效传播提供了依据。从传播的角度来看,教学评估实际上是教学过程中传播效果的体现,是衡量教学有效性的重要指标。以往“当代世界经济与政治”课程的评估主要依靠闭卷考试,对学生的考查仅仅限于书本中的理论知识和死记硬背能力。这种单一的考核标准的最大弊端就是抑制了学生学习的主动性,无法达到有效教学的目的。陶行知先生说过,“教师的责任不在教,而在教学,教会学生学”。因此有必要提出一个科学合理的多层次、立体化的评估方法,并将考核重点转向学生分析和解决问题的能力上来。

目前,我校“当代世界经济与政治”课程考核主要分为平时考核和期末考核两部分:平时考核占总成绩的40%,考核内容包括出勤、课堂参与、课堂作业完成情况、专题小组讨论及PPT展示,侧重于对学生学习态度、自主研习能力、团队协作精神、语言表达能力等方面的考查;期末考核占总成绩的60%,考核内容主要包括读书报告和结课论文。这部分考核侧重于对学生阅读能力和学术研究能力的考查,注重对学生学术旨趣、学术素质潜移默化的培养,为他们在未来进一步深造夯实基础。

这种综合性的教学评估,强化了对学习过程的考核,考核的重点也从原来对知识的掌握转化为学生综合能力的提升。

教学评估是否科学合理影响着教学有效性的实现,同时也对教学过程有着重要影响。教师应该认真研究分析评估结果,全面掌握学生知识获取和能力培养情况,并尽可能将评估结果反馈给学生,并将此作为今后教学活动设置、调整和修改的依据。

综上所述,从传播视角探讨“当代世界经济与政治”课程的理念与实践,可以充分发挥教师与学生双方的积极性,并实现了二者的有机结合,比较有效地克服了教学中的主要难题。当然,任何一门课程的建设都不是一蹴而就的事情,“当代世界经济与政治”的课程教学改革还需要在理论和实践方面进一步探索,要努力开辟出一条新型的、更加符合时代要求的思想政治理论课建设之路。

〔武闽,中国传媒大学马克思主义学院〕

中美高等教育教学方法比较研究

◈ 刘　杉

一、中美大学课堂教学师生角色比较研究

尊师重教是中华民族的优良传统，我国古代就有“一日为师，终身为父”的说法。因此，在中国的大学课堂教学中，强调教师的绝对权威，“言而不称师谓之畔，教而不称师谓之倍”。中国的大学教师一般喜欢安静的教学环境，学生要规规矩矩地坐好，认真地听老师讲课，并做好笔记。整堂课上教师几乎都在讲解，学生要做的就是集中注意力，保持安静，如果有问题，必须举手，教师允许后可以起立发言，其他学生保持安静。因此，在我们的课堂上，教师处于主动地位，是课堂的主角，学生则是被动的，往往很难有学习的积极性和主动性。

与之不同的是美国的大学课堂教学，在教学过程中，教师不再是课堂的主角，他们把自己的角色定义为指导者，而学生则是主角。这一点比较符合中国古代教育思想，韩愈在《师说》中就指出：“师者，所以传道授业解惑也。”教育的目的是培养人，在课堂教学中，教师是为学生服务的，学生是主角，课堂的驱动力应该来自学生而非教师，教师的职责是“传道、授业、解惑”，而不是照本宣科地向学生灌输知识。美国的大学教师善于引导学生质疑和提出问题，指导学生查找相关资料来解决问题，鼓励学生提出不同见解，把学生当作课堂的主人，学生可以随便提问、随时提问，提问时不必起立。这样整个课堂气氛不压抑，轻松自然。教师所做的一切都是为学生服务的，并且尊重学生的观点和选择，还鼓励学生有批判和怀疑精神。师生之间不是上下级的关系，在课堂教学中教师与学生们教学相长、互相学习，教师只是术业有专攻而已。

二、中美大学课堂教学方式比较研究

著名物理学家杨振宁对中美大学教学方法进行比较后曾评价:学生按部就班地、一项项地、虚心地去学习,可以把很多有用的知识吸收进去,有利于应试。确实,在传统应试教育的大背景下,中国大学教师都是以讲授为主,方法单一,主要手段就是板书和 PPT 演示。教师的讲授围绕教材展开,循序渐进,层层深入,对每一部分都有明确的学习要求。教师在介绍概念和理论时,讲究逻辑严密、前后呼应、有连贯性与整体感。为了使学生达到"全面掌握"和"熟练计算"等类似的要求,要布置课后作业,并推荐课后复习教材及参考书目,以帮助学生完成学习任务。学生则需要完成课前预习、课堂学习、课后练习等环节的训练。教师对题目反复讲解并让学生反复练习,以便学生能顺利通过考试,这种讲解方式使学生对所学知识全盘地被动接受,不用思考,接受这些知识的过程显得相对轻松,但听课的学生却没有充分的独立思考时间,久而久之,学生几乎没有能力提出教师讲授内容之外更深刻的问题,难以培养学生独立的学习能力、思考能力和创新能力。因此其所掌握的知识在实际工作中也难以灵活运用,学生在需要用到这些知识时显得无所适从。这就是中国学生最擅长解题,却缺乏独立解决实际问题的能力的原因。一位美国老师在谈起给中国学生上课的经历时感慨道:不管提什么问题,中国学生都很沉默,但是要求做作业的时候,中国学生便能孜孜不倦地查资料。恐怕,这与我国著名教育家叶圣陶先生提出的"教是为了不教"的教育思想已背道而驰。

美国的大学课堂教学方式以讨论课为主,教师除使用讲授法外,还充分利用答疑、小组工作、读书报告、社会调查、实习、实验等教学方法。就教育技术而言,在使用传统的黑板、投影仪等设备的同时,教师们普遍采用现代信息技术。在第一堂课上,教师都要将自己的 e-mail 告诉学生,以方便师生通过 e-mail 进行交流。每堂课之前,学生都被要求精读主导教材中的相关章节以及其他辅助读物。这些辅助读物涵盖了教材中没有涉及的分析材料,是对教材学习内容的补充。教师在课堂上往往只是简要地介绍要点,没有大量的详细讲解,更多地是让学生自己去阅读、思考。教师针对具体教学内容,或提出问题供小组讨论,或布置案例由小组研究,或让小组汇报上一次课布置的课外作业。美国前任国务卿赖斯在斯坦福大学担任教师时,就采用学生参与的方式。她曾假想一些国际危机事件,让学生想出保证国家安全的办法。她的这一教学方法还获得了教学奖。让学生作为课堂的主角解答教师、其他同学提出的问题,介绍自己的看法和相关经验,提出自己的疑惑,他们的参与积极性通常会变得非常高。不论是在哪一个教学环节，学生都可以随时举手提问题，也可以发表自己的看法。学生提问已成为大学课堂教学的一道“风景”，教师也十分欢迎学生提问，哪怕是在讲授过程中，教师也会不时地询问学生是否有问题。教师并不在意自己的讲授被学生的提问所打断，相反，教师会不厌其烦地解答学生提出的问题，直到学生清楚、满意为止。因为课堂上有较多的师生问答交流，所以课堂气氛往往比较活跃。每一次课结束前，教师都要针对下一次课的教学内容，介绍需要学生重点阅读的文献。正是这种承上启下的安排，使得教师和学生在课堂上都有所准备，师生都希望通过课堂教学中的交流解决各种问题，使教学富有成效。但以学生为主的授课也有缺陷，有时师生漫无边际的谈论会削弱学生对理论知识的掌握与巩固。

三、中美大学课堂教学中学生考核方式比较研究

中国的大学课程考核方式多以考试为主，教师提前设定标准答案，判卷时按照标准答案来评分，这就让我们形成了一种思维定式，那就是觉得所有的问题都只有一个标准答案。所以我们拼命复习，拼命背诵，就是为了考试能写出跟试卷答案一样的回答，这就大大限制了我们的思维，限制了我们想象和表达自己内心想法的能力。

而在美国，对于文科类的知识，尤其是历史知识，没有所谓的唯一正确答案。例如中国人普遍认为在美国南北战争中北方是正义的，因为他们废除奴隶制、维护国家统一，而且我们的历史课本也是这样告诉我们的，但是美国南部的人在讲述那段历史时，明显站在南方一边，但这并没有妨碍美国的统一，因为这只是一种学术争论。美国大学生不把考试当成目的，而是把求知实用当作目的，所以考试的作用就明显比中国的弱很多。例如哈佛大学从 2010 年初便不再依据期末考试成绩来为学生的某门课程的学习情况做出总结。过去，如果教授不打算进行期末考试，就必须先得到校方的许可，但现在只有他们想进行期末考试的时候，才需要获得校方的批准。他们相信，书本＋评论＝真正的知识。

四、中美大学课堂教育差异的成因

中美大学课堂教育的差别的产生受多方面因素的影响，中美两国的政治经济文化基础不同，社会环境和传统也不相同，评价人才的标准以及个人成长的需求等各方面都不一样，多种因素综合形成了当今不同的教育模式与体制。下面主要从三方面来解释中美大学课堂教育存在不同之处的原因。

(一)历史原因

中国经过了漫长的封建社会才最后走进了社会主义的大门,而美国没有经历完整的社会发展历程,直接跳过封建社会,走到了资本主义。因此,美国没有封建社会遗留的许多条条框框,相对应的美国大学教育就比较开放自由,而中国虽然在封建社会阶段创造了灿烂的文化,但也留下了许多根深蒂固的烙印,中国大学教育相对体系化、制度化。

(二)社会原因

美国文化氛围自由开放,社会大环境多元性、包容性较强。美国人崇尚个人主义,较随意,相当开放和直接,在学术讨论中往往秉持着不同的意见;美国大学生独立性较强,通常不喜欢依靠别人,在课堂上擅长独立思考,喜欢主动获取知识。

中国文化具有极强的韧性和包容性,中国人的行动准则多少受谦牧自守的传统大国观影响。中国大学生相对保守内敛,在课堂上习惯被动地接受知识和技能,主观能动性较弱。

(三)教育评价标准与教育价值观不同

1. 人才的标准

美国的人才标准是多元化的,更加注重学生的特长、人生观、价值观,及体育好不好、有没有爱心、有没有社会责任感等因素。这种多元化的人才标准决定了美国大学的考核方式也相对多元,不只看成绩,还特别关注学生的能力和素养。然而在中国,从小学至大学基本上都有一个统一的标准,即以学生成绩为主,学生的思想道德、兴趣爱好、主观能动性等不列入考查范围,一定程度上忽略了学生综合素质的提高。

2. 教育知识观

中国的教育强调的是对知识的静态接受,美国的教育则强调的是对知识的动态改变。中国的教育注重知识的灌输和积累,注重培养学生对知识和权威的尊重,注重对知识的掌握和继承以及知识体系的构建。这种方式有利于学生在初级教育阶段打下扎实的基础,但是到了高等教育阶段,非常容易形成填鸭式的教育模式,不利于学生的长远发展。美国则更加注重培养学生运用知识的能力,注重培养学生对知识和权威的质疑、批判精神,注重开发学生的智力及独立思考能力,注重对知识面的拓展和对知识内容的创造,注重提高学生的综合素质及竞争力。

五、中美大学课堂教育差异的启示

通过中美大学课堂教育差异的对比、对产生这种差异的原因的分析，以及反思在大学课堂教育中存在的问题，我们可以结合课堂教育的理论与实践得到如下启示。

（一）推进人才培养模式改革，尊重学生个性化发展需求

教育的本质体现出了对生命的关怀和对人的价值的尊重。人与人之间是有差异的，这种差异来自每个人的智力、天分、兴趣爱好、认知方式等，这些因素使得学生的知识、能力各不相同。而学生的差异性又决定了其发展需求的差异性。卓有成效的教育，应该是让每个学生在原有的基础上都能获得最大限度的发展，这就要求教师必须关注每一个学生，因材施教，满足每个学生个性化发展的需要。但是与美国高等教育相比，当前我国高等教育在这方面仍做得不够，同质化现象仍比较严重。因此，必须加快推进人才培养模式改革，适应学生的个性化发展需要。其基本原则是以学生为主体，以教师为主导，让学生学习的主体性体现在自觉参与、自主选择、自我设计、自我激励上，如：结合本校实际，留给学生一定的时间自我设计学习；适当地压缩必修课，增加选修课，满足学生不同兴趣的需要；专业选修课设置不同的模块，比如研究型、技能型、互动型、讨论型、讲座型等，供学生自由选择；针对特长生、兴趣生专门设计培养方案等。

（二）营造平等、民主、宽松的课堂氛围

大学课堂是学生汲取知识、训练思维、养成素质、提升修养、树立人生观和价值观的重要场所，课堂教育效果的优劣，是决定学生能否成才的关键。理想的课堂氛围应该是建立在平等、民主、轻松愉悦、相互学习和相互尊重的基础之上的，要把学生作为课堂教学的主体，充分发挥学生的主观能动性。在教学活动中，应尊重学生的情感和自尊，建立平等、民主、友好、融洽的师生关系，摒弃传统的以传授知识为主的因袭式教育模式，真正发挥学生的积极性、主体性、能动性和创造性。例如在课堂中增加小组讨论、课堂答疑的环节，增加学生与老师的互动，让师生共同解决问题，这有利于学生保持注意力，改善教学效果；同时也需增加教学的反馈环节，及时了解学生对于课堂的意见，对学生有疑惑的问题可以利用课前的时间进行简答，这有助于改善教学效果。

(三)采用多元化的考核方式

中国大学往往注重学生的考试成绩，忽视学生的实践和创新能力，日常的三好学生以及奖学金的评比都是以考试成绩为主的，其余的方面只占很少的部分，甚至平时的表现不会影响年终的评比结果。这样的考核方式一方面导致了学生将主要精力投入到学分上，而忽视了自我实践能力的提升；另一方面，死板的参考答案也限制了学生的思维。这两点就提醒我们应采用多元化的考核方式，在学生考核中重视学生的能力而不仅仅是成绩，缩小成绩在评比中的比重，提高实践所占的比例。同时，在试卷中减少概念性问题的比重，注重考查学生的思维能力。例如，本校的大部分选修课都是以提交论文的方式结课的，但有很多学生抄袭别人的论文，鉴于此，我建议注重平时发言成绩，结课时让学生提交以案例分析、设计性作业为主的论文。

〔刘杉，中国传媒大学理工学部信息工程学院〕

从翻转课堂看体育解说教学中的个体化指导

◈ 徐　力

“翻转课堂”是21世纪初形成的新型教学模式。如今，许多国内教育机构都在借鉴和移植该模式，以此提升教学效率。体育解说是播音主持艺术类别中的一种，它既遵从播音主持艺术的一般规律，又具有自身的独特属性。在体育解说的教学中是否也可套用翻转课堂的教学模式？如果可以套用，其间又有哪些注意事项呢？回答这些问题，首先需要对翻转课堂有所了解。

一、翻转课堂管窥

（一）翻转课堂模式的萌芽、形成与发展

据相关资料显示，“翻转课堂”的名称及理念可以追溯到21世纪初。2000年，韦斯利·贝克在国际大学教与学研讨会上提交了一篇论文，提出“教室翻转运动”的设想，即“教师是学生旁边的指导者，而非讲台上的贤能者”。① 同年，美国迈阿密大学的三位教师在“经济学导论”课程中尝试了新的教学模式：以往需要教师在课堂上讲授的内容，由学生在课余时间学习；需要学生在课余时间完成的作业和练习，由学生在课堂上通过教师的指导和同伴互助完成。② 2006年，美国科罗拉多州林地公园高中的化学老师乔纳森·博尔曼和亚伦·萨姆斯为给那些因交通问题而无法准时到校的同学补课，录制了许多配有讲解声音的教学视频。其后，他们进行了大胆的尝试，即将这些视频上传到网上，让学生在课余时观看视频，在上课时进行面对面的讨论和练习，以此强化同学们对知识的吸收和理解。这种尝试取得了积极成效，并得到《华尔街日报》《经

---

① BAKER. The classroom flip：using web course management tools to become the guide by the side[Z]//The 11th International Conference on College Teaching and Learning.Jacksonville：Florida，2000.

② 王长江，胡卫平，李卫东. “翻转的”课堂：技术促进的教学[J]. 电化教育研究，2013(8).

济学人》《纽约时报》《华盛顿邮报》等美国主流媒体的关注和推广。当前，“翻转课堂”已在美国的部分中小学中实施，一些高校，比如迈阿密大学、波多黎各大学、中田纳西州立大学等，也都在部分课程的教学中尝试了翻转课堂，甚至有些高校的教师还在尝试这种模式的过程中进行了传统课堂与翻转课堂的对比。[①]

（二）翻转课堂是人类学习活动在新技术时代中的新形式

学习是人类成长进步的阶梯。从远古开始，人类就通过学习不断地适应环境，改造环境，并从众多生物中脱颖而出，处在生态链中的上游地位。心理学将学习界定为“基于经验而导致行为或行为潜能发生相对一致的变化的过程”[②]。换句话讲，学习就是在大量重复的刺激后，人类逐渐意识到在某种情境中，实施某种行为，会产生某种结果并获得行为技能的过程。这种观点得到了约翰·格林“行为集合”理论的支持。格林认为，人们了解事物且知道该如何做事，是因为掌握了“对不同情境中各种行动的影响后果的意识……因为人们记得行动的结果，他们在以后的场合可以做出有效的行为”[③]。

人类的学习形式随着历史的发展而不断变化。在没有文字的史前社会，人类要想掌握知识，只能依靠不断地实践。人们获得知识的方式单一，缺乏相互交流。在语言文字产生后，学习不再局限于反复进行的尝试，人们之间可以通过相互交流传递知识，甚至有了“一个师傅带几个徒弟”的教学活动，这大大提高了人们获得知识的效率，但由于语言文字的传播需要有效的载体，所以知识的传播仍然被困锁在相对狭小的区域内。在印刷术、广播、电视等技术问世后，大众传播使知识突破了时空的阻碍，在各个年代、世界的各个角落传播，这再次降低了人们获得知识的难度。传统的教学活动的规模大大提升，新技术被应用到学习中，出现了像“电视大学”这样的新型教学模式。20世纪90年代末，计算机和互联网技术的飞速发展再次推动了学习活动的发展，教学活动的规模再次扩大，人们不必集中在教室里就可以实现与教师和其他同学的互动；学习者可以自由选择学习的时间和地点，并可以按照个人的意愿让课程暂停、重复或者快进，在增进学习者学习兴趣的同时，也使教学能够按照学习者的状态进行。

学习可以被划分为两个阶段：其一是信息接收阶段；其二是消化理解阶段。在历史发展中，教师在这两个阶段发挥的作用在不断变化。在前语言文字时代，人们接收的信息直接来源于观察感受，观察者获取信息后自行消化理解。在语言文字产生后，

---

① 何朝阳，欧玉芳，曹祁. 美国大学翻转课堂教学模式的启示[J]. 高等工程教育研究，2014(2).
② 格里格，津巴多. 心理学与生活[M]. 王垒，王甦，译. 北京：人民邮电出版社，2003：161.
③ 约翰 S W. 传播理论[M]. 陈德民，叶晓辉，译. 北京：中国社会科学出版社，1999：200.

知识越来越多地来源于别人的转述，教师逐渐成为知识的中介。起初“一个师傅带几个徒弟”，教师既承担传道、授业的任务，也通过交流为学生答疑解惑，帮助学生消化理解知识；当印刷术、广播、电视等技术扩大了教学活动的规模，一名教师需要面对几十名甚至近百名学生时，虽然可一次性地将知识推送给更多的人，但在消化理解知识的过程中却难以发挥更大的作用。这种现象引起了美国学者杜威的关注。他强调了消化理解在教学中的重要意义：“教学这个词的主要意义，是同传递、灌输别人的观察和推理的结果连在一起的……填鸭式的教学……破坏了学生理智的完整性，养成心智上的奴隶性……应将传授的教材纳入学生经验的现存系统或组织之中……新材料同先前吸收和保留下来的旧经验融合起来。”①

在这种情况下，多媒体技术和互联网技术的发展使学习中的信息接收与消化理解达到了新的平衡。由于课程讲解的内容相对固定，教师可以将其录制成视频并通过互联网发给学生。学生可以用手提电脑、手机等媒介，随时随地下载视频，完成知识信息的接收。教师在节省下来的课堂时间里，组织学生完成作业和练习，观察学生对知识的运用，指导学生消化知识、理解知识。从这个角度讲，这种翻转课堂的教学模式是21世纪新技术发展为人类学习带来的新形式，它在某种程度上解决了传统教学中接收信息与消化理解间的不平衡。

二、体育解说专业教学与翻转课堂

体育解说是播音主持艺术中的独特形式，它是植根于广播、电视、新媒体平台上的赛事转播的有声语言创作活动。培养体育解说人才，首先需要传授给学生关于体育解说的创作技巧，再指导学生将其运用到自身的创作中。这与人类学习的两个阶段相对应。因此，翻转课堂的模式完全可以运用于体育解说专业教学中。

前文已经提到，教师的作用在不同时代的教学形式中是有不同侧重的。在传统的教学模式中，教师的主要作用是调动几十名甚至上百名学生的兴趣和注意，深入浅出地将知识生动准确地传达给学生。在翻转课堂的教学模式中，教师不仅需要在录制视频时发挥上述作用，还需要在指导学生完成作业和进行练习时，有意识地观察学生对知识的理解程度，并善于在此基础上引导学生对知识产生更深刻的认识，将其融于日常的行为中。这显然与传统教学模式对教师的要求有所不同。老教师们经常讲，在播音主持教学活动中，需要对专业知识有深刻的领悟，需要掌握教授知识的技巧，需要娴

① 杜威. 我们如何思维[M]. 伍中友，译. 北京：新华出版社，2010：163-165.

熟的业务示范水平。在翻转课堂的过程中，教师除满足上述要求外，还需要在促进学生理解知识的过程中，采取与传统模式不同的指导方式。

三、体育解说专业教学中的个体化指导

翻转课堂的创新之处在于将知识学习的消化理解阶段置于课堂上。教师不再面对全班学生进行信息的批量发送，而是针对每个学生进行教学互动。在此过程中，教师对学生的指导完全是“个体化”的。这种个体化主要体现在以下几个方面。

（一）站在学生的角度体察创作过程

与有稿播音“理解稿件－具体感受－形之于声－及于受众”的创作道路相比，体育解说有其特殊性，但也存在“感受赛场－冷静构思－形之于声－及于受众”的创作过程。在感受和构思中，不同的学生如果视角不同、掌握的信息不同、对比赛的理解和倾向不同，就会创作不同的内容、语言文本和声音形式。教师在评价和指导这些作品时，不能基于自身对比赛的感受和理解，用自身构思的内容、语言文本及声音形式去衡量它们。相反，教师要通过交流了解学生对比赛的感受和理解，了解他们为什么要选择这样的内容，设计这样的语言文本，塑造这样的声音形式，并从这些感受和构思中观察学生对创作规律和技巧的理解水平。

（二）考虑学生的性格特点

性格是人对现实的态度和相应行为方式中比较稳定的、具有核心意义的个性心理特征。在教学中，我们往往可以看到性格特征对语言学习的影响。比如在描述足球比赛中的进球场面时，外向的同学可以很自然地喊出“好球”“球进了”之类的话语，但有些内向的同学就会存在语言阻滞、音小气弱的问题。与这些内向的同学交流，他们会说：“喊那么大声可能会吵到别人。”这时，教师如果坚持要求学生将声音放出来，学生可能会觉得别扭，且存在多次尝试仍然失败的风险。面对性格原因造成的有声语言艺术教学上的阻碍，教师不能强行对学生进行矫正，应该考虑学生的性格特点，引导他们用相对适合他们性格特点的创作方式完成作品。比如对于性格内向的同学，完全可以指导他们用虚化但口腔控制能力强的声音表达进球后的激情氛围。

（三）设定综合的衡量标准

体育解说的创作可以划分为内容创作、语言文本创作、声音创作三个层次。学生

的作品是这三个层次创作成果的结合体。在衡量学生作品时，不能单纯地以谁的内容好、谁的语言文本好、谁的声音好划分优良中劣。更多的情况是，同学 A 搭建的内容框架好，但设计的词语、句子和用声都不理想；同学 B 内容普通，没亮点，但词句华丽、用声优美。在这样的情况下，对学生的判定就得根据综合后的传播效果进行。在指导时，教师可以引导学生扬长避短，继续开掘其在内容、语言文本或声音方面的优势；还可以帮助学生弥补其不足。但指导方向要以综合各层次创作后的作品质量为依据。

（四）提供个性化的解决方案

体育解说是有声语言艺术的创作活动。既然是艺术创作活动，它的过程与成果就与通过公式推演的运算活动不同。在运算活动中，公式是固定不变的，只要起始时输入的数值相同，其结果也必然相同。艺术创作活动则不然。即使学生对比赛的感受、掌握的信息、情感倾向均相同，在创作过程中，由于文学素养和声音条件等因素不同，他们也会创作出完全不同的作品。教师对学生的作品进行指导时，不能用相同的“模子”解决所有人的问题。在此过程中，教师要考虑到每个学生使用词句的习惯、先天的声音条件等因素，根据这些因素，结合体育解说的创作规律和技巧，帮助学生沿着其作品的创作方向进行修饰和完善，打造融合该学生语言习惯、先天声音条件等因素的与众不同的解说。唯有如此，才能让同学们看到自身有声语言创作中的审美元素，提升自信，并使创作规律和技巧与个体条件相结合。

翻转课堂是基于多媒体和互联网技术产生的新型教学模式，蕴含着与传统教学模式不同的理念，改变了教师在课堂中的任务。翻转课堂的模式和理念适用于体育解说专业课程的教学，但要求教师在教学中更加注意对学生进行“个体化”指导。

〔徐力，中国传媒大学播音主持艺术学院〕

对中国传媒大学音乐编辑专业课程考核的探索

——以“影视音乐编辑”课程为例

◈ 刘晓飞

中国传媒大学艺术学部音乐与录音艺术学院的音乐编辑专业,以提高文化、艺术和道德修养为基点,以激发音乐创意精神和传媒意识为根本诉求,着重培养各类媒体中以音乐编辑、编导为专长的技术骨干和业务精英。一方面,以广播、电视等传统媒体为就业导向,在提高人文素养和音乐品位的基础上,培养学生的策划、编导、监制、配乐等方面的综合性技能;另一方面,大力开拓新兴媒体就业市场,以前沿的传媒视野、市场思维和创新性音乐理念,培养以新媒体音乐编辑为核心技能,兼具新媒体音乐策划、营销和管理思维的高级专门人才。此外,影像制作、出版发行等行业也成为本专业培养目标所涉及的领域。

围绕音乐编辑人才培养模式,根据音乐编辑人才培养目标,该专业开设了很多专业课程,例如“音乐创作基础”“计算机音序制作”“新媒体文案写作”“电视音乐节目编导”“新媒体音乐编辑”“音乐会联合创作”“音乐电视制作”“录音基础”“混音技术”“影视音乐编辑”等。在这些课程的教学活动中,课程考核既是督促学生系统而全面地学习理论、知识与技能的重要手段,也是检查学生学习质量和教师教学效果的重要环节。课程学习成绩的评定直接反映了授课教师的课程教学效果以及学生课程学习情况,同时,学生取得的成绩也涉及奖学金评定、评优甚至保研等与学生密切相关的利益。从各个方面公平、公正、合理地对学生在课程学习中的表现进行综合评价是至关重要的。因此,国内外的大学对课程考核极为重视,从人才培养方案的设计到学习领域课程的开发,采取了各种具体措施,为专业课程设置、教学大纲实施、课程完成考核等环节制订一套完整而科学的方案。[①] 下面以“影视音乐编辑”课程为例,对音乐编辑专业的专业课程考核进行探讨。

---

① 胡善风,汪倩,程静静. 地方应用型本科院校的课程考核改革探索与实践[J]. 国家教育行政学院学报,2016(1):88.

一、“影视音乐编辑”课程考核现状以及存在的问题

“影视音乐编辑”是该专业重要的必修核心课程之一。该课程属于应用实践型课程，开设目的是使音乐编辑专业的学生熟悉影视节目声音制作流程及工艺，了解相关音乐版权知识，熟练使用专业声音编辑软件（如 Protools 等），掌握影视节目音乐编辑技巧以及制作技能等。作为音乐编辑专业学生的必修核心课程，目前该课程开设于大三秋季学期。经过 32 课时的系统学习并且通过课程考核后，学生可获得 2 学分。该课程也可以作为专业限选课面向其他声音制作相关专业（例如电子音乐制作专业、音响导演专业）的学生进行开课。

笔者在中央电视台兼职担任音乐编辑数十年，积累了大量的实践经验，并对“影视音乐编辑”课程以及“广播电视节目声音制作”“音乐文化与鉴赏”等相关课程进行过数十轮的教学，对其教学模式和考核方式也进行过数次研究与更改。考核形式包括期末闭卷笔试、结课论文写作、影视作品配乐创作等；课程考核的成绩评定多按照“平时成绩＋期末考核”的模式进行。其中，平时成绩主要根据出勤、提问、作业完成等情况给出，最大比重为 40％；期末考核形式为期末闭卷笔试或者结课论文写作，在成绩评定中占有较大比例，最小比重也为 60％。这种考核方式的标尺功能比较突出，可以有效检测学生是否达到课程学习的最低要求，其弊端在于弱化了课程考核的促进功能，忽视了学生学习的主观能动性，也无法体现出教学互动性。同时，将六十分作为百分制的合格线，即使学生在平时上课或作业方面表现得不理想，凭借期末考核“一卷/文定成绩”的规定仍然可能取得及格以上的成绩，从而顺利获得该课程学分。因此，这种课程考核并没有完全脱离应试教育的枷锁，从某种程度上说，甚至成为制约培养高素质音乐编辑专业人才的瓶颈。

二、“影视音乐编辑”课程考核改革

音乐编辑专业属于应用型专业，“影视音乐编辑”则属于该专业的专业核心必修课程。针对该专业的本科人才培养目标的要求，笔者拟将从考核内容、形式、评价体系等各个方面对“影视音乐编辑”进行整体而系统的规划，逐步建立起融理论知识、实践能力、应用观念于考核过程的评价体系。“影视音乐编辑”课程考核将遵循以下几个目标进行改革：1.课程考核目标与专业人才培养目标相对照；2.课程考核内容与综合素质能力培养相结合；3.课程考核方式与学生学习知识过程相联系；4.课程考核成效与监

督反馈体系相衔接。

为实现上述目标,笔者认为应对该课程考核形式进行创新型改革,对教学效果与学生掌握情况进行全方位考察。课程考核拟划分为6个部分,分别是:课堂出勤率、课堂参与度、陈述表达、项目作业、课程论文与结课作品。其中课程参与度部分重在考查学生参与教学交流、思辨讨论的程度,可有效消除学生上课不认真听讲、不集中注意力、单凭出勤就可以获得较高平时成绩的弊端;陈述表达部分让学生通过阐述自己的创作理念而进行口头表达能力训练,也为学生在将来工作中与同行、客户进行专业性较强的交流奠定良好的沟通与表达基础;项目作业是让学生利用上课所学到的理论知识和实践手段,对某一具体影视节目片段进行编辑制作;课程论文侧重考查学生理论知识的掌握程度,以及对相关问题、观点进行富有逻辑性的分析和批判性思考的能力;结课作品则是对该课程完成度的实践检验。这种全新的课程考核方式,可将理论知识考试与实践能力考核相结合,平时考核与结课考试相结合,口试与实践操作、笔试相结合,做到考核形式多样化、考核内容全面化、考核时间全程化。

表1 "影视音乐编辑"课程考核构成

活动(activities)	分数构成(scoring percentage)
考勤(attendance)	10%
课堂参与度(participation)	10%
陈述表达(presentation)	10%
项目作业(assignments)	2×15%
课程论文(term Paper)	20%
结课作品(final Project)	20%

下面以"影视音乐编辑"课程考核中的"项目作业"为例,进行详细论述。

"影视音乐编辑"课程的重点部分是介绍影视作品的制作工艺并让学生进行实战演练。影视节目制作中与音乐相关的工作者有作曲者(composer)、音乐总监(music supervisor)、音乐编辑(music editor)以及混音师(sound mixer)。音乐总监在影视作曲者提供的音乐中进行挑选,将挑选出的音乐提供给音乐编辑,并且附上一张指导工作单,告诉音乐编辑在影视作品的何位置采用何种情绪的音乐。音乐编辑将影视片段与音乐素材输入专业音频处理软件(例如Protools)后进行编辑处理,处理好之后将其传送给混音师,混音师在影视作品混录棚中进行混录(主要为音量、声像的调整)。

在该过程中音乐总监对音乐素材进行把关,根据影视片段的基调、风格、气氛以及情节发展等的需要进行音乐素材选取工作;音乐编辑则根据音乐总监提供的指导工作单,根据影视节目画面的内容、长度、节奏、情绪特点等,将音乐素材进行复杂的加工处

图 1 笔者在某电影混录棚进行电影混录工作

理后使其与画面相对应。音乐总监和音乐编辑等职位都是本专业培养目标所涉及的真实的就业方向，因此笔者设计了围绕该就业方向的项目作业。该项目作业的设置目的在于让学生明确音乐总监和音乐编辑的部分职能，了解音乐总监和音乐编辑的工作方式以及不同工种之间的相互配合与评价，掌握影视节目声音制作部分的相关技术手段。

这一项目作业分为两部分，分项目一为“音乐总监指导笔记”，分项目二为“音乐编辑制作项目”。

分项目一：“音乐总监指导笔记”

该作业内容为选择 5 段音乐素材为 1 个电影片段撰写音乐总监指导笔记。

(1)从教师提供的影视片段中任选其一。

(2)通过笔记来描述在电影片段的何处添加何种类型的音乐。尽可能详细地写出需求，记下所有的关键时刻或需要强调的地方，也可以直接指定音乐素材。利用时间码“小时/分钟/秒”记录音乐素材输入、输出的时刻。

(3)根据影视片段的基调、风格、气氛、节奏以及情节发展等的需要，在教师提供的音乐素材库中选择 5 段音乐作为该项作业的音乐来源。

(4)提交以自己名字命名的文件夹，包括“音乐总监”指导笔记、Word 文档和 5 段音乐素材。

分项目二：“音乐编辑制作项目”

在该作业中，学生将随机收到“音乐总监指导笔记”文件夹，之后根据指导笔记，通

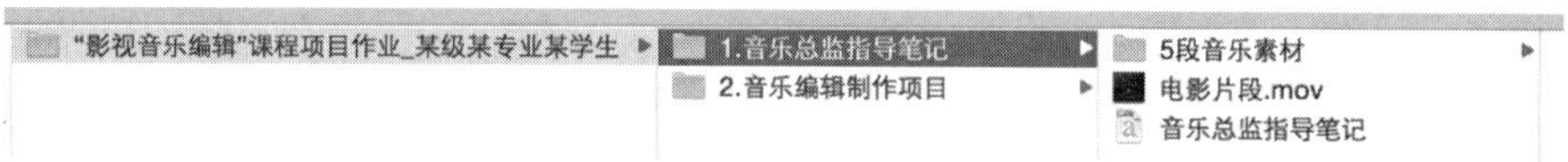

图 2 “音乐总监指导笔记”作业文件夹

过技术手段,结合电影片段,对音乐素材进行编辑处理。

(1)打开指定文件夹,熟悉电影片段及 5 段音乐素材。

(2)通过 Protools 专业音频软件,对音乐素材进行剪切、频率均衡调整、压缩与扩展、音调变换、包络反转、混响等处理,结合电影片段进行编辑处理。

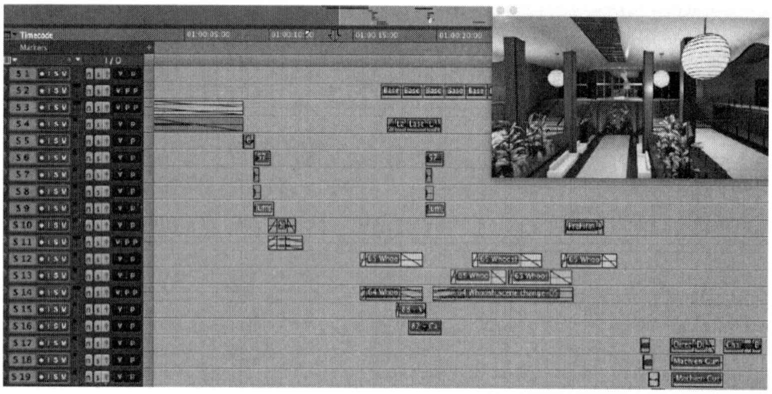

图 3 “音乐编辑制作项目”Protools 工程文件

(3)只能利用教师提供的音乐素材中的元素,以及技术手段处理来实现必要的音响效果,不可以使用提供的 5 段音乐素材之外的素材源。

(4)提交以自己名字命名的文件夹,包括 Protools 工程文件、音频文件夹、声音混录完成的影视片段。

图 4 “音乐编辑制作项目”作业文件夹

该项目作业不仅包括任课教师对学生的评价,还包括学生之间的互评,两个分项目作业的成绩均由教师和学生共同给出。在“音乐总监指导笔记”作业中,教师将根据学生选择的音乐素材的合理性、相关性,以及指导笔记的专业性进行打分;分配到该分项目的学生将从音乐编辑者的角度出发，对音乐素材的合理性、实用性和指导笔记的指导性进行打分。在“音乐编辑制作项目”中，教师将根据 Protools 工程文件的逻辑性、规范性、专业创造性、声画配合度等进行打分；为该分项目担任音乐总监的学生将根据音乐指导笔记的完成情况、是否达到预期效果来进行打分。由于在这一打分过程中加入了学生互评环节，为学生提供了一个相互点评、交流与学习的平台，所以大大提高了学生的学习兴趣，增强了其参与性。同时，在项目作业提交并完成师生评价打分之后，将在接下来的课堂教学中专门对部分典型项目作业进行教师点评与学生互评，将课程考核成效与监督反馈体系衔接，让学生意识到自己的不足并进行修改，从而促进学习过程的有效进行。

表 2 “影视音乐编辑”课程项目作业评分构成

	教师评分依据及分数分配	学生评分依据及分数分配
分项目作业一 “音乐总监指导笔记”	音乐素材的合理性、相关性，以及指导笔记的专业性共占总分数的 40%	音乐素材的合理性、实用性和指导笔记的指导性占总分数的 10%
分项目作业二 “音乐编辑制作项目”	Protools 工程文件的逻辑性、规范性、专业创造性、声画配合度占总分数的 40%	完成音乐指导笔记情况、是否达到音乐总监预期效果占总分数的 10%
总项目作业	80%	20%

上述多样化、全面化和全程化的课程考核方式的运用，不仅可以提高音乐编辑专业学生的学习兴趣，而且可以为学生提供表达、讨论、探索甚至质疑的机会，培养学生的创造性思维和创新能力。这种课程考核改革体现在理论知识考试与实践能力考核相结合，平时考核与结课考试相结合，陈述展示与实践操作、笔试相结合中，做到了考核形式多样化、考核内容全面化、考核时间全程化。

全面综合的课程考核模式是一把标尺，学校能够以此为依据评判教学质量，教师可以借此衡量教学效果，学生可以凭此检验自己知识技能的掌握情况；同时它也是一条鞭子，鞭策学生完成学习任务，促进教师提高教学质量；它更是一面镜子，使学生对课程教学效果和教学质量进行反馈，又便于教师针对从考核结果中发现的教学问题予以及时调整与改进。笔者希望对音乐编辑专业课程的考核模式进行与时俱进的改革，进行更加深入的思考、探索与总结，使之真正成为能够全面考查学生综合素质，兼顾了解学生对理论与实践的掌握程度的课程考核模式，从而为我国传媒产业输送合格的音乐编辑人才。

〔刘晓飞，中国传媒大学艺术学部〕

翻转课堂在“美国历史文化课”上的应用研究

◆ 付京香 刘乔莉

翻转课堂是对传统的“课上讲授、课下作业”教学模式的翻转,它通过课前预先录制并共享教学视频与课上组织讨论相结合的方式,完成从课前知识习得到课上知识内化的过程。翻转课堂在美国兴起并于近几年获得快速发展,在不断实践的过程中已经形成了相对成熟的模块设计流程。

翻转学习理念可以追溯到 20 世纪 90 年代迈阿密大学的教改实验,但在中国,对翻转学习的研究和探索才刚刚开始。不少人认为翻转课堂(the flipped classroom)这一术语,最早由美国科罗拉多州的林地公园高中的两位化学老师 Jonathan Bergmann 和 Aaron Sams 正式提出。2007 年春,这两位老师在考虑如何给因病无法参加课堂学习的学生补课时,利用录屏软件录制 PowerPoint 演示文稿及讲课音频,并将制作好的视频放到网站上以供缺课的学生使用。没有缺席的学生也使用在线材料复习和强化课堂教学内容。Bergmann 和 Sams(2012)的《翻转你的课堂:时刻惠及课堂上的每位学生》掀起了翻转课堂研究与教学的新热潮。

与传统的语言教学模式不同,美国历史文化课是一种依托内容的外语教学模式(Content-based Instruction,CBI),在这种学习环境中,教师的主要任务不再是通过篇章来讲解和分析语言现象,而是传授学科知识,让学生在外语环境中学习,也就是让学生完全沉浸在外语环境中学习、掌握学科知识并练就批判性思维,培养语言应用能力。学生学习的重点是以英语这一第二外语作为媒介手段来获取学科知识信息,即把语言作为内容学习的媒介,把内容作为语言学习的源泉。Krahnke 将 CBI 定义为:“是一种在对内容或信息的教学中获取对语言的习得的教学方法,而这种习得不是通过孤立于所教内容之外的直接或相近的学习得来的。”①这种教学克服了语言学习中单调的语

① 罗丹.CBI 理论下大学英语教学模式改革初探[M].Krahnke K. Approaches to syllabus design for foreign language teach. New York: Prentice Hall, 1987.

法讲解与语言形式、结构的传授，并得到多种语言学习理论的支持，如：Kranshen 的第二语言习得理论、认知学习理论、交际功能理论、建构主义学习理论等。

美国历史文化课基于的 CBI 模式，是一种非传统的教学模式。由于传统美国历史文化课的教学有很多弊端，所以这种以学科内容为依托的课程没能取得最佳的教学效果，翻转课堂的运用为这一模式的突破提供了有力途径。将翻转课堂运用于美国历史文化课，有利于取得理想的教学效果。

一、传统“美国历史文化课”的弊端

（一）逐字逐句讲解篇章，让学记忆某个术语，忽略了学生批判能力的培养

“美国历史文化课”将美国历史文化与英语学习结合起来，这种方式让学生在了解各领域知识的同时提高了英语能力。知识的内容和形式在一定程度上影响着学生对知识的理解和接受。传统课程倾向于将具有创新性的内容和传统的形式相结合，这使得内容缺乏吸引力。教师一味地讲解，很难增加学生的主动性。课程的互动性由教师和学生双方决定，传统的课堂由教师主导，学生处于被动地位。教师为学生逐字逐句讲解篇章，但实际上很多内容是学生可以独立完成的。根据传统的经验可以知道：调动的感官越多，越能促进学习能力的发挥。传统“美国历史文化课”只是让学生在教师的指导下进行听讲、记忆，忽略了对学生批判能力的培养，很少让学生充分运用自己的眼、耳、口等多个感官进行学习，所以学生只局限于记忆知识，很难真正地独立思考问题。

（二）课堂以教师为中心，忽略了学生的主体性

传统“美国历史文化课”只是由教师独自进行讲解，学生很少参与进来。实际上，课堂归根到底是属于学生的，教师不应只“传道、授业、解惑”，还要和学生一起探讨问题，激发学生的学习能力和创造能力。课堂应该以学生为主体，将学生的思维潜力和学习能力挖掘出来。传统课堂往往以教师为中心，忽略学生的主体性。所以这种形式不利于教学活动的开展以及教学效果的提高。

（三）课后要求学生记忆某个历史事件，忽略了学生学习的主观能动性

从具体的学习过程来看，传统“美国历史文化课”同样有不少弊端。受到传统英语教育的影响，学生在学习语言时会将大量的时间用于记忆单词和阅读。在传统英语课

程中，教师也会将大量时间用于讲解新的单词和文章。学生的学习模式往往是课上和课下的记忆相结合，通常是课上学习新内容，课后对内容进行巩固记忆。单词的记忆不仅难以激发学生的求知欲，还会导致学生思考能力下降，进而使得学生对学习失去应有的兴趣。学生课后单纯地去记忆某个知识点，无法主动地参与到知识的获取和创作中去，很难将知识真正吸收。

因此，以内容为依托的“美国历史文化课”需要运用新的模式来提高课堂效率，调动学生的主动性，激发学生对历史文化知识的兴趣。

二、翻转课堂的优点

（一）学生可以根据自己的需求灵活掌握学习时间和进度

翻转课堂与传统课堂的一大区别就是学生和教师的角色定位发生了转换。与传统的课堂教学模式不同，在翻转课堂式教学模式下，学生在家完成知识的学习，而课堂变成了老师与学生之间和学生与学生之间互动的场所，包括答疑解惑等，从而取得更好的教育效果。学生可以使用优质的网络教育资源，不再单纯地依赖授课老师去获取知识。学生可以自己选择需要跟进的课程，还可以根据自己的需求灵活掌握学习时间和进度。

（二）学生可以随时获取网络资源，并进行反复学习

翻转课堂开启了学生自主学习的模式。学生不再被动地学习教师传授的知识，而是成为课堂的中心。教师不仅仅指导学生、启迪学生、教育学生，而且与学生进行一种基于平等关系的讨论。翻转课堂是对传统的“课上讲授、课下作业”教学模式的翻转，它通过课前预先录制并共享教学视频与课上组织讨论相结合的方式，完成从课前知识习得到课上知识内化的过程。

（三）学生通过同伴互动学习，积极主动地参与知识建构

翻转课堂颠覆了以往学生的角色定位，提高了学生学习的主动性。学习的过程也是信息传播的过程。在传统课堂模式中，学生只是被动地接受信息，处于“受者”的地位。在翻转课堂模式中，学生不仅可以接受信息，而且可以主动传播信息，处于“传者”的地位。“受者”处于被动，而“传者”具有主动性，可以参与到学习活动中。学生通过同伴互动学习，不仅可以提高自我表达能力和自信心，而且会对学习更加感兴趣，这对

于提高学生对知识的理解能力和掌握能力至关重要。

(四)可充分发挥小组成员的集体智慧和潜力

当学生主动参与到课堂讨论和知识建构中时,为了便于大家更好地探讨问题,可以采取小组的形式。小组形式对学生的学习而言有很多优势,它使得小组成员能表达自己的意见,有利于提高学生的口语表达能力。通过讨论,学生的思想进行碰撞,会促使学生对问题做进一步的思考。学生通过小组进行学习,能够和更多的同学熟悉起来,会促进组织情感的产生,有利于班集体的和谐。一个小组的学习讨论最终会形成集体智慧,集体智慧比个人智慧更加具有说服力和影响力。翻转课堂为学生提供了组建小组的机会,有利于充分发挥小组成员的集体智慧和潜力。

(五)可以增加教师和学生之间的互动,提高学生的思辨能力

在这种自主探究式的翻转课堂 模式下，教师和学生的角色发生了根本性的改变。学生有机会真正发挥其认知主体的作用，成为自身知识建构的主角，而教师则成了教学过程的组织者、指导者,意义建构的帮助者和促进者。学生可以参与到教师组织和指导的话题中去,教师和学生之间的互动性增强。更重要的是，在翻转课堂模式下，学生必须阅读、理解、比较分析查找到的英文材料,并对其进行筛选、阐释和评价,从而完成专题研究任务,这事实上在无形之中实现了对其思辨能力的培养。

(六)使得教与学更加个性化

从教育的目的来看,教师的责任主要是去了解学生的问题,引导学生去运用知识。这种新型的教育教学形式,颠覆了传统意义上的课堂教学模式,也让人们看到了课堂改革的新希望。在这种自主探究式的"开放性学习"模式下,教师和学生的角色发生了根本性的改变,使得教与学更加个性化。

三、翻转课堂在"美国历史文化课"上的运用

(一)翻转课堂在"美国历史文化课"上的尝试

在"美国历史文化课"上,教师都具有复合型知识,对该授课领域有一定的学术研究,对学生的语言水平和专业知识水平有一定的了解,特别是对学生的外语水平。采

用翻转课堂的模式能使课程效果最大限度地发挥出来。教师将课上所需了解的学科概念和视频资料等提前发给学生,让学生自己发现感兴趣的内容;在课堂上,让学生选择话题,积极参与到课堂讨论中。

下面以“美国历史文化课”为例,探讨翻转课堂的具体实现方式。我校所使用的教材是高校英语选修课系列教材中的《美国历史与文化》(南京大学出版社,2011 年出版,编著者是张宇、王怡)。该教材按时间顺序勾勒出美国的发展历史,共 12 个章节,每个章节都有一定的主题。

以第 4 章节“美国的扩张时代”(The Age of Expansion)为例。在课前,教师可以围绕着主题,将主题中涉及的历史名词通过录制的视频提前告诉学生,例如“昭彰天命”(Manifest Destiny)。“昭彰天命”介绍美国印第安人在北美开发之前的生活状况及其在美国领土上的分布情况,指出美国印第安人在北美已生活了一两万年,他们不愿意离开自己的土地,他们的游牧生活和耕地生活使得他们对自然有一种天然的亲近感,他们尊重自然、热爱自然、保护野生动物。如果学生在课下对“昭彰天命”进行了解后产生了浓厚兴趣,那么教师可以在课上由“昭彰天命”引出更多围绕主题的话题,例如:安德烈· 杰克逊的“印第安迁移法”,印第安人的血泪之路(The Trail of Tears)和边疆遗产(西部精神)(The Frontier Heritage)。学生课下可以为自己喜欢的话题搜集相关资料,在课堂上与教师进行互动。

学生在课下搜索资料之后,教师可以从这些话题中引出教学任务,让学生们以小组形式自由讨论,例如:了解印第安人的生活文化、印第安人与白人之间的关系、印第安人与白人的斗争、美国西部的牛仔、美国在西部开发中所形成的民族精神。

课程设计见表 1。

表 1 第四章节的课程设计

话题	Manifest Destiny	Noble Savages, The Trail of Tears Indian People's Lives in the Past	The Frontier Heritage, The Wild West, Cowboy	The Relationship Between the Indian People and the English Colonists
任务	口语,阅读	PPT,展示	展示,口语	小组讨论
课文	课本和网上阅读材料,影视作品:《美国,我们的故事》	VOA Special English 听力,网上阅读材料	影视作品:《西部开拓史》(*How the West Was Won*),《大地雄心》(*Far and Away*)	影视作品,《与狼共舞》(*Dance with Wolves*)

老师可以在课前将课文内容的资料及时发给学生,让学生思考以下问题,如:印第安人在读者心中的形象,白人征服者对印第安人的态度;印第安人是不是都在排斥白

人殖民者，他们之间有什么样的合作；特别是在西部开发中，如何看待西部开发中的安德鲁·杰克逊总统等。从印刷媒体到视听媒体再到网上资源，学生从多个角度、不同侧面了解美国西进运动的历史，从而在头脑中形成一个对美国这段历史的立体感，以免在认识上产生偏颇。

在做听力练习时，教师让学生组成小组，将每个人听到的信息进行整合，以小组为单位进行讨论，在讨论之后，小组成员用目的语说出自己听到的内容。在这种输出过程中，学生不断地自我修正，以便正确使用目的语。这种教学手段把听、说、读、写四种语言技能有机地结合了起来。围绕一个主题的一系列活动要求学生充分理解信息；对信息进行归纳、诠释及评估，学生不仅练习语言也培养了思维评判能力。将翻转课堂的教学理念融入“美国历史文化课”课堂中，有利于学生沉浸在外语环境中。二语习得理论认为：外语学习的最理想的条件是创造类似于母语习得环境的语境，学习者的注意力集中在语言意义上而非语言形式上，学生在不焦虑的情况下有充足的机会有意义地使用外语，自然语言的习得就产生了。让学生运用英语自然而然、开放地进行讨论，能够将学生的语言学习与语言运用相结合，使他们的语言水平得到提高。

（二）翻转课堂在“美国历史文化课”上可能遇到的问题与对策

“美国历史文化课”将内容和语言有机地结合起来，同时与翻转课堂的形式相配合，创造良好的教学环境，但在实施过程中也有可能出现一些问题，综合起来，主要有以下几点：

1.学生的心理素质

翻转课堂要求学生在语篇中运用外语获取知识、运用外语阐释自己的阅读观点，这个要求也是大学英语教学改革所强调的重视学生听、说能力培养的一个重要方面。我们要求学生不仅应具有阅读能力，而且要具有口语表达能力，这种口语表达不是简单的一般问候，而是能够进行高一级的学术表达。可是学生长期以来没有养成口语表达的习惯，在上“美国历史与文化课”时，尽管脑子里有一种观点，却因不自信而无法用英语表达出来。

首先，根据学生不同的英语表达程度，从低级到高级的不同层次的要求，设置模仿朗读、看视频朗读环节，让学生用几句话表达听力内容。其次，让学生组成小组，互相谈论所听内容。学生的发音不好，影响交流，他也害怕被耻笑。由于学生过分关注结果，往往会产生焦虑、自卑的消极情绪，而把学生分成小组，用集体的智慧代表个人的智慧，有利于消除学生焦虑、自卑的心理。但为了消除个人偷懒的行为，小组发言时每个人都要发言。

2.教材的选择

翻转课堂突破了传统教材的选择障碍,所以如何将教材和各种学习资料配合使用显得更为重要。有适合学生的教材是保证教学活动必不可少的条件。相比中国的历史,美国的历史虽短,但可供学生研究的方面不少。设计教材内容时要考虑到学生的接受程度以及课堂活动的可操作性,需要涉及听说读写各方面。从传统教学模式到翻转课堂需要一个磨合期,所以教材中应有过渡性的教学内容,针对不同学生提供可选择的梯度性知识。

首先,要将书面教材和视听教材配合使用,提升学生听说读写多方面的语言能力;其次,要把传统教材中的精华部分根据不同学生的需要提炼出来,让学生不断提高英语能力。

总之,将翻转课堂运用在"美国历史文化课"中,在一定程度上激发了学生的认知潜能,不仅调动了学生课堂参与和合作学习的积极性,还满足了学生提升思辨能力的需求。在课程学习的过程中,学生体验到自主探究式学习与合作学习的乐趣,减轻了学科知识和语言学习的焦虑感,增强了自信心。

〔付京香,中国传媒大学外国语学院;刘乔莉,中国传媒大学外国语学院〕

教学督导评价教学的五个方面

——中国传媒大学督导评教的工作实践与理论思考

◈ 甘罗嘉

教学评价，是一项系统性工作。

现代教学理念主张的教学评价一般由学生评价、专家（同行）评价与自我评价组成。兴起于20世纪八九十年代的督导评价则是专家（同行）评价的主要形式。经过近30年的督导工作实践与相关的理论积累，教学督导评价教学从最初的以感性为主的主观评价逐步过渡到有一定理论依据支撑的相对理性的客观评价，也不断努力从定性评价走向定量评价。

中国传媒大学（以下简称“学校”）的督导评教体系借鉴了传播学的拉斯韦尔5W理论，将教学过程视为一个信息传播过程，将教学评价对象分解为5个关键点，即“教师、内容、学生、方法、效果”（“Who says What to Whom through What method with What effect”），系统地构建了一套特色鲜明的督导评教体系。

学校的教学督导评教体系由“教学准备”“教学内容”“教学方法”“教学态度”“教学效果”5个一级评价指标以及19个二级评价指标构成。有关教师（Who）评价的一级指标是“教学准备”和“教学态度”，有关内容（What）评价的一级指标是“教学内容”，有关方法（What method）评价的一级指标是“教学方法”，有关效果（What effect）评价的一级指标是“课堂效果”，而有关学生（Whom）评价的一级指标是空缺的，只在部分二级指标中体现。这和学校教学督导工作“督教为主，督学、督管为辅”的宗旨是一致的，学校当前教学督导工作的目的主要是促进教师教学水平的提升，因此评价体系的侧重点也在教师方面。

“教学准备”一级指标下有“备课认真，课程内容准备充分”“预备铃前到达教室，提前调试设备”“认真考勤并有记录”3个二级指标，这些指标主要评价教师的教学预备工作情况，后两个二级指标主要是客观观察教学前规定动作是否完成，第一个二级指标则需要教学过程完成后督导专家进行回顾评价（所占分值最高，也说明备课工作是所有教学准备工作的重点，会影响后续的所有教学工作）。这个一级指标既能体现教师的工作责任心,又关系到最终教学效果的实现,而且更重要的是,此一级指标最能通过督导工作实现明显改进,从而增强教学工作的规范性。

"教学态度"一级指标下有"课堂教学认真负责""讲课精神饱满,富有激情和感染力""对学生态度好,有耐心""衣着得体,仪态自然"4个二级指标。这4个指标是相对主观或者感性的,评价较为不易,因此这个一级指标所占分值或者比例最低。不过,如果反过来看这几个指标,即"课堂教学不认真负责""讲课平淡,讲授无趣、无激情""对学生态度冷淡,无耐心""衣着、仪态不符合教师身份",则会发现此一级指标如果得分较低,就说明教师"教学态度"亟须改进。

在以上2个一级指标中,一个是相对客观地评价教师教学工作合规性的指标,一个则是相对主观地评价教师教学工作主观能动性的指标。如果说教师对"教学内容"与"教学方法"的改进受智力与经验限制,那么这两项应该是最容易依靠教师个人主观努力而快速提高的。

"教学内容"一级指标下有"符合课程大纲要求,符合课程学习指南要求""授课内容与教师的科研或创作成果有机结合""信息量大,有广度、深度或新颖""有助于提高学生科研能力或创新能力"4个二级指标。第1个指标是非常重要且客观的评价标准(所占分值或者比例最高),学校教务处与研究生院近几年来在课程与教学工作上下了很大的功夫,组织各教学单位比较系统地规范了绝大部分课程的教学大纲或者课程指南,这些大纲与课程指南均经过了各专业教学指导委员会全体专家的审核,因此在内容的规范性上无可置疑。学校教学督导委员会依据这些大纲或指南,要求督导专家在评价教师教学工作时,重点考查是否"符合课程大纲要求,符合课程学习指南要求",就是要在教学内容评价过程中让教师"合规"。尽管我们一直鼓励教学工作改革与创新,但是在授课内容方面,我们是有基本范围的。其他3个二级指标则具有一定的引导性或者鼓励性,即学校是鼓励教学与科研结合并且相互促进的:只有教学没有科研的大学绝对不会是一流大学,只会教学、不做科研的教师也绝对不会是一流教师。学校的优势学科决定了学校教学工作必须鼓励知识与信息的"博、大、精、深"(信息与传媒学科自身的特点),学校的教学也应该实现教学相长或者引导学生自身科研与创新能力的提升,这也是现代教学理念论证与教育行政部门的要求。

"教学方法"一级指标下有"教学方法得当,师生互动合理、有效""板书(课件)设计合理,易辨认、易理解""条理清楚,重点突出,深入浅出,讲解难点通俗易懂""对学生课后学习、实践或创作有指导作用,布置的作业合理"4个二级指标。不同学科、不同层次、不同性质的课程甚至同一课程的不同章节都可以有不同的教学方法,因此在具体方法的评价上,我们做适当的模糊处理,只用"得当"这个感性标准作为评价指标。然而，为了避免传统课堂灌输式的教学方式，我们又在同一个二级指标中设置了“互动”这一评价要求，并且要求“互动”必须是“合理、有效”的。另外3个二级指标则是比较客观的，对板书和课件、实际课堂讲授、作业与课后指导提出了要求，这也是为了提高教学工作的规范性，即板书或课件必须有，而且应该“合理，易辨认（字迹清晰、不潦草），易理解（简明扼要）”；实际课堂讲授也必须有（不能大量播放视频或者以教学改革名义让学生替代教师大量讲授），而且应该“有条理（逻辑性）、有重点、深入浅出、通俗易懂（教师对教学内容把握良好并且有一定的讲授技巧）”；作业与课后指导也必须有，而且要“合理”并且必须有“指导”。

应该说，学校督导评教体系对于“教学方法”这一重要指标的评价主要通过对“合规性”的监督与指导，即暂时先把不同课程的个性化教学方法与探索创新放一边，然后把所有课程都应该符合的基本要求提炼出来，确定一个及格线，敦促所有课程整体教学水平达标，进而提高。

“课堂效果”一级指标下有“课堂气氛好，学生注意力集中、学习积极性高”“课堂教学秩序良好，教学时间安排得当”“教师授课语音、语调、语速适中”“学生出勤率高，无旷课、迟到、早退现象”4个二级指标。其中第1个和第4个二级指标和学生相关，一个是客观出勤情况，一个是相对主观的课堂表现；第2个和第3个二级指标则与教师相关，应该说这两个指标是教师“教学准备”工作、“教学态度”、对“教学内容”的掌握以及对“教学方法”运用后的综合体现，即教学的“节奏”与课堂的“控制”。

简单来说，学校督导评教体系是以“教师”为中心，以教学准备、教学内容以及教学方法的“合规性”为主要评价点，通过总体把握教师课堂的“节奏”与“控制”来全面评价教学。

〔甘罗嘉，中国传媒大学教学督导委员会办公室〕

乒乓球教学法的理论与实践

◈ 白敬锋

一、前言

当前,我们处于一个传播的时代,一个自媒体的时代,体育与传播的融合是时代的需要。在体育教学中如何运用适宜传播的教学方法和手段是摆在我们面前的一个课题。同时,让学生把握教学的重点和难点也需要传播手段进行支撑。笔者通过传播学视角,以简洁易懂的传播符号来进行乒乓球教学,形成了独特的"核心技术"教学环节理论(简称核心技术理论),并通过不断实践有效地提高了教学效果。本教学实践也以微课的形式参与了中国传媒大学首届微课大赛,在学校师生中得到了广泛的传播。核心技术理论的内容以支撑和卷带发力这两个符号来进行表述,易记、易学,有利于传播。

二、核心技术理论

核心技术理论主要用于以支撑和卷带发力为中轴的乒乓球教学环节,通过对支撑和卷带发力的界定以及技术之间迁移形成有关正反手、步法和不同技术的完整教学体系。

我们知道,体育课教学要求精讲多练。要想做到精讲多练,我们就要善于抓住教学的重点和难点。对于乒乓球教学,通过多年的实践,笔者总结了一套非常好的方法——核心技术训练方法。这种方法包括初级和中级两个部分。

首先,为大家介绍一下初级的练习。要完成这个初级动作,先要完成 50 次颠球,这是一个基本的熟悉球性的动作。如果你能完成 50 次颠球,就可以进行上台练习了。核心技术教学环节分为两个部分——支撑和卷带。要想完成支撑,就要在拿拍子时,手腕做一个内旋，就像我们端碗一样，把拍子放平(此时教师示范如何在反手位的时候把拍子端平)。只有端平以后，我们在支撑的时候才能让球飞不出球台。站位的时候，左脚在前、右脚在后。先从反手开始，平行把球推出去，这时候身体的移动是围绕着球、在身体的侧前方展开的，这样可以保证击球点不会发生很大的偏移。核心技术的第二部分叫卷带，就是说在球拍推出去以后，手腕要内旋 90 度，以使球有效地越过球网。在这个过程中，脚步要围绕着球在身体的侧前方移动。如果能打到 5 板到 10 板的技术，就可以在这个核心技术环节进行第一个突破，就是说，可以把反手技术迁移到正手。如何进行迁移呢？我们在做反手练习的时候，手腕是内旋 90 度，而做正手练习的时候，手腕是外展 90 度。如果我们是横向握板的话，要做出手腕旋转 90 度的动作。在练习的时候可以先进行平行支撑。这时候，手腕不做任何动作。完成这个支撑以后，还要做下一个练习，就是把手腕向内旋转 90 度，完成攻球的动作。在击球的时候，手腕要转 90 度。这个角度是非常清楚的。当完成正手和反手练习的时候，我们做一个比较:做反手练习的时候，手腕要内旋 90 度，而做正手练习的时候，手腕要外展 90 度。在做反手练习的时候，在做完支撑以后，手腕要做 90 度的外展，完成推挡动作。在做正手练习的时候，进行支撑以后，手腕做 90 度的内旋，完成正手的推球动作，这样就可以达到初级水平了。

如果我们还想继续学习，可以进行中级的训练，下面介绍一下核心技术的中级部分。我们在进行初级部分的练习时，完成了正手和反手同时互动的练习。在中级训练时，可以完成搓球和拉球这个基本的技术要求。在支撑完以后，如果击球点在球的侧下部的话，这个技术叫搓球；完成支撑以后，支撑点在球的侧上方，这个技术叫拉球。因此支撑的环节是相同的，搓球是击球的侧下方，而拉球则是击球的侧上方。正手在支撑完以后击球的侧下叫正手搓球。如果支撑完以后，击球的侧上的话，叫正手拉球。首先做反手练习，一方进行拉球，另一方进行搓球。就是说，一方支撑完以后向侧上方挥拍，而对方可以进行搓球练习。支撑的动作是一样的，而双方的动作可以进行互补和互换。在这个教学过程中，可以通过正手、反手、搓球、拉球的互换来加快教学进度，同时有效地提高教学质量。同学们通过练习可以不断地提高技术，在练习中进行搓球和拉球的转换，就可以完成初级和中级的练习。

最后提出一个基本的要求。在进行乒乓球练习的时候，支撑和卷带是一个渐进的过程。在初级阶段，一般击球的中下部；随着技术的提高，逐渐击球的中部和上部。只有这样，我们的速度才会越来越快，击球的力量也会逐渐加大。在练习过程中，在完成支撑、卷带的同时，中级部分还提出了卷带发力，即在乒乓球的技术学习过程中，首先要完成对球的支撑，支撑完成以后，在卷带期发力。为什么要在卷带期发力？因为在卷带的时候，身体有一个拧转，保证我们能够对球进行有效的包裹。这样我们的技术水平才会稳步地提高，并且击球的稳定性和力量会随着我们技术的提高而不断增加。

三、核心技术理论在实践中的运用

核心技术理论不仅是个技术体系，也是战术体系和乒乓球的评价体系。

首先，核心技术理论是一个技术体系。以此为核心，各项技术之间可以进行迁移，如学习完反手推挡技术后，可以把支撑、卷带的技术环节运用于正手技术的学习。同样，依据各项技术击球时空的不同形成不同的技术名称，如击球的中上部是攻球，如果击球中上部再加上摩擦，就变成前冲弧圈球；击球的中下部、向侧下方摩擦是搓球，同样，击球中下部、向侧上方摩擦就成了拉高吊弧圈球。由此可见，核心技术在正反手和各项技术的迁移过程中起到了核心的纽带作用。

其次，核心技术理论也是一个较为完善的战术体系。战术是指基于技术合理运用策略。对我方来说，破坏和降低对手的支撑和卷带发力，不但起到了“上兵伐谋”的作用，而且为自己在下一个回合赢得了先机。这是一个战略层面的战术体系。当然，赛场上形势瞬息万变，但无论如何，我们的战术都围绕破坏和降低对手的支撑和卷带发力来展开，这不失为一个上策。

最后，核心技术理论也是一个评价体系。评价乒乓球技术的优劣需要有一套评价指标，核心技术理论为我们提供了这样的指标：支撑和卷带发力。做出合理的支撑了吗？进行合理的卷带发力了吗？而支撑和卷带的标准在前面都有较为明确的界定。因此，无论是初学者还是较高水平的乒乓球运动员都可以根据支撑和卷带建立起自己的评价体系。

四、小结

首先，传媒特色的教学改革要适应现代传媒技术的发展，自媒体时代更加注重传播方法和手段的运用，让新媒体和传统媒体融合；其次，在教学方法创新方面，也要注重不同教学方法的融合；最后，在教学方法改革创新的同时，一定以提高教学质量和加快教学进度为基本目标，同时，提高学生学习的自觉性、主动性和互动性，让学生能够进行自我管理、自我评价，推动教学改革不断深入。

〔白敬锋，中国传媒大学体育部〕

物联网技术在高校多媒体教室中的应用

◈ 石喜富　王学军　郭建璞

一、引言

物联网是新一代信息网络技术的高度集成和综合运用，是新一轮产业革命的重要方向和推动力量，对于培育新的经济增长点、推动产业结构转型升级、提升社会管理和公共服务的效率和水平具有重要意义。

随着国家改革的不断深化，高校的改革也在不断地深入，学校经历了二级学院管理体制改革之后，又经历了学部和直属学院管理体制改革。因此，提高工作效率，实现多媒体教室智能化管理已势在必行。

目前，学校通过校园一卡通，实现了学籍管理、充值和刷卡付费、在图书馆刷卡借书与还书等自动化管理。

基于学校校园网和校园一卡通，某类多媒体教室应用物联网技术，可以提高多媒体教室自动化和智能化管理水平，如根据课表时间，自动打开和关闭多媒体教室大门、电源、投影机、教室日光灯等；利用计算机、移动通信设备实施远程操控；任课教师可以凭借校园一卡通打开多媒体教室大门等。

二、物联网技术的概念

1999 年，物联网概念起源于美国麻省理工学院。发展至今，物联网技术已经成为继计算机、互联网和移动通信之后信息产业发展的第三次浪潮。

物联网（Internet of Things）是利用 LAN、Internet、Wired Network 、Wireless Networks 和计算机等通信技术，通过传感器、激光扫描器、射频识别器（RFID）、全球定位系统（GPS）等信息传感设备，把人员和物等通过约定的协议联在一起，形成物与物、人与物互联,以实现智能化识别、定位、跟踪、监控和管理的一种网络。它是互联网的延伸,包括互联网和互联网上所有的资源,兼容互联网上所有的应用。

物联网的核心是物与物、人与物之间的信息交互。物联网的基本特征是全面感知、可靠传送和智能处理。(1)全面感知:利用二维码、传感器、射频识别等感知、捕获、测量技术实时对监控物体进行信息采集和获取;(2)可靠传送:通过将物体接入信息网络,依靠各种通信网络,实时进行可靠的信息交互和共享;(3)智能处理:利用各种智能计算技术,对海量的感知数据和信息进行分析和处理,以实现智能化的决策和控制。

根据物联网信息的流动过程,抽象出物联网信息功能模型,如图 1 所示。

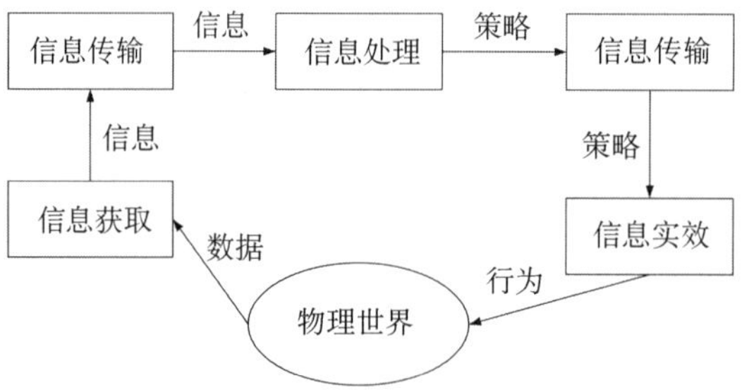

图 1　物联网信息功能模型

三、物联网技术在高校多媒体教室中的应用

在地点分布方面,学校各个学部或二级学院的多媒体教室,可能分布在不同的楼房、不同的楼层上;在上课时间方面,不同班级学生的上课时间可能从 8 点至 22 点,或从周一至周日均有课。因此,管理多媒体教室的工作量比较大。物联网技术应用于高校多媒体教室以后,管理工作将变得轻松。

物联网技术应用于高校多媒体教室,实现了人与人、人与物和物与物之间的相互通信,完成了计算机与移动计算设备对多媒体教室涉及的人、事和物的信息采集和控制,提高了多媒体教室管理的智能化与自动化水平,减少了管理人员每天定时到多媒体教室去开关门的工作量等。

(一)建立智能多媒体教室的系统

智能多媒体教室系统主要由计算机网络中控服务器、计算机控制机、智能教室软件服务器,校园网、多媒体教室设备、物联网设备、防火防盗设备等组成。其中,计算机网络中控服务器、计算机控制机、智能教室软件服务器,统一管理和协调各个系统的运行工作。

智能多媒体教室的系统构成拓扑图如图 2 所示。

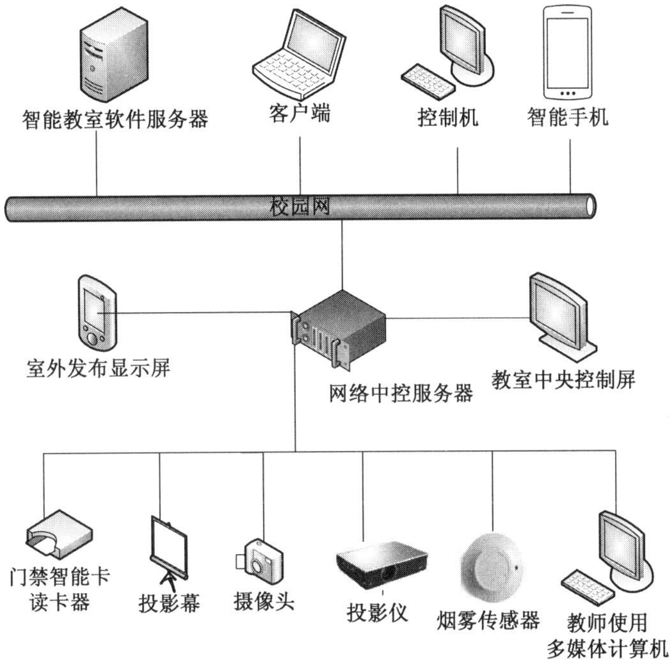

图 2 智能多媒体教室的系统构成拓扑图

(二)智能多媒体教室的用例图

智能多媒体教室管理者(Administrator)负责管理所有多媒体教室设备,有权设定教师(Teacher)和学生(Student)使用智能多媒体教室的权限,管理者可以使用所有用例,包括智能软件服务器、控制机、多媒体教室大门的打开和关闭、用户使用权、学生刷卡考勤、多媒体教室教师机和学生机等用例。智能多媒体教室的设置如图 3 所示。

(三)物联网技术在多媒体教室中的应用情况

1. 在多媒体教室管理中的应用

在多媒体教室管理中,为了保证日常教学的顺利进行,可以应用物联网技术,这使得管理人员的管理变得网络化和智能化,不但实现了本地的智能控制,还为远程管理控制提供了硬件支持。(1)开关多媒体教室门可以有多种选择。可以在控制计算机中根据课表设置自动开关门时间;上课教师和教室管理者可以使用校园一卡通刷开教室门;教室管理者可以在办公室使用计算机控制或在校园内基于无线网使用智能手机等

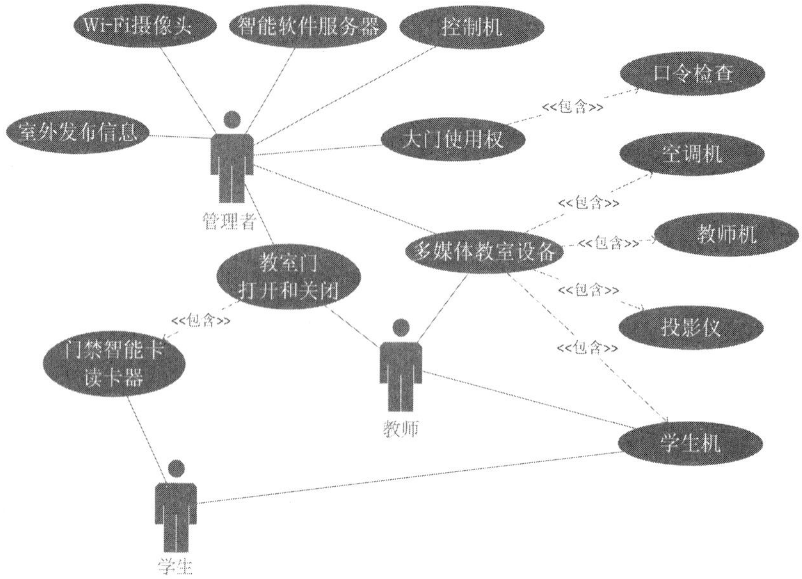

图 3 智能多媒体教室的用例图

移动通讯设备控制教室门的开关,在关门时可以从 Wi-Fi 摄像头中查看教室内的情况。(2)教室环境智能控制。利用温湿度、光照等传感器和控制终端实现环境的智能控制,利用光照传感器实现投影机灯泡使用时间的记录,利用 Wi-Fi 摄像头实现教室的远程监控等。

2. 在多媒体教室教学中的应用

在多媒体教室管理中,由于连接了校园一卡通系统,所以在上课前学生只有在门禁处刷卡,才能打开计算机,同时教室内设有 Wi-Fi 摄像头,可实现对教室的远程监控和全程录像。因此,此举提高了教学管理水平。(1)解决学生的考勤问题。上课教师可以从教室软件服务器中提取考勤记录表单。(2)进行教学督导与教学质量监控。教学督导老师不必到教室,可以在自己的办公室等地了解授课教师课堂上的教学内容、教学方法、教学态度、学生的提问与教师的回答等信息,并且保留录像记录。这对研究教学和提高教学质量提供了现代化的手段。

3. 在多媒体教室安全管理方面的应用

防火防盗是多媒体教室管理中的一个重要方面。(1)Wi-Fi 摄像头不仅实现了对教室的远程监控和全程录像,同时还连接着校园网,学校保卫部掌握录像和监控信息。(2)教室内安装的烟雾传感器是连接校园网的,若有异常现象发生,学校保卫部会报警。(3)窗外装有红外线检测装置,也连接着校园网,当感应到物体移动或温度变化异常时，仪器会自动报警，学校保卫部会在第一时间得到报警信息。

四、结语

物联网技术在高校多媒体教室中的应用，不仅可以提高教学质量，还从根本上改变了原有的多媒体教室管理体制和机制，实现了管理上的自动化、网络化、信息化和智能化。

〔石喜富、王学军，中国传媒大学外国语学院；郭建璞，中国传媒大学计算机与网络中心〕

从实践出发

——试论普通高校舞蹈创作中的“社会性”

◈ 林　婷

中国高等教育是指培养高级专门人才的社会活动。高等教育的三项职能为培养专门的人才、进行科学研究和服务社会。舞蹈教育作为高等教育中通识教育的一环，同样如此。在普通高校中参加舞蹈训练的学生大多数没有专业的舞蹈基础，他们来自学校各个学院和各个专业，他们有各自的学习专长和目标，日常的教学安排已经占用了他们的绝大部分时间，只剩下有限的时间和精力。如何引导学生了解、学习、研究舞蹈艺术？如何让学生在舞蹈创作中感受到舞蹈的技能和技术？

让学生真正走进舞蹈艺术、热爱舞蹈艺术，同时让舞蹈艺术渗透到学生的生活、学习和娱乐中，使学生感受舞蹈艺术。行之有效的方法是：从实践出发。就如人类学中最有特色的人类田野工作一样，普通高校的舞蹈创作也需要深入到学生群体中，对他们的生活、喜好等进行了解和研究，引导学生通过舞蹈作品洞察社会、走入社会。从实践出发，普通高校舞蹈创作不仅可以有效完成高等教育中的教学目标，同时还能满足舞蹈艺术本身发展和审美的需要。

一、从实践出发，舞蹈创作发生的需要

舞蹈是一个极具视觉和听觉感官刺激的时空艺术，优秀舞蹈作品最初只是一个简单的心理愿望，之后被提炼成一种具有精神内涵主题的表达。在普通高校中，学生们了解舞蹈艺术的时间和精力有限，直接排演经典剧目和模仿传统民族艺术不失为训练学生研习舞蹈的办法，但是这对于绝大多数没有专业基础训练的学生而言，可能有些困难。因为这些学习和训练离他们的生活太远，他们还未走进去了解就已经失去了学习的动力和信心。因此，在舞蹈创作中，我们需要从实践出发，真正吸引学生走入自己、走入自己所了解的社会，具体可以从以下几个方面展开。

第一，从创作动机和艺术构思的角度来看。

舞蹈艺术的创作动机，往往影响舞蹈作品的品位和质量。从实践出发在高校舞蹈创作中究竟起着什么作用？在舞蹈创作中，究竟有多少创作者是从实践出发的？舞蹈创作的动机常常不是单一的，但对周围的人与事、人与社会的观察和理解一直都是舞蹈作品热衷表现的部分。真正的艺术在本质上有一种寻根的意味，无论是创作者与作品、表现者与作品还是欣赏者与作品，都在寻求一种共鸣。在艺术上的共鸣，在心灵上的契合，就像是大家为此刻的自己寻找一个归宿和根基。例如，杨丽萍的《雀之灵》从1986年的首演，到现今舞剧的商演，历经三十余载，仍然还在继续。最初她的创作动机就是通过模仿孔雀，展现孔雀的灵动、迎风挺立、展翅飞翔等。

普通高校舞蹈创作与专业院校舞蹈创作相比，有创作动机的局限性也有特殊性。局限性在于，普通高校的学生没有过多的时间和精力进行舞蹈排演，有些技术性和技艺性的不足。但是，具有各种专业知识的学生们碰撞在一起，可以更好地体会社会性，更深入地表现人与人、人与社会之间千丝万缕的联系。所以，普通高校舞蹈创作动机和艺术构思应该从学生的实际出发，通过展现他们以及他们所处的生活，让他们产生一种共鸣。学生通过这种共鸣敞开心扉，使心灵得以净化。例如第四届大学生艺术展演北京赛区中央财经大学选送的作品《金融风暴》，从创作动机和艺术构思上看就是一个很成功的典型。首先，这个题材在排演中能与中央财经大学的学生产生很好的共鸣，因为所学专业，他们可能比其他高校的学生更能体会到金融风暴的到来引起的恐慌，在表现时可以更好地把握作品的构思。其次，这个从实践出发的创作动机也能引起社会的共鸣。2014年，一线城市房地产泡沫问题、政府介入房地产宏观调控、贷款利率上升、存款利率变相开放等，这些正在发生的事情使我们看到这样的作品时就能自然地产生共鸣。因此，普通高校的舞蹈创作动机和艺术构思是否做到了从实践出发，往往决定了作品受众的多少和作品质量的好坏。

第二，从创作表达和创作风格的角度看。

舞蹈作品的叙述应在创作动机的引导下，从实践出发，体现一种自然而然的风格。在叙述与表现的过程中，剧情与动作的推进、节奏的表现以及环境的渲染等应充满令人信服的渐进的力量。优秀的校园舞蹈作品，应该让欣赏者具有身临其境一样的韵律和节奏，让他们在熟知的环境与情景中步入舞蹈作品的意境，使作品自然形成一种“浑然天成”的创作风格。这样的舞蹈作品使人们感觉它不是高高在上、精雕细作、遥不可及、事不关己的舞蹈，而是关乎自己、关乎周遭、关乎社会的熟悉表达。从实践出发，自然的流淌，是“不经意”“不刻意”的表现。

二、从实践出发,舞蹈艺术审美的需要

舞蹈是一幅流动的画卷、一首吟唱的诗篇,是人们运用肢体流露心声、沟通心灵的艺术手段。在舞蹈创作中,我们要正确把握身体语言,熟练掌握身体与时空的关系,有效地处理舞蹈与其他艺术的合作,方能全面地诠释舞蹈的内涵,达到舞蹈艺术审美的标准。

什么是美?美的概念是模糊不清的。台湾著名美学家蒋勋先生提到:领悟一朵花,也许就是领悟美的开始;领悟一朵花,也同时是领悟艺术的开始。[①] 一棵树开花,是美的,同时也昭示着生命的成熟。花的形状、色彩、香味是美的,同时也是为了招蜂引蝶,为了繁殖,为了生命的延续。我们将花赠予他人,不仅是祝福、安慰,也是将美与他人分享。创作者通过仔细观察、细致体味,展现周围的环境、展现自然以及自然生活的艺术作品以获得一片广袤的天地。

无论是个人还是群体,我们都生活在自己的小宇宙世界中。我们总是不断地在小宇宙世界中体验艺术、创造艺术,并进行着审美。如果我们将眼光投入到这片小宇宙世界,无时不在、无处不在的艺术和审美活动便映入眼帘。这种生活中的艺术活动并非只存在于现代社会,也不仅存在于现代都市。在不同的时期、不同的社会文化背景下,艺术和审美活动的形态都具有自己的特点。就像延续至今日的传统歌舞活动,它依然是人们闲暇生活和仪式、节庆活动的主要内容,其中的部分内容逐渐形成了民族文化认同的重要符号。作为一种“习惯”,后来的人们未经思考就普遍地接受和使用这些重要符号了。这种“习惯”深深地融入到人们的生活中,也就是这种“习惯”且成了不同的认知模式和分类系统。这种“习惯”存在于不同的小宇宙世界中。在各普通高校也有着许多这种“习惯”的认同符号。在普通高校的舞蹈创作中,我们要善于发现这样的“习惯”,洞察这些“习惯”背后的认同符号和认知模式,用舞蹈艺术的手段开启学生们的艺术审美之旅。

舞蹈是人体的艺术,是运用人体在有节律的连续运动中抒发情感和反映社会的艺术,舞蹈编创者想要提升舞蹈作品的品质,需要深入生活;舞蹈欣赏者想要提升舞蹈的表现美的能力,同样需要深入生活,品味动作之美。

---

① 蒋勋.艺术概论[M].北京:三联书店,2000:4.

三、结语

舞蹈是反映社会生活的身体艺术，我们所处的社会生活是舞蹈创作的源泉，舞蹈源于生活，又高于生活，从实践出发，从我们身边的社会生活出发，发现生活中的艺术，开启艺术审美活动，是普通高校舞蹈创作的源泉，也是舞蹈创作作品成功的关键。

〔林婷，中国传媒大学艺术教育中心〕

基于移动媒体碎片化消费解析手机 App 设计定位

◈ 李美慧

移动互联网的高速发展进一步推动了信息碎片化时代的到来,碎片化逐渐成为整个时代发展的特征,人们生活在越来越多的"碎片"之间,也呈现出具有相应特质的工作和学习习惯。为了适应快节奏的都市生活模式,人们处理相应事务的时间也被分割,用来吃饭、睡觉、排队、等车的时间变得越来越细碎,这些细碎的时间占据着人们的日常生活,推动了碎片化时代的发展,符合移动互联网的时代特征。

移动应用市场以互联网普及、发展为前提,提供了大量、多元化的应用程序供人们休闲、娱乐、学习。用户可以根据自己的喜好和需求随时随地搜索、下载相关的应用程序,既充实了碎片化时间,也提高了智能应用的利用效率。当人们被海量的移动应用包围、沉浸在无尽的信息之中时,用户的心态、行为也一步步地发生着变化。这样的碎片化影响着移动智能应用本身,也同样影响着智能软件的设计理念及风格。

一、智能移动终端碎片化消费下的生存定位

在移动互联网时代,消费思维的碎片化打乱了原本的连贯的线性思维,简短的碎片信息遍布互联网的各个角落,各类新闻被分割成无数个极小的文字区域,承载的信息越来越简短,一篇报道往往仅用几句话,甚至一张照片来说明。信息被夺人眼球的标题和图片分割得支离破碎。同时,大量存在于互联网中的超链接,使得消费者打破了既有的线性思维,将更多的精力转向无序的信息阅读。于是用户形成了碎片化的思维表现,即注意力分散、不愿意思考、倾向于消费短文字、对视觉刺激的需求日渐提升等,用户更愿意接收直接诉诸人类视觉感官的东西,追求虚拟感和体验感。

同时,由于用户使用移动终端的行为一般穿插于日常工作、生活的各个阶段之间,单次使用时间一般较短,获取的信息比较浅显,不会进行深入的信息思考与分析整理。对于移动智能软件的体验通常也来自短暂的交互,所以产品的第一印象的好坏会对用

户是否继续使用该产品产生决定性的影响。基于用户这样的消费习惯和消费方式，移动智能终端要明确自己的设计定位，既要满足互联网时代用户对于信息的渴求，同时又要根据碎片化的消费习惯，设计符合用户心理需求的软件模式。精准的生存定位是智能终端获取用户关注的重要一步，也是其赢得市场竞争的关键。

二、智能移动终端碎片化应用下的技术要求

信息碎片化是社会在不断发展的过程中形成的标志性特点，无论是传播媒体、技术手段还是信息的呈现方式都受到不同程度的影响。碎片化特征涉及社会生活的方方面面，人们普遍已经习惯于用碎片化的信息填充碎片化的工作、学习时间，并在这样的环境中逐渐形成了接收、处理信息的新方式。为适应时代发展的碎片化特征，移动终端设备逐步成为信息传递和处理的重要媒介手段。依靠科技发展不断完善的新媒体艺术表现形式、智能化的交互体验模式以及多元的互联网应用程序下载平台，给用户提供了人性化、自由接收信息的机会，以及符合用户审美的感官享受与趣味性交互。

在移动用户的碎片化消费趋势下，智能终端的技术也要不断提升，以满足用户的碎片化需求。例如一款以视频浏览为主的智能软件，既要具有丰富的在线内容、高速及高清的浏览环境，又要满足用户的离线观看需求。通过离线资源库以及 Wi-Fi 下自动缓存等功能，使用户在不同环境、不同状态下都能充分应用软件，增强智能终端的用户黏性。

创立个人账号的模式让人们有了更加丰富的碎片化信息获取入口，也有了更为个性化的私人应用环境。在丰富多彩的网络世界里，用户的关注与收藏、分享与转载成为个人独特审美和兴趣的标签，极大地满足了用户的个性化需求，同时也将智能软件的互动功能发挥到极致。用户在细碎的时间里形成了个性化、互动性、大众性等碎片化消费习惯。

三、智能移动终端碎片化审美下的视觉设计

在碎片化时代，网络信息的接收、选择和再传播被赋予了更为丰富的个性色彩、主动性以及互动性。用户对于手机应用产品的第一印象，往往是通过视觉来获得的。对一个应用来说，其视觉元素有颜色、字体、各种界面排布等。合理的视觉元素排布不仅仅满足了用户对美的追求，也起到了说明软件功能的效果。

色彩在智能应用产品中具有规划信息和传递情感的作用。由于碎片化消费的时

代特征,软件的使用情境更加复杂,用户无法将精力完全放在界面信息上,此时色彩便起到了凸显界面信息的作用。色彩通过自身色相、饱和度和明度的变化强化了界面信息层级。同时,通过不同的色彩搭配传递不同 App 的情感内涵,让用户产生心理上的认同感,从而在视觉印象上建立对产品的信任。

图形的使用更易于用户记忆和进行情感化的理解。在智能软件中,不同图形的界面元素构成了界面设计的内容。如一些可爱的加载图案以及提示性信息的图形,极大减少了碎片化消费语境下用户等待加载信息时的不耐烦情绪。

版式设计是视觉传达的重要手段,它通过将文字、图形和色彩等视觉要素进行组合与排列来有效地传递信息内容。在移动终端 App 中,版式设计可以将界面中的视觉元素依据使用情境和功能进行有效的串联,从而构建清晰的视觉浏览路径。

四、以视频应用软件"开眼"(Eyepetizer)为例,解析手机 App 设计定位

"开眼"(Eyepetizer)是豌豆荚出品的一款轻量级的视频应用,每天为用户推送 5 个短视频,旨在带给用户新知与启迪。软件中所有的视频都为短视频,且最长不超过 15 分钟,每段视频下方还有一段简短的文字介绍,帮助用户快速了解视频内容。"开眼"满足了用户在碎片化消费语境下,阅读和接收短信息的需求。

"开眼"推送的视频内容十分广泛:有暖心的亲情,从情感上引起用户的共鸣;有刺激的极限运动,满足互联网年轻用户的兴趣取向;有小众而精致的美食插花,吸引用户,提高用户下载量;有热映的电影的预告或影评,结合当下热点,满足用户对互联网实时信息的需求。用户可以根据创意、运动、旅行、广告、音乐等标签查看自己喜欢的内容,同时可以通过收藏和关注获取相近内容的推荐。高效便捷的操作让用户的碎片化时间得到充分的利用,满足了用户的需求。

"开眼"采用了不同于普通视频 App 的设计风格——类似于画报风格的卡片式设计。有格调的图片、简要精辟的文字、翻页的动效设计为简洁的设计添彩不少,列表与详情页之间的转场动画自然顺畅,极简的框架设计和流畅的播放体验在视觉上给用户带来了全新的享受。

作为豌豆荚的内部孵化项目,"开眼"被称为"贵荚的精品视频日报"。这款视频应用软件是 TOP Mobile Awards 的最佳精品段视频应用,用户量也日渐提升。这款视频推送软件,在内容构成、版式设计、技术支持等方面,都满足了碎片化消费下用户对智能手机软件的需求,可以给其他手机 App 的设计提供参考。

五、结语

碎片化消费是一个不可逆转的历史潮流，碎片化的生活方式正成为当代都市人生存的一大特点，极大地影响了人们的生活行为和娱乐方式。越来越多的智能终端开始注重开发针对碎片化消费的应用软件。移动智能终端想要在未来互联网时代有所作为，就必须主动出击，摸清碎片化消费的特点，针对用户碎片化时间，设计出可以更好地为人服务，具有更丰富的功能、更合理的服务形式和更新奇的体验的手机 App，以便在竞争激烈的市场中获得一席之地。

〔李美慧，中国传媒大学艺术学部〕

课程研究

KECHENG YANJIU

对新媒体环境下传媒艺术学科教学问题的思考

——以广播电视艺术学为例

◈ 姜　燕

一、新媒体环境

今天我们面临着一次重要的文化转型，它主要是由电脑和电脑技术带来的。这种遍布全球的网络技术和控制系统使得时空结构、交流方式、体验方式等都发生了极大的转变。

媒介环境的改变，也对广播电视艺术学科的教学环境、教学目标、教学内容、教学方法等产生了不同程度的影响，例如：互联网、智能手机、移动传媒等新媒体技术的普及不仅带来了制作观念和方法的变化，也为信息传播提供了多种渠道。随之而来的全媒体时代更打破了传统媒体在传播方式上的限制，将多种手段应用于信息传播，改变了以往在固定时间、地点的单向传播模式，人们可以在任意时间、地点"自主"选择接收模式和接收内容。这一制作、传播模式的改变赋予了受众更大的选择权，突破了时间和空间的限制，突破了主体和客体的界限。灵活的方式使得制作与传播获得无限的开放性。

新媒体为独立作品、实验作品以及个人影视作品的发展提供了相应的平台。一些新媒体制作人才已经具备了极强的专业化制作技术和创作理念，并以团队合作的姿态或者极其活跃的个人化创作取得了不俗的成就。他们挑战着由上百万资金所支撑起来的单一影视技术，挑战着传统制作者在作品的创新性、叙事性和表现力等诸多方面的表达，使我们不得不对新媒体环境下的广播电视艺术专业的人才教育进行审视和思考。

二、对新媒体环境下教学问题的反思

在广播电视艺术学科的教学中，培养何种人才是首要问题。在新媒体环境下，各种媒体以不同的姿态占据着各个传媒领域，广播电视艺术学科以往的“渠道垄断优势”消失了。在教学时如果仍以传统媒体时代的思维进行教学，势必对学生未来适应新媒体环境产生不良影响。这就需要我们认真思考教学目标的设置、教学内容的变革、教学方法的更新等诸多内容。

首先，调整人才培养目标。

新媒体环境下，培养复合型传媒精英人才是未来广播电视艺术学科的人才培养定位，我们希望能够培养出适应新媒体环境的“精专型”“媒体融合型”“创意型”“国际型”人才。因此未来我们应该通过国际化的培养模式改革、产学研相结合的教学模式推动、强化实训创作、注重团队合作的创新协同的新理念，培养兼具创新思维与深厚人文内涵、技术性与艺术性、国际化与传统性的传媒精英人才。

其次，改进教学内容。

在新媒体或者全媒体时代，需要的是跨学科、跨领域的前沿性思维和研究，需要的是复合型的精专人才，而过窄、过细、过于封闭的专业划分严重限制了学生的想象力和创造力的充分发挥。新媒体时代，技能单一的人才将会慢慢被淘汰，全能型、厚底蕴、复合型的人才备受欢迎。因此，需要重新审视课程培养方案和培养内容。要从只强调技术、注重操作性、上手快，向注重人文内涵、媒介素养方面转变，培养“上手快、后劲足、底蕴厚”的人才。另外，还要注重教学内容的创新性和即时性，要关注学科前沿理论，也要注意了解其他相关学科的新理论。笔者在美国访学的时候，发现任课教师常常将自己的研究成果带进课堂，与学生进行讨论，从而不断补充研究成果，教与学真正融为一体。教学内容常换常新，形成知识创新的良性循环。

目前我们的广播电视艺术学科的培养方案都是以广播电视媒体为基础的，而如今传媒业发展迅速，新媒体的崛起、三网融合时代的到来使得各类媒体不断走向全媒体的发展道路。作为培养媒体从业者的广播电视艺术专业现行的人才培养方案过于陈旧、狭窄。虽然有的院校意识到了这一问题并开设了相关课程，但是课程数量和内容却不能满足媒体发展现状。有些关于新媒体的课程设置和教学只是在传统课程体系之外增加了新媒体的制作手段等课程而已，在教学上偏重新媒体技术层面，而不注重培养新媒体环境下学生对新媒体文化的理解、学习、研究、实践等方面的能力。因此，只能提高学生在未来工作中对新媒体的适应能力，却无法在深层次上真正提升学生应对新媒体时代的综合能力。这种改革无法满足新媒体背景下广播电视艺术人才的要求。如果人才培养落后于人才市场的需求现状，我们培养的学生在未来的竞争中也必将面临艰难的处境，甚至可能会被市场淘汰。因此，要让学生拥有更为广博的知识、更全面的实践创作能力，这样才能使学生在获得专业知识和技能的同时更好地适应新媒体时代的挑战。

最后，改变教学方法。

教学方法是教师和学生为了实现共同的教学目标、完成共同的教学任务，在教学过程中运用的方式与手段。在新媒体环境下，教学内容发生了变化，学生的个性化与创新性也越来越突出，我们应该尽量改革“以教室和教师为中心”的教学模式，强化教学实践环节。

在新媒体环境下，广播电视艺术学科的教学要发掘新的教学方法，借助各种媒体形式，在原有的基础上延伸、整合与拓展。在课堂上采用团队化、模块化、工作室化、讨论式、主课小组化、实践练习课、自主性学习等教学新模式、新方法激发学生学习的积极性，提高课堂教学效率。另外，慕课兴起，未来也会逐渐成为教学的重要方式和手段，教师需要借助这些新兴的形式不断完善教学方法、提升教学效果。在课堂之外，广播电视艺术学科的教学、人才培养以及成果转化可以打通专业，通过现有的传媒形式，把学生的学习成果通过晚会、影视节目、音乐会等方式呈现。这种模式立足于我们已有的传媒载体，既很好地契合了种种传媒形式，又与社会需求相结合，同时还丰富了教学内容。这样既能够将多项学习内容涵盖在创作与传播平台中，又能使教学内容、考试方式及校园文化融为一体，成为“教学形式、文化展示、品牌效应”三位一体的教学成果。

同时，在新媒体背景下，广播电视制作对大型、专业化、精细化设备的依赖度越来越低，正如尼葛洛庞帝所说：“个人电脑的飞速发展，使得采取开放式体系结构的未来电视将等同于一部电脑。置顶盒将变得只有信用卡般大小，只要插入，就可以把你的电脑变成有线电视、电话或卫星通信的电子通道”①，而且“到时候，没有人会在乎什么高清晰度电视”，而只在乎通过屏幕上的小视窗看到各种节目。随着技术的发展、智能手机的广泛应用、微电影等节目类型的流行，广播电视行业的制作环境也在变化，例如设备的便携化、小巧化、简约化使得以往大规模、专业化、精细化的制作传统在一定程度上受到冲击。当然，技术是不断发展的，例如，对 VR 技术的研讨、尝试与运用；3D 技术以及 4K 技术的迅速发展及普遍运用等，都向我们展示着一个未来广播电视艺术

---

① 尼葛洛庞帝.数字化生存[M].海口：海南出版社，1996：53.

媒体行业的全新图景。我们的教学也面临着越来越多的机遇和挑战。因此，在教学内容和教学方法上如何与新媒体环境契合，是我们亟须思考的重要问题。

面对传媒领域的快速发展，我们培养的媒体从业者必须顺应潮流，努力完善自己的各项技能，这样才能跟上时代的脚步。从业人员不仅要有良好的业务能力，还必须能够熟练操作各种多媒体设备，以应对工作中经常出现的一个人承担多个任务的情况。例如，在传统媒体时代，一个记者只需操作摄像机、录音机或录音笔等常见的录音录像设备即可，但是新媒体时代则要求媒体记者承担撰写文字、拍摄图片、制作音视频、进行卫星传输等综合报道任务。上述这些变化都对我们的教学提出了新要求，需要我们对新媒体时代广播电视艺术学的教学内容和方法进行反思，提醒我们思考如何在未来的教学中将传统媒体与新媒体形态更好地融合，培养出适应新媒体、全媒体制作环境的兼具创新思维与深厚人文内涵、技术性与艺术性、国际化与传统性的复合型传媒精英人才。

三、结语

在新媒体时代，媒介传播的平台日趋多元化，接收信息的终端设备也变得多元化。随着技术的发展，小型的终端式的媒体形式会越来越普遍与流行，例如智能手机。未来手机终端的技术指标也会越来越高，比如影像的像素越来越高、音频的动态范围越来越宽、手机屏幕越来越大，等等。因此在未来的新媒体制作环境下，人们会在声、光、造型、表演等方面追求适合手机、iPad 等终端的审美化表达。基于此，广播电视行业的从业人员，应当形成新的思维方式，在实际工作中综合运用各种媒介形式，充分发挥不同媒体在广播电视制作与传播过程中的优势，在未来的广播电视媒体行业中以专业化的、媒体融合型的、创意型的甚至国际化的全新形象出现在受众的视野中，接受新媒体环境的考验。

〔姜燕，中国传媒大学艺术学部〕

移动互联时代“广播经营管理”课程的教学改革思考

◈ 张 燕

网络技术作为一种信息传播技术，它的兴起首先对同样以信息传播为主业的传统媒体行业带来了颠覆性的挑战和冲击。传统媒体每年的收入增幅已经风光不再，有的传统媒体门类甚至已经开始出现收入绝对值逐年下滑的颓势。得益于相对小众化的定位，当然更多的是得益于私家车普及带来的车载广播崛起，在传统媒体的整个家族中，广播媒体受到的新媒体冲击相对来说，是最温和和迟缓的。但是这种舒适的状态会随着移动互联网和车联网的到来而被改变，广播媒体必须在这场风暴真正到来之前做好充分的应对准备。

一、移动互联网的崛起挑战广播现有传播生态

近年来，移动互联网的快速崛起，引发了人们对车联网的种种探索和尝试，这对传统广播的渠道优势形成了解构性的挑战。2015 年 4 月 20 日举办的上海国际车展媒体日首日，乐视与北汽合作的首款互联网智能概念车发布。[①] 这是一个“平台＋内容＋终端＋应用”的车联网生态系统。这个系统一旦启用，就意味着乐视将一个无所不能的互联网建到了移动车厢内，车上的人们可以随时随地享用网络带来的一切。原来作为汽车标配的车载广播将被抛弃，这对多年来一直垄断汽车的广播来说，无疑会是个沉重的打击[②]。

车联网目前还处于探索阶段，受到硬件和软件的双重限制，离普及还有一段距离，但这并不意味着传统广播可以高枕无忧，继续固守车载广播的传统阵地。因为移动互联网的快速普及，已经将未来车联网的雏形展示在我们面前。我们发现，现在有不少

---

① 2015 年上海车展：北汽乐视互联网智能概念车亮相[EB/OL].(2015-04-22)[2016-10-22].http://www.askci.com/news/chanye/2015/04/22/15247bu8q.shtml.

② 潘新.车联网给传统广播带来的机遇和挑战[J].中国广播，2015(5):53.

司机特别是年轻人已不再听车载广播,而是改用“手机+蓝牙+4G”的全新“车厢内联网模式”了。落后的车载调频FM收音机正在被有更好的音质、更多的内容、更佳的互动体验的新系统所取代。就连出租车司机也忙着利用这个系统看打车软件、接打车订单,他们已无暇听交通广播了……①

由此看来,移动互联网和未来的车联网,将颠覆现有的广播传播生态,车载广播的渠道独占优势将不复存在,广播业又将面临一场激烈的渠道争夺战。在当前未雨绸缪的阶段,广播必须找到一个能够快速突围的方向,巩固自身的传统优势,并且将这些优势迁移到日益崛起的新兴渠道。

二、移动性和伴随性赋予广播独到的场景优势

最早提出场景概念的是科技领域的资深记者罗伯特·斯考伯和资深技术专栏作家谢尔·伊斯雷尔,他们敏锐地捕捉到了移动互联网时代的脉搏,在《即将到来的场景时代:移动、传感、数据和未来隐私》(*Age of Context: Mobile, Sensors, Data and the Future of Privacy*)一书里,预见性地断言在未来的25年里互联网将迈入场景时代。② 那么,什么是场景呢?场景是指人与周围景物的关系的总和,其最核心的要素是场所与景物等硬要素,以及与此密切相关的空间与氛围等软要素。③ 从定义上看,移动互联网时代的场景要素既包含虚拟场景又包含用户应用场景;除了线上的互通互联,还囊括了线下的交互流动。场景概念贯穿互联网和物联网这两个网络,因而其更具有颠覆性。

场景概念是针对移动互联网时代提出来的。随着车载广播的快速崛起,广播成为传统媒体中最富有移动性的成员,广播与移动互联网在移动性上的不谋而合,为我们带来在广播运营中开发场景资源的思路,从广播的移动场景中开掘广播媒体独一无二的竞争力要素。除了移动性,广播媒体诉诸声音符号,而声音符号也与生俱来地具备场景伴随感。“场景时代的到来,声音和体态语营造的场景远比键盘敲击营造的场景更浪漫、舒适和愉悦。”④声音媒介最大的特殊之处就在于,它能够实现场景交叠。我们无法一边看电视一边开车,无法一边看手机一边晨练,但是我们可以一边听广播一

① 潘新.车联网给传统广播带来的机遇和挑战[J].中国广播,2015(5):54.

② 彭兰.场景:移动时代媒体的新要素[J].新闻记者,2015(3):16.

③ 谭天.从渠道争夺到终端制胜,从受众场景到用户场景——传统媒体融合转型的关键[J].新闻记者,2015(4):15-20.

④ 郜书锴.场景理论:开启移动传播的新思维[J].新闻界,2015(17):47-48.

边开车，一边听广播一边跑步。这种场景交叠的可能性，是广播媒体独一无二的竞争优势。

鉴于广播媒体的移动性和声音带来的伴随性，我们认为在当前移动互联与数字化的双重冲击下，广播媒体的运营要实现自我突破，就需要紧扣时代脉搏，从场景资源中寻求自己的突破口，挖掘和运营自身的场景资源优势。“广播经营管理”这门课程也应当与时俱进，在教学中体现移动互联网与数字浪潮中的新兴传播生态，反思传统的广播经营理念的不足，从场景运用上寻找突破路径。

三、场景运营：“广播经营管理”课程体系调整的立足点

目前的“广播经营管理”课程立足于传统的点对面的大众传播思路。广播业的商业模式以免费收听、广告支撑为主体，在此基础上广播经营管理的核心过程主要集中在三个方面：内容生产、渠道建设和广告经营。“广播经营管理”课程体系的主体架构还是基于传统广播技术的渠道稀缺，而不是针对数字平台渠道过剩的特征。尽管广播媒体在传统媒体团队中受到的数字化冲击算是相对少的，但是随着移动互联网的进一步发展，也会逐渐显露出不适应性。因而在“广播经营管理”的教学体系中，需要从场景运营的角度出发，做出以下四个方面的调整，以迎接这场将要到来的、由移动互联网掀起的风暴。

（一）内容生产：从“两要素”到“四要素”

媒介融合使各种媒介得以交换、共享，但是这种交换、共享不是简单地重复，在任何一个媒体平台上再次“出售”时，这些内容必然包含新的“卖点”。因此，传统广播节目进行多次销售成为可能，但是必须按照适合移动互联网传播的形式对节目的内容进行要素分拆、重新组合，而不是简单地直接照搬。传统的内容产品由“内容”和“形式”两个要素构成，而“今天在互联网时代，内容产品的构成模式必须随着社会传播领域的‘新常态’的到来，转型升级为‘四要素’模式，即在传统的两要素之外再加上‘关系’要素和‘场景’要素”①。在“广播经营管理”教学中，关于节目生产的讲授也需要在传统内容要素之外，对传播关系和传播场景这两个要素进行挖掘。

广播节目的关系要素，指的是广播节目内容中用来呈现、表达、建立、维系所有参

---

① 喻国明.喻国明谈《奇妙的朋友》创新 善于表达细节[EB/OL].(2016-03-15)[2016-11-28].http://ent.qq.com/a/20150324/076878.htm.

与方之间的关系的内容元素。传统的广播节目内容模式是围绕着“你说我听”来展开的，加入关系要素之后的广播节目需要从节目定位开始就围绕着用户关系营造来精心打造。首先，节目诉求小众化，营造归属感。关系感的营造往往是从针对性开始的，针对广播听众的个性化需求，提供有深度的、结构化的类型化产品，营造出小众的兴趣社区。这就需要在当前广播频率专业化的基础上，继续开发更加细分化、类型化的内容产品，例如音乐节目可以再进一步细分为怀旧老歌、经典摇滚、上榜新歌等。其次，在节目中设计开放环节，吸引听众参与。参与感也是涉入感、关系感的重要来源之一，在节目内容设计上可以预留开放端口，借助多媒体平台实现实时互动。热线电话一直以来是广播听众参与的一个重要形式，随着移动互联网的崛起，听众参与的形式变得多样化了，包括短信参与、微博评论、微信互动等。最后，直接将用户原创内容纳入节目，强化参与感。致力于个人声音出版的“播客”经历了一段时间的繁荣后逐渐“降温”，但是这种订阅式的用户原创内容可以作为传统广播节目的有效补充，丰富广播内容形式。“播客”之外的其他社交媒体平台的用户原创内容，包括用户的评论，也可以作为广播节目的内容来源。除此之外，广播媒体还可以通过社交媒体平台直接向听众征集内容，在降低内容成本的同时，也强化了听众的参与感，一举两得。

场景要素也是一个重要的内容要素。我们可以将这里的场景理解为物理地域场景与线上传播场景的融合。首先，具有本地性的广播媒体可以在内容设计中充分展现地域场景元素，以贴近性让听众获取归属感。地域贴近性一直是广播内容生产主打的特色，到了数字平台的海量信息面前，这仍然是广播增加自身辨识度和被选择几率的重要因素。其次，丰富内容来源，实现传播场景的多元化。广播业目前的制播分离不如电视业成熟，大部分的电台节目都只有自制这一种来源，这种单一来源的节目使听众容易出现场景疲劳感。适当引入其他制作主体制作的内容，可以打破这种场景单调。作为国内最早的广播节目市场化的实践者，广东人民广播电台一直坚持以让渡广告收入给节目供应商的方式从节目市场购买节目，丰富节目来源。在购买节目的同时，它还将自身的内容优势与互联网、手机等传播场景相结合，开发适合多平台传播的内容产品，成为新兴媒体的内容供应商。最后，充分发挥广播的声音性和伴随性特色，融合内容传播与生活场景。相对于视频或者交互性传播的“富媒体”[①]，广播具有专注声音传播的“简媒体”特性。简媒体的一个重要特征就是受众注意力资源的节约性。众所周知，在信息爆炸的时代，注意力资源成为极具稀缺性的珍贵资源。随着现代化、城市化的发展，人们的生活节奏日益加快，闲暇时间越来越少，这就增强了这种注意力

① 姚争.新兴媒体竞合下中国广播现状与发展策略研究[D].上海：上海戏剧学院，2013：104.

资源的稀缺性。而广播作为简媒体,恰恰具备这种独一无二的陪伴性,可以在不干扰其他进程的情况下同步地发生与进行,因而成为最能节约注意力资源的一种传播方式,特别契合当前都市生活的节奏。所以在广播内容生产中,就需要充分发挥广播的节约性和契合性,将广播内容完美地嵌入人们的快节奏生活中,实现广播场景与生活场景的融合。这样的无缝嵌入部分基于对目标听众的深度了解,将他们每天的生活分为不同的部分,然后在不同的部分,根据生活场景的不同嵌入不同的内容,提高注意力资源的利用效率。

(二)渠道拓展:从支持性的从属职能转变为核心职能

当下传统媒体面临的最大困境不是内容优势不足,而是渠道失灵。随着传统渠道受众的不断流失,传统媒体急需解决渠道创新的问题,将自身的内容优势传播到那些逐渐改变媒介接触渠道的受众那里。对广播来说,由于新媒体渠道对传统渠道的替代性不如报纸和电视那么强,所以其在渠道拓展方面的努力显得没有那么积极。广播媒体内部的组织设计依然是以内容生产为核心,渠道拓展只是作为内容的支持性职能而存在,因而处于从属地位。

移动互联网的发展,将打破传统广播的渠道垄断优势,而渠道的变化,则意味着广播传播和消费场景的变化,因此传统广播引以为傲的不可替代性受到挑战,这或许会彻底改变广播业现有的传播生态。如此强大的挑战态势迫使广播媒体从现在开始就要在渠道拓展上未雨绸缪。传统媒体的渠道拓展,不外乎两种路径:要么自主创建,要么借力嵌入。

广播自主创建新媒体渠道的尝试早在 1996 年就已经开始,电台纷纷创建自己的网站,但是要应对车联网的挑战,光建设电台网站是不够的,必须由网站建设拓展为平台搭建。中国广播网“以音频为核心,以图文和视频为两翼,以互动为手段”,建立全天 24 小时的不间断直播平台,建立网络“音频世界”,搭建面向海内外的互联网视听节目分发渠道和集成交易平台,这就是广播应对移动互联网挑战在渠道创新上的积极尝试。除此之外,就是自主开发手机 App。手机作为一种移动终端,不仅能使电台突破区域信号覆盖的限制,在第一时间为用户提供内容和服务,更重要的是,能够建立电台与用户的专属直接通道,优化用户体验,掌握用户数据。

近年来,一批具有互联网基因的广播 App 迅速成长起来,例如荔枝 FM、蜻蜓 FM、考拉 FM、喜马拉雅 FM 等。这些平台既集合了各种广播节目,又聚集了各类广播听众。由于这些平台具有互联网基因,所以它们的服务和用户体验往往优于传统广播电台自主开发的 App 平台。传统广播电台可以选择和这些平台合作,利用它们的流量优势,嵌入自身的内容优势,实现双赢。

广播媒体的渠道拓展要紧扣声音的传播场景和收听情境,脱离了声音传播的伴随性情境,就等于放弃了广播最大的渠道优势。近年来开始出现“可视化”广播的尝试,有的电台开始在互联网上推出图文和视频广播,希望能拓展广播的发展空间。但在笔者看来,这样的渠道拓展有些操之过急。跟电视和报纸相比,广播仍然相对弱势,放弃自身最大的伴随性场景优势,参与全媒体领域的视觉场景竞争,容易出现事倍功半的结果。笔者认为,广播媒体当下的渠道拓展,还是要以声音传播场景为依托,从当下主导的交通线上伴随拓展到休闲生活伴随、简单重复性劳动伴随、入睡伴随等。借助声音传播的伴随性场景优势,将广播的传播渠道拓展到人们生活的方方面面,实现随时随地的到达。

(三)广告经营:从时段销售到场景融合带来的价值延伸

广播电台的传统广告经营理念是将广告时段与节目匹配起来,实现广告时段的售卖变现。当网络广告每年以传统媒体广告增幅3倍的速度迅速崛起时,传统媒体就深深地感受到这股强劲势头带来的威胁。虽然广播当下以私家车为载体,借助车载广播的独特渠道占领、网聚了广告主眼中的优势人群,但移动互联网的到来,还是给广播的广告经营带来了“丝丝寒意”。不转变广告经营理念,不去拓展广告价值,就无法应对网络广告带来的竞争态势。

从场景理论的角度来思考广告价值的延伸,就是要通过节目内容的设计来打通广播的传播场景和听众的生活消费场景,实现广告的精准化和定制化,而这恰恰是传统媒体广告在跟网络广告竞争时最大的短板。车联网的兴起,使得广播可以在渠道拓展之外获得另一项重要信息,那就是用户的位置。有了每个用户的位置信息,电台就可以针对每个用户面临的实时场景,推送不同的广告内容,实现广告的精准到达。如此一来,通过广告与用户实时场景的匹配,更能促进线下消费行为的发生,既为用户提供了适配服务,也实现了广告主的广告诉求,更为电台带来了更多的广告收入,是真正的三方共赢,这彻底改变了传统广告中广告主利益与受众利益对立的状况,一举多得。

除了依托定位信息的精准推送,广告经营中的场景打通还可以通过一些线下活动来实现。电台可以借助自身的品牌影响力来举办一些线下活动,不仅把自身的线上场景代入了用户的生活场景,也能够通过活动连接用户和商家,将用户转化为商家的消费者,构建出线下消费场景,由此将线上传播与线下消费场景打通。

广告主的产品离不开人们的生活需要,借助地域场景,电台还可以打通线上的生活方式传播场景和线下的产品服务消费场景。借助电台的示范效应,将其直接作用于当地的供给企业，将电台的示范效应直接转化为线下企业的现实交易。要做到这样的顺畅转化，就必须把握地域场景这一关键要素，借助地缘优势，将每一个听众精准地转化为广告主的客户或者潜在客户。

（四）用户管理：从被动忽略到主动营造垂直社区

数字时代的到来对传统大众传播模式构成颠覆性挑战的根本原因在于数字技术改变了传统的传受关系。传统广播都是点对面式的大众传播模式，在这样的模式下只能忽略用户关系管理，因为找不到建立一对一用户关系的渠道。而数字技术让受众可以张扬个性，也培育了不甘无名的新型受众观念，传统的、被动的受众演变成新兴的、主动的用户。广播媒体要在这场受众变革中生存下去，就必须转变观念，积极地策划和启动用户关系管理，创造条件去改善和提升用户亲密度。

面对数字平台的海量信息竞争，广播作为相对弱势的媒体，更加垂直化和分众化是为自己赢得一席之地的上策。分众化垂直社区的营造，对用户关系管理提出了更高的要求，在用户数量增加之外，又多了维持用户黏性的任务。来自市场竞争的需要倒逼着广播必须变过去那种对待用户关系的被动忽略态度为积极地创造条件来主动营造和维系。移动互联网和大数据技术的兴起为广播找到自己的受众提供了条件，电台可以借助大数据技术追踪和分析用户在移动互联网上收听广播内容的行为习惯，进而推测出用户的偏好，为其推送定制化的广播节目和广告。如此一来，传统广播的听众就转变成了垂直社区的会员，而这些垂直社区的营造，会进一步强化社区传播的新场景，为原有的线上传播场景注入社区传播的场景意义。这时，传播学奠基人之一、著名社会心理学家卢因提出的“场论”效应就将在这些垂直社区中体现和发挥出来，将广播原有的传播效果进一步扩大，使广播成为真正有影响力的传播媒介。

〔张燕，中国传媒大学经济管理学院〕

基于AMO理论框架探讨“管理学专业英语”的教学方法改革

——试论如何提高双语课堂的参与度

◈ 鞠　冬

一、“管理学专业英语”的课程意义与面临的问题

全球化给中国的管理界带来了机遇与挑战。一方面,国外的学术界和管理实践界越来越关注中国的管理理念和管理方法;另一方面,随着跨国企业的涌入和国际间合作的增加,相关行业对双语言人才,特别是精通管理学英语的人才的需求量激增。为了迎接这些机遇与挑战,大学的管理学教育应该实行双语制改革。“管理学专业英语”课程的重要作用就是,通过英语教学,帮助大学生更加情境化地理解西方的管理学理论,将中国企业的管理实践与西方理论相结合。同时,培养学生的英语应用能力,帮助学生掌握重要的管理学英文词汇,分析英文案例,使之能够熟练掌握工作英语,紧跟国际管理学界的最新动态与发展趋势。

“管理学专业英语”课程采用双语教学的方式,通过中英文相结合的方式帮助学生更深入地理解管理学专业理论和应用。结合中英文案例,让学生充分理解管理学理论在实际工作中的体现。这门课与其他的专业课不同,因为强调了英语的作用,所以需要在课堂上通过提问或讨论的方式,鼓励学生积极参与,提高学生听、说、读、写的综合能力。但是,在实际教学中不难发现,学生的课堂参与度不高。在调查过程中,很多学生表示对自己的英文不自信,自己有很多想法,却不知道如何用英文表达,而且当其他同学都没有很积极地参与讨论时,自己就更倾向于选择沉默。

此外,“管理学专业英语”的部分课程内容需要运用案例讨论的方式进行,通过分组讨论与个人报告相结合的形式展开教学,这与其他非管理学的课程有很大的不同。但是,因为对英文的要求高,所以学生在案例讨论环节并不积极,或者出现某几个同学愿意用英语表达,其他小组成员“搭便车”的情况,造成教学效果的两极分化。因此,基于行为学的理论探讨如何提高大学生在课堂上的积极性,是非常有实际意义的。

二、TPB(Theory of Planned Behavior)理论框架对大学生课堂行为的影响

笔者认为，解决学生课堂积极性的问题，应该借鉴行为学中的理论，以便预测和操控学生的行为。Ajzen 提出的 TPB 理论(见图 1)认为，个体的行为受到三个要素的影响，分别是认可某种行为的态度(positive attitude，以下简称态度)、感知到的关于某种行为的氛围(subjective norms，以下简称氛围)和个体自身认为的掌控能力(perceived behavioral control，以下简称掌控能力)。态度表明个体对某种行为的评价，评判是否应该做。氛围是个体感知到的来自周围的社会压力，即是否大多数人都采取某种行为。掌控能力代表的是个人对自己能否完成某种行为的判断。这三个要素构成了一个能够预测人们是否会实施某种行为的公式。TPB 理论有四十多年的历史，这个理论的特色之一就是将多种因素收进理论模型，并进行多角度分析预测。因此这个理论在预测个体的很多行为方面有很高的准确度，也一直在行为学中扮演着重要的角色。

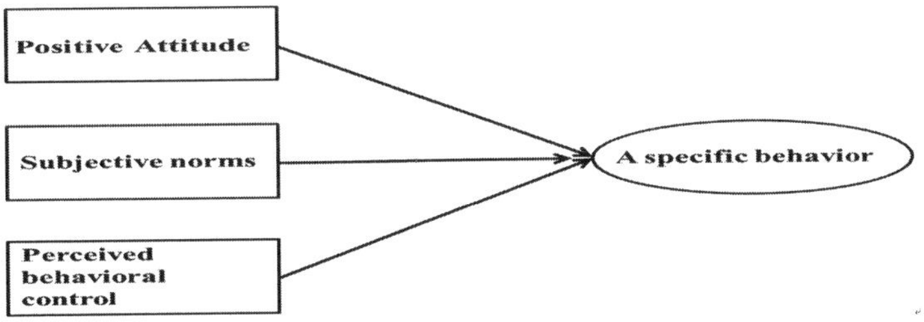

图 1　Ajzen 建立的 TPB 理论框架

将这个理论引入大学生课堂行为的范畴有三点意义。第一，大学生参与课题讨论，锻炼听、说、读、写的能力是一种可以被预测和激励的行为。以往，我们忽略了这种行为的本质，单纯地将大学生课堂参与度低视为他们没有学习的动力，但这仅仅是原因之一。运用计划行动理论，可以综合分析怎样才能让学生积极参与课堂讨论，提高课堂参与度，改善教学效果。第二，TPB 理论指明了氛围的重要性，也可以将氛围理解为同伴效应。一个班级的课堂氛围是所有学生共同营造的，这个氛围反过来会影响每个学生，这是一个互动的过程。良好的氛围，特别是学生感受到的课堂氛围，对其课堂积极性有很大影响。以往有很多关于氛围的研究都是基于社会信息处理理论(social information processing theory)的。这个理论认为人们会直接从周围的环境中获取信息，来判断自己的行为是否符合他人的预期，能否被这个群体接受。以往大量的证据证明，个体的确会根据氛围而改变自己的行为。比如，有研究表明，如果公司内

有偷盗的氛围，那么某一个员工也会有占有公司财物的倾向。因此，将班级视为一个群体，探讨班级氛围对每个学生的影响，特别有指导意义。第三，TPB 理论特别指出，个人的掌控能力是除了态度和氛围之外的一个非常重要的因素，这是 TPB 理论对之前的 TRB 理论（Theory of Reasoned Behavior）的延伸。如果不考虑个人的能力，就等于忽略学生的个体差异。事实上，在另外一个重要的预测个体行为的模型 AMO（Ability－Motivation－Opportunity）中，个人能力（ability）也是非常重要的因素。将学生的能力纳入考虑的范畴，必然会更多地站在学生的角度，思考如何提高其课堂参与度。

三、结合 TPB 理论框架探讨如何提高“管理学专业英语”的课堂参与度

第一，聘请职场人讲述管理学英语的重要性和参与课堂互动的必要性。TPB 理论的第一点强调态度的重要性，也就是学生所理解的积极参与“管理学专业英语”课堂活动的重要性。聘请学生眼中的“过来人”来说明是非常有说服力的，学生会更相信“过来人”对某门课程的重要性的肯定。特别是结合他们在职场中的现状，强调英语在管理工作中的重要性，引导效果就十分明显。借助这种方式，可以帮学生建立对这门课的积极的态度，以及认真参与课堂活动的态度。

第二，TPB 理论强调了氛围的重要性，氛围对每位学生的行为都有指导作用。这就需要教师营造良好的课堂氛围，如成立讨论小组，将课堂讨论纳入成绩计算范畴。就整体而言，整个课堂的氛围至关重要，营造活跃的课堂氛围需要教师合理安排课堂内容，要求多样性、趣味性和知识性相结合。任课教师在选取课堂讨论材料时，应该选取一部分与当下社会热点相关的话题，也应该选取一部分贴近学生生活的话题。比如，热点话题可以包括微博和微信朋友圈等新媒体如何冲击传统的管理方式，90 后进入职场后如何推动管理的改革等；贴近学生生活的话题可以包含模拟招聘会，用英文写简历，通过角色扮演模拟全英文的应聘和招聘等。这些创新的课堂模式和案例会激发学生参与的积极性，让他们在兴趣中学习和锻炼能力。另外，在每节课之前将本节课要提问的问题告诉学生，让他们充分准备，这样在课上回答问题时他们会更积极。通过这种一点一滴的细节改变，培养学生回答课堂问题的积极性。有一则热点新闻里提到，西安电子科技大学有一个班，全班都考上了名校的研究生，这些名校包括清华大学、浙江大学、武汉大学，还有美国、德国的知名高校等。在这个班里，同学之间互相促进，形成了良好的氛围，这就体现了氛围的作用。

此外，通过成立讨论小组，让学生在小规模的团队中感受氛围。在分组时，应该尽

量将个性不同、参与度和积极性不同的学生平均分到不同的组，让学生在这种差异中相处碰撞、逐渐成长。感受团队中的氛围能让学生更直接地受到这种氛围的感染，积极地参与小群体的讨论与互动，进而参与到整个课堂当中。但是，在群体中，许多人共同完成一项任务时，容易出现社会惰化（social loafing）和“搭便车”的现象（free rider），即学生个人所付出的努力比单独完成时偏少。因此，任课教师应该合理安排小组作业，要求相关任务平均分配，最终的作业成绩也要做到按贡献打分。

第三，TPB 理论说明学生的课堂参与行为与他们个人感知到的掌控能力有关。很多学生都认为自己参与讨论时说出的观点可能是错的，或者是没有帮助的，也担心自己不能用英语充分表达自己的观点。再加上对自己口语水平和语法掌握的不自信，许多学生怀疑自己的能力。因此，教师在课堂上应该鼓励学生，帮助学生建立自信。Bandura 的自我效能理论指出，个人对于自己能力的判断取决于三个方面的因素。首先，是个人过去获得的成绩。如果学生向来英语成绩较为突出，那么他/她也会相信自己参与课堂讨论的能力。其次，是来自重要的人（significant others）的鼓励。这其中最重要的就是来自任课教师的鼓励。任课教师应该以欣赏的眼光看待学生的每次参与，并给予言语或成绩上的鼓励；及时给学生提供反馈，让学生更好地了解自己需要改进、加强的地方。教师应该充分了解每名学生的强项，尽量让他们参与能够表现他们能力的讨论和小组作业。教师的沟通能力特别重要，帮助学生树立信心，需要教师掌握沟通的方法。管理大师彼得·德鲁克说过：“真正的沟通取决于听众。沟通的发起者并不能决定沟通，他说的话，除非对方听进去，否则沟通没有产生，产生的仅仅是噪音。”学生非常看重老师的评价，所以任课教师应该充分结合课上内容，表扬学生在某些内容上的突出表现。最后，观察别人的成功过程，即榜样的力量。社会比较理论认为，学生会在同学中找到自己的模仿对象，特别值得一提的是，学生会和自己认为同水平的同学进行比较，在比较的过程中进步。这个过程更容易在团队中发生：在不断接触的过程中，如果某位学生观察到另一位学生的英语能力得到了提升，那么他也会相信自己有可能提高。

第四，TPB 理论的三要素之间可以相互促进。前面提到的三种要素可单一运用，但当三者交互作用时，对学生课堂行为的促进作用是最明显的。近几年来，很多学者都承认，TPB 理论的单个要素的作用远小于三者交互的作用。具体而言，当学生充分认识到参与课堂的重要性之后，来自同伴的促进作用，再加上对自己能力的自信，就会促使他/她越来越积极地参与到课堂讨论中，充分锻炼自己的听、说、读、写能力。这样的学生应该被安排在不同的小组内，让他们帮助营造团队内的积极氛围，带动其他积极性弱的学生。

四、结语

现在大学生课堂参与度低是比较普遍的现象，而课堂也的确面临着很多挑战，比如各种新媒体的运用、社交网络的传播和网络公开课的出现等。因此，探讨如何提高学生的课堂参与度有非常重要的意义。学生的课堂参与是一种知识分享的过程，与此相反的是知识保留（knowledge-withholding）。以往有很多学者基于不同的视角研究知识分享，比如大五人格理论、社会影响视角、社会身份理论和社会交换理论等。国外专门探讨商科教育的学术期刊 *Academy of Management Learning & Education* 于2014年发表了一篇关于学生在课堂上参与知识分享的论文，这篇文章强调了学生在管理学的课堂上主动参与知识分享的重要性。

本文以TPB理论框架为指导，探讨了提高“管理学专业英语”课堂学生讨论积极性的问题。TPB理论表明，树立参与讨论的积极态度、营造良好的氛围和提高学生的自信对提高学生的课堂参与度有重要作用。具体而言，首先，任课教师应该邀请职场人士进入课堂，帮助学生找到课堂与实际工作需求的联结点，了解积极参与课堂讨论的必要性。其次，通过安排不同的课堂内容，让学生尽可能地参与到讨论中，营造良好氛围，同时将不同水平的学生分入不同小组，让学生在小组中更直接地感受氛围。最后，任课教师应该在课堂上帮助学生树立自信，提高学生对自己英语能力的掌控感，使其积极地参与到知识分享的过程中。

〔鞠冬，中国传媒大学经济与管理学院〕

基于创业设计的“财务分析”课程教学探索

◈ 王　苏　赵桂英

2010 年 5 月，教育部提出了创新创业教育应面向全体学生、结合专业教育、融入人才培养的全过程。这一历史性的改革已对传统的工商管理类课程的教学方法产生了重大影响。2014 年，李克强总理提出“大众创业，万众创新”，这使得大学生创业、大学生参加创业大赛成为一种潮流。在这一社会背景下，在“财务分析”课程的教学中引入创业设计，其主旨是帮助学生了解创业的艰辛，了解财务数据在创业过程中的重要作用。

一、将创业设计引入“财务分析”课程的必要性

目前，各大高校在开展“财务分析”教学时会采用上市公司的年报作为教学案例，学生们面对这些和自己毫不相关的数据时，容易感到厌烦，对依据这些数据进行比率计算感到枯燥无味。有的学生发现在各种财经网站可以找到上市公司的财务分析报告和各种比率数据，因此就放弃自己计算而进行抄袭。这样一来，学生所完成的财务分析报告并不能反映其真实的学习成果。

引入创业设计的“财务分析”教学将完全不同于传统的课堂灌输式授课，而是通过模拟企业运行让学生了解企业经营运作的全过程，学生可根据自行设计的业务编制会计报表并进行财务分析。这样的教学模式有利于激发学生的内在学习动机，提高他们学习的主动性和学习热情。学生们自由组成小组，各小组自主选择一个有市场前景、具有可行性的经营项目进行创业设计。从公司名称的确定、资金的筹集、验资、工商登记、税务登记、银行开户到模拟企业成立之后一段时期的全部交易和事项，都由各小组成员自行设计，然后各小组再根据自己设计的经济业务手工模拟会计核算，最终编制会计报表，根据所编制的会计报表进行财务分析，并对公司的某些数据与同行业上市公司的数据以及本班中其他小组所设计公司的某些数据进行比较，从中找出差异。激

烈的课堂辩论能使学生们了解财务数据在创业过程中的重要作用。同时，在创业设计的过程中，学生们拿来做财务分析的数据都来自自己的设计或者同班同学的设计，原本枯燥的数字凝结了班级智慧，学生主动参与"财务分析"课程的热情大大提高。趣味性的增强使教学效果明显好于"填鸭式"教学。通过创业设计，学生们对《公司法》的理解将更加深刻，对工商登记、税务登记、银行开户等过程也将有更全面的了解，并能将多个课程，例如市场营销、生产运营、战略管理、税务、法律、会计学、财务管理学等的内容融会贯通，课本上的理论知识将变得直观性。将创业设计引入"财务分析"课程教学意味着将创业教育与工商管理类专业的专业课程体系有机结合，这有利于培养学生的创新精神、团队合作精神，有助于学生深刻理解创业的艰辛，为其今后创业打下坚实基础。

二、基于创业设计的"财务分析"课程教学的设计构想

(一)选择创业项目，设立虚拟公司

在第一次"财务分析"课上，由教师提出要求、分配布置角色，学生自由组合成若干个小组，平均每组四至五人，分别担任总经理、财务总监、销售总监和采购总监、人力资源总监等。小组成员通过讨论，自主确定每个人的职位，小组成员均为模拟企业的投资者，虚拟投资最高的小组成员为企业法人代表并兼任总经理。除总经理负责全面工作外，其他小组成员各自承担自己职位分内的工作，对公司各个方面的策划提出建议，并对公司设立的可行性进行调研。在学生们仔细研读《公司法》的基础上，要求他们了解不同种类的公司设立的条件；进入工商税务网站了解公司注册登记、税务登记的办事流程；浏览银行网站，初步掌握开立银行账户的注意事项；自行下载公司注册登记申请表和税务登记表，尝试填写两类表格中的部分项目，并将填写内容作为最后成绩考核的一部分。

(二)自行设计公司所开展的业务，编制会计报表

在"财务分析"课程开设之前，学生们虽然已经学完了"会计学"课程，会计专业的学生还应学完了"中级财务会计"课程，但是学生对于财务报表的编制方法及流程的掌握往往还不够熟练，对报表项目数据理解得不够透彻。在正式讲解财务分析理论之前，利用创业设计的模式带学生复习会计报表的编制程序，将强化学生对先修课程各知识点的掌握，为后续财务分析理论的讲解打好基础。具体做法是，在"财务分析"课

程开始时即要求已设立的各虚拟公司根据所选项目自行设计至少两个营业周期的资产负债表、利润表和现金流量表。这一工作应在“财务分析”课程开始之后的两至三周内完成。在这一过程中，学生们应当能够对各会计报表的勾稽关系有更清晰的认识，从而为往后的财务分析理论的学习做好充分准备。

（三）对所编制的会计报表进行财务分析

在“财务分析”课程进行到资产负债表分析环节时，应要求学生对自己所设计的公司资产负债表进行复核，要求学生对虚拟公司两个周期的资产结构进行分析，找出资产结构变动的原因，计算流动比率、速动比率、资产负债率等偿债能力指标，并说明其在两个周期内发生变化的原因。当讲完了利润表之后，应要求学生运用所学知识对企业利润形成进行总体分析与评价，学生应能够运用利润分析方法对前后两期的报表数据进行对比分析，找出变动原因；能够利用利润表计算诸如毛利率、营业利润率、成本费用率等指标。通过计算这些指标，让学生了解公司收入、成本、费用等项目的变动对净利润的影响程度。在进行现金流量表分析时，让学生计算出现金流入、流出结构，使其对经营活动产生的现金流量、投资活动产生的现金流量以及筹资产生的现金流量有更直观的认识，再通过计算与现金流量相关的比率，使学生明白现金的重要性。如果学生所创设的虚拟公司规模较大，资产中还有存货、应收账款等项目，要鼓励学生计算有关营运能力的指标，对虚拟公司进行营运能力的评价。除此之外，还可以鼓励学生利用强大的网络数据库，例如和讯网站、中国证监会网站、雅虎网站等的财报评估栏目，了解上市公司的财务指标，尤其关注那些和自己的虚拟公司属于同一行业的上市公司，学会阅读这些公司的年度财务报告，并通过对年报的阅读和分析了解上市公司目前的盈利模式、经营现状以及存在的经营问题。

（四）财务分析报告会

当学生们完成了各自公司的财务分析报告时，“财务分析”课程也已接近尾声，财务分析报告会将是学生展示他们一学期以来的学习成果的好机会。在这一教学环节，应要求学生以小组为单位制作 PPT 并进行演讲。演讲结束后，其他学生可以提问，学生们可围绕各模拟公司的运营情况展开激烈讨论，甚至辩论，其创造力、学习积极性将被大大激发。

（五）考核

课程结束后，学生应以小组为单位上交创业计划文案、报表以及财务分析报告。

这几部分内容构成“财务分析”课程的一份大作业，该作业占总成绩的比重应为20%至30%。在作业评分上，教师应注意将课堂研讨列入成绩，在对创业计划、会计报表和财务分析报告进行评分时要依据以下原则，即创业项目的可行性越强、创业项目的资金运用越合理、财务分析越得当，小组的成绩越好。

三、对基于创业设计的“财务分析”课程教学的思考

引入创业设计的“财务分析”课程类似于游戏，以往枯燥的内容和数字变得可爱、亲切，亲手创办模拟公司会激起学生的学习热情，课堂上激烈的辩论激发学生自我表现的欲望，强化了学生灵活运用所学知识的能力。在完成小组作业的过程中，学生们借助小组讨论、讲演、激烈的课堂辩论增强了语言表达能力、沟通能力、团队合作能力；在制作创业设计文案、各种报表以及演示文稿的过程中，学生们必须熟练使用Word软件、Excel软件，从而使自己的计算机软件应用能力得到提高；更重要的是，创业设计的过程是学生集体创新的过程，培养了学生的创新、协作意识。将创业教育渗透到“财务分析”教学之中，能有效提高学生对商业活动的认识。创业设计集合了多门管理类课程的知识，使学生对后续各科的学习充满渴望。和传统的“财务分析”课程教学相比，基于创业设计的“财务分析”课程教学模式新颖，学生与学生之间、学生与教师之间容易形成互动。在这一教学过程中，学生不再处于被动地位，创业设计带给学生前所未有的商业体验，使学生们亲身体会创业的艰难、财务数据的重要性、自主学习的乐趣，促使毫无商业经验的大学生站在管理者的立场上去思考问题，从而培养学生的理财意识、管理意识。

在基于创业设计的“财务分析”课程的教学过程中，教师的引导十分重要。教师除了应具备丰富的财务与会计知识以外，还应对“公司法”“税法”“市场营销”“战略管理”等课程有所了解，应能指导学生进行网络资料的查询以及真实的市场调查，要让学生充分理解基于创业设计的“财务分析”课程还只是纸上谈兵，真正开办一个企业要面临各种风险，作为未来的商业活动的参与者，要有面对管理风险的意识和勇气。另外，教师应具有良好的沟通能力和亲和力，能在课堂讨论和辩论中掌控局面，使学生们的讨论紧密围绕“财务分析”这一主题。教师个人素质的高低将在很大程度上影响“财务分析”课程的教学效果，因此应提高教师的个人素质，以实现“财务分析”课程教学的改革。

〔王苏、赵桂英，中国传媒大学经济与管理学院〕

关于"概率论与数理统计"翻转课堂教学模式的探讨

◈ 曹　珊

在教育信息化高速发展的今天，传统的教学模式面临着严峻的挑战。自 20 世纪 80 年代以来，随着计算机、多媒体以及信息网络的快速发展，大学的教学目标、教学模式、教学过程和手段等都发生了巨大的变化。这场变革的核心是教学模式的创新，具体表现为基于班级授课制，强调知识传递、以教定学的知识传授模式逐步让位于基于信息化环境，强调问题中心、以学为主的整合探究模式。翻转课堂教学模式是将课程划分成若干部分，明确若干小目标，课前学生利用教师在备课过程中提出的核心知识点进行预习，课上进行内容的深化，在教师的指导下进行知识应用迁移的训练。这种教学模式利用现代化信息技术和开放的网络资源，将原来课上的理论教学，转变为由学生在课堂外提前完成知识体系的建构，课上教学时间则用于教师答疑解惑、学生互助探讨，以深化知识的学习。它是对传统以课堂为主的教学模式的颠覆和翻转。在翻转课堂教学模式下，学生摆脱了被动接受的状态，完成了知识的自我获取、自我练习与自我强化，成为教学过程中的主体。翻转课堂教学模式作为个性化教学模式，有利于提升学生自主学习和研究问题的能力，有利于教学模式的改革和创新型人才的培养。

"概率论与数理统计"是我校为工科和商科学生在大学一年级下学期开设的公共基础课，学生通过对该课程基础理论和专业理论的学习，提高逻辑分析能力和实践技能，这是学好后续课程的重要保障。"概率论与数理统计"基本上都是大班上课，班上每个学生基础不一样，听课的认真程度不一样，掌握知识的程度也不一样。知识掌握得较好的学生，课堂上回答问题更加积极；知识掌握得较差的学生，可能会因为回答不了问题而意识到与其他同学的差距，逐渐对学习"概率论与数理统计"失去自信。因此，基于翻转课堂教学模式的"概率论与数理统计"教学体系的改革探索，就显得意义重大。通过与现代信息化技术结合，翻转课堂教学模式为"概率论与数理统计"课程的教学设计提供了新的思路，为教学改革作出了贡献。

一、翻转课堂在“概率论与数理统计”教学中的实施

（一）传统课堂与翻转课堂的对比

翻转课堂颠覆了传统的课堂教学模式。传统的“概率论与数理统计”课程的授课方式为“课前学生预习—课堂上教师讲授—课下学生写作业”；翻转课堂的基本教学流程为“教师制作导学案和教学微视频—学生课前学习并做基础练习—课上师生互动解答疑难问题—课下总结提升”。

在教师教学环节中，课前书写教案、制作教学课件转变为设计导学任务与方案、制作教学微视频和多媒体课件；课堂上详细讲授全部知识转变为解决学生在课前学习中所遇到的困惑，引导学生总结和理解所学内容；课后布置并批改作业转变为通过网络提供在线指导。

教学手段由板书、使用多媒体课件转变为编写导学方案、制作知识点的微视频等。教师还可以利用网络教学平台发布学习指导、学习资源、教学视频、在线测试，并对测试结果进行即时统计和反馈。

对传统课堂和翻转课堂的教学环节、教学手段及教学平台进行差异对比分析可以发现，翻转课堂不同于以往的在线授课，也不同于以教师为主体的教学模式。在“概率论与数理统计”课程的教学过程中，学生是主体，教师对学生进行引导，为其答疑解惑，帮助其提升知识层次。在学生学习环节中，学生由课前阅读教材并初步了解所学知识，转变为阅读导学方案，观看教学微视频，完成在线基础习题测试；课堂上听教师讲授全部知识，转变为回答提问，组成讨论小组与教师积极互动，提出问题；课后完成作业转变为对所学内容进行反思、总结。

（二）翻转课堂教学方案

通过对传统课堂与翻转课堂进行对比，笔者设计出了符合我校实际需求的翻转课堂基本教学模型和方案。

1. 课前学习

（1）教学准备阶段。第一，明确教学目标。教师必须明确教学目标，根据其进行教学内容的设计，确定学生在课前和课堂上要达到的不同目标：首先是学生在自主学习过程中，要了解所学章节的知识体系，明确自己在学习中遇到的问题；其次是学生在课

堂上要通过合作学习、探究,进一步深化对知识的理解,并能够熟练运用所学知识。第二,制作教学视频。确定教学目标之后,教师要进行教学微视频的录制,针对基本概念、基本定理、基本计算等问题制作具有针对性的教学微视频,时间最好控制在15分钟以内,并布置针对性很强的习题供学生练习,帮助学生更好地进行自主学习。

(2)记忆领会阶段。第一,观看教学视频。通过观看教师录制的教学视频,学生可以更好地对基本概念、基本定理、基本计算进行感知与记忆。学生可以根据自己的学习情况观看教学视频,可以对自己的学习进度进行安排、控制,并通过多次暂停、回放,方便地做笔记,高效地完成课前练习。第二,完成自测习题。在观看完教学视频,对该节知识有一个系统的了解之后,学生可以根据教师布置的习题进行练习,在不断的练习中发现问题、解决问题,进而更好地掌握本节的知识。

2. 课堂学习

(1)应用分析阶段。第一,确定问题。在课堂上,教师要对学生在自主学习之后反馈上来的难点和问题进行分析、总结,找出学生普遍认为难以理解的且具有探究价值的问题,与学生一起交流探讨,使学生对所学知识点掌握得更加牢固。第二,自主探索。教师在提出探究性问题之后,要为学生创建个性化的学习环境,让学生先进行自主探究。教师在学生自主思考、探究的过程中,通过巡视实现"1对1"教学,解决学生在理解、思考、探索过程中所遇到的困惑。第三,小组协作。在给予学生一定的自主探索时间之后,教师要对学生进行分组,让学生通过小组协作解决问题,帮助学生进行优势互补。在分组讨论中让学生的解题思路逐渐变得清晰,进而达到解决问题的目的。

(2)综合评价阶段。第一,成果展示。对知识进行应用分析和探索的过程,可以使学生得到不同程度的收获。成果展示要求学生将在自主探究、小组协作等过程中的收获进行汇集、整理之后展示给大家。第二,反馈评价。反馈评价是翻转课堂教学模式的重要组成部分,教师针对学生的学习情况进行反馈评价,有利于帮助学生树立自信心,让学生发现学习的乐趣,能够更加积极地投入到学习当中。

综上所述,翻转课堂应该由专业水平高、教学经验丰富、熟练掌握教学规律的资深教师主持,教师对待学生应该认真,没有责任心的教师是无法胜任的。教师也应该能够控制住节奏,把握住课堂,有随机应变的能力,要有气场。翻转课堂没有大量的课堂教学环节,不利于培养年轻老师的教学能力和责任心,而没有责任心的教师则可能对学生放任自流,那还不如教师在课堂上讲课的传统教学模式。如果不能维持课堂教学秩序,"镇不住"学生,没法在仅有的几次教学讨论环节中(这是翻转课堂成功的关键)实现教学目的,那么翻转课堂也就不能取得预期的效果。实践表明,将翻转课堂教学模式应用在"概率论与数理统计”课堂教学中能够提高教学质量,有效促进数学教育的改革发展。

二、微课在翻转课堂教学中的作用

微课是伴随着信息技术的发展而产生的,它与移动互联网的发展相辅相成,是人们进行移动学习的重要载体,也符合目前学生和社会学习者的学习需求。

要将一门课程整体用微课的形式放到网络上,首先需要将该课程分解为若干个知识点,然后为每个知识点录制一个微课视频,从而组成这门课程完整的微课视频。完整的微课视频就成为大学数学课程慕课(MOOC)建设的内容。

微课视频的录制对大学数学课程建设有着非常重要的推动作用。首先,制作成视频动画可以使知识点讲解变得形象生动,更容易激发学生的学习兴趣。其次,这对教师提出了更高的要求:制作的视频可以放到网上,教师必须准确传授知识点。最后,教师应努力学习和提高多媒体制作技术。微课视频和翻转课堂教学模式的实施,加强了教师和学生之间的互动。学生在课前观看视频,了解和预习课程内容,在课堂上,教师可以更有针对性地答疑解惑。

微课与翻转课堂“联合”形成了一个课程系统,即慕课。目前,慕课正以信息化和网络化的全新教学形式和以“学”为本的教学价值取向冲击着我国的大学教育。高校的教师也面临着诸多的挑战。比如,教学模式从以前的以“讲授”为主变为了以“学”为本,巧妙的课程设计使教师和学生都有优质的学习平台。教育改革步伐加快,高校之间互认学分,学生随心所欲地选择课程,教师必须提高教学质量以求生存……面对如此多的挑战,我们需要厘清微课、翻转课堂和慕课建设之间的关系,需要实事求是地考虑自己所教课程更适合哪一种教学模式改革。但是,微课教学也有一定的局限性,比如知识点零散,缺乏系统性,学生的管理和制约机制有待改善,等等。只有不断制作微课视频,尝试教学改革,才能解决存在的问题。因此,作为一名高校教师,应该积极适应学生学习方式转变的需要,尝试制作微课视频,打造课堂教学特色,促进翻转课堂教学模式的改进与提高。

对于“概率论与数理统计”课程中翻转课堂的教学设计,我们还处于初步研究阶段,只有不断实践,才能对所设计的教学模式进行修改和补充。因此,我们还需要做更多的研究工作。翻转课堂的教学模式可以在学校个别班级试点实行,而普及到全校的大班课堂中还需要时间,也需要在教学改革实践中解决种种困难,为今后的研究与探索做准备。

〔曹珊,中国传媒大学理工学部〕

关于“科技英语”课程教学改革的若干思考

◈张 博

科技英语是科技工作者在用英语传递科技信息的过程中逐渐形成的一种语体，通常被认为是科技工作者必须掌握的进行学术交流和科研成果展示的基本工具。“科技英语”作为公共英语课很好的补充和提高，也是理工科前沿学科和各高校理工类学科本科阶段为培养学生科研素养，提高学生对相关科研领域进行前沿探索的能力以及进行国际学术交流的能力而开设的一门课程。国内很多高校的理工类专业都为本科生开设了“科技英语”课程，而在中国传媒大学，本门课程为通信与信息技术领域的专业英语课程，主要包括：电路分析、信号处理、通信系统、天线及微波、电视技术、多媒体技术等内容。尽管如此，“科技英语”的教学和推广应用目前仍存在以下问题：(1)授课受益面较窄，有些学校的课程设计只针对指定专业的学生，对于一些交叉学科和新兴技术没有深入了解，不利于拓展学生的眼界；(2)授课教材和教学方法、内容相对于本领域最新科研发展成果滞后，跟不上前沿学科的发展速度；(3)授课偏重于形式，教学内容和方法较为单一，容易使学生失去对“科技英语”课程的学习兴趣；(4)任课教师队伍配置有不合理的地方，缺乏具有扎实的英语功底、丰富的海外学术交流经验的专任教师。“科技英语”的教学如果忽视了上述问题，则容易导致相关专业的本科生普遍缺乏外文文献阅读与检索、英文论文写作和进行国际学术交流的基本技能与素养，如果相关专业本科生继续读研，这会在一定程度上影响他们的科研实力和研究效率。要解决这些问题、帮助相关学科本科生提升进行科研的基本技能和基础素养，就必须重视和加强本学科及相关交叉学科“科技英语”课程的教学改革和创新。笔者针对中国传媒大学信息工程学院本科“科技英语”教学现状，对课程教学内容拓展与补充、教学方法和体系优化等方面进行了深入思考，提出了一些教学改革的新思路、新方法，希望对本门课程教学效果和教学质量的提升有所帮助。

一、教材优化和教学内容、方法调整

目前适用于国内高校计算机与通信相关专业本科生教学和学习的“科技英语”教材较少而且比较老,知识更新慢,针对性不强。这类教材和参考书籍基本都是全英文的,而且内容多是一些老旧的专业知识介绍,不容易引起学生阅读和学习的兴趣。客观来讲,目前没有完全适用于通信与信息技术领域本科生学习的“科技英语”教材。针对这一问题,我们在授课时可以打破使用某一固定教材的常规,将有教材变为无教材,通过提供参考书籍目录、英文专业书籍和科技论文,让学生在课下学习;对于课上学习,则改变只针对或偏重英语理论教学的方式,而选择英文原版书籍或报纸、期刊,其内容较新颖,与学生的其他专业课也有较密切的关系;采用英文课件辅助中英文双语授课,让学生全英文口头讲述学术报告或观看英文科技类视频;通过增加课堂上的英文专业资料和传授科技英语运用技巧,帮助学生进行专业英语的研究和学习,让学生在获得感兴趣的专业知识和学科前沿发展动态的同时,逐渐掌握科技英语。

通信与信息技术是一门较前沿的学科,相关技术飞速发展,知识更新的速度也越来越快,同时这一专业的知识也是很多交叉学科的必备知识。此外,该领域的先进技术和知识大多来源于英语国家,而且大量最新研究成果都是用英文发表的,我们在引进这些技术时往往受到语言的制约,这严重影响我们对新技术的理解和消化。因此,科技英语便成为掌握和理解相关新技术的强有力的工具。我们根据本校通信与信息技术相关专业偏向广电领域的特点,遵循拓宽科技英语的应用领域的原则,在与通信技术相关的基础上,在“科技英语”的课程内容中增加了广电工程、发送与接收技术、隐身材料和相关技术以及网络工程等多个信息科学领域的英文专业术语、专业句式和科技论文语言表述方式,将本校“科技英语”的教学系统化。这样,学生可以通过本门课程增进对自己专业的全面了解,相应地也可以加深对自己的兴趣和相关专业方向的理解,这些都有助于提升学生学习的兴趣和主动性,这是我们期望获得的教学效果。此外,在课程教学中,我们可以联系图书馆工作人员对学生进行培训,让学生学习如何使用学校图书馆英文在线数据库。这些英文文献收集、分析与管理方面的应用教学内容,可促使学生在初步掌握科技文献的阅读和翻译技巧的基础上,实现对专业文献的查找、阅读、总结,进而撰写出合格的科技论文。如此一来,“科技英语”才能真正成为一门让学生了解学科前沿研究进展的实用性工具课程。

“科技英语”是一门实用性较强的课程,不仅要求学生理解上课的内容,掌握所学的知识,还要求学生真正掌握实际应用技能。听、说、读、写是语言类课程学习的必要环节，要使学生从课程中真正受益，必须在授课中增加针对“科技英语”实战的教学内容。因此，我们在教学过程中，可以增加全英文专业学术讲座的教学内容，当课程教学进行到后期时，结合课程实际情况，邀请以英语为母语的本领域专家、学者结合其研究的最新进展，进行正式的专业学术报告。同时，可以让学生分组讨论、总结，分享他们参加大学生实践项目时获得的知识、技能，当然，所有的交流都需要使用专业英语。这些教学方法的目的是提高学生在本课程教与学互动环节中的主动性，提升课程教学的最终效果。

二、教学体系的优化

根据中国传媒大学“科技英语”课程的特点以及所面向的对象，可从以下三个方面进行教学体系的优化与改革。第一，优化与调整师资队伍。“科技英语”是一门专业知识与外语教学相结合的特殊课程，要求任课教师既有专业上的特长，又有扎实的英语功底。在教学中，我们可以大胆聘用相关专业的在读硕士研究生和博士研究生来做助教，优先考虑有海外交流背景并在科研方面已积累了部分成果的研究生。本科生很多都会有继续读研的想法，这样不仅可以提升本科生对“科技英语”学习的兴趣、保障本科生的听课质量，同时也能让其更深入地了解本领域的研究生都需要哪些素养与积累，尤其是在科技英语文献的检索、查阅、分析方面，会对其起到直接的指引作用。第二，拓展教学环境。在“科技英语”的学习中，语言本身的学习，包括语法讲授、复杂长句、名词化结构分析等对大多数学生来说是重复学习，因此教师在语言教学上不容易调动学生学习的主动性和积极性。这就要求教师对教学环境进行拓展，通过改变传统课堂教学的僵化模式，丰富、创新教学手段，提高学生的参与度，充分利用多媒体课件、视听教材等，丰富教学内容，拓宽学生的视野。此外，上面也提到了，可以增加外国专家全英文学术报告环节和学生分组分享交流环节，要求学生在整个过程中用英文提问和回答，带领学生分析和理解专业领域英文文献，这样一方面可以提高学生的学习兴趣和参与度，另一方面也为他们提供了在科技领域运用英语的机会。教师应结合本领域专业学术报告的内容，通过提问、讨论等方式，针对具体问题和答案实例，细致讲解在交流与应用中需要注意的事项，并讲授一些必要的技巧，这样可以深化学生对课程的掌握程度。第三，加强实践与应用环节。可以要求学生课下收集并阅读自己感兴趣的本领域的科技文献，内容不设限，充分调动其阅读的积极性；通过课下阅读和课上分享相结合的方式，给学生更多的分享交流机会，这样可以让学生独立完成包含阅读、理解、整理、汇报等在内的完整的学习和应用过程。此外，教师可以邀请本领域的硕士研究生和博士研究生，让其在课堂上与本科生一起撰写英文摘要、准备英文报告等，并在课上完成学生讨论和相互评价等实践环节，让本科生了解自身的差距在哪，逐步提高其运用科技英语的能力。

三、教学效果的完整跟踪、分析和反馈

“科技英语”课程改革和创新是一个不断发展的过程，是一个系统工程。在日常的教学过程中，要多与学习本门课程的学生和教授本门课程的其他老师沟通，实时收集反馈、总结教学效果的总体情况，综合各位老师的建议，将完善措施及时运用到课程的讲授中。以发展的眼光和方法看待问题，做出关联分析。跟踪调查选修了“科技英语”课程的本科生在其研究生阶段收集、总结文献的能力以及进行英文写作的能力；结合学生选修“科技英语”课程的情况，比较选修了“科技英语”课程的学生和未选修此课程的学生在运用科技英语进行文献阅读理解、分析、论文写作和学术交流时水平与能力的差距，这对“科技英语”教学改革的长期规划有着重要意义。

四、学生良好习惯的培养

在授课过程中，让学生有意识地培养在日常的学习与生活中运用科技英语的习惯，让其不断积累实践经验，这对于获得良好的教学效果具有举足轻重的作用。这里需要指出的是，永远都不能忽视学生作为教学主体的作用，讲授者只能起到引导和监督作用。学习者要想掌握一门语言，除了枯燥的重复积累和勤学苦练外，没有任何捷径，没有勤奋的态度和不断的努力，再完美的教学设计和教学方法也不可能获得理想的教学效果。

〔张博，中国传媒大学理工学部〕

关于汉语修辞教学体系的思考

◈ 蒋成峰

语言运用能力是一个人最基本的人文素养,也是其他素质的基础。对于中国传媒大学这种以传播为特色的高校来说,语言运用能力的培养显然更应该得到特别的重视。然而,就目前的实际情况来看,不但其他与汉语有关的专业汉语应用训练没有得到强化,即便是在汉语语言文学等专业内部,关于语言运用的训练也十分欠缺。出现这种欠缺的原因是多方面的,有教学指导思想方面的原因,也有课程设置的技术性原因,而更为直接的原因则在于汉语应用训练类课程的缺失或错位。

本文将以汉语语言运用的两大分野为理论出发点,重点讨论作为审美对象的语言艺术或者说审美化的语言运用(修辞)的教学体系建设问题。

一、语言运用的两大分野与修辞学的困境

要谈语言的运用,先要明确语言的功能;而说到语言的功能,一般总会提到两大功能:语言是人类最重要的交际工具,也是思维的重要工具。实际上,除了这两种实用性的功能之外,语言还可以创造艺术形象,甚至凭借自身的形式成为审美的对象,这就是语言的审美功能或称诗歌功能。雅克布森在其著名的论文《语言学与诗学》中明确地提出了语言的诗歌功能,并且指出诗歌功能就是交际过程的重点指向话语信息本身时所产生的功能。

语言具有实用和审美两个方面的功能,语言的运用也就出现了两个层次:一个是工具性的语言的运用技巧,另一个是本体性的语言艺术。而语言运用的这两个层次,在汉语中人们一般将其笼统地称为“修辞”。

实际上这两个层面的“修辞”并不是一回事:一个是为了提高语言的实用功能(交际功能)而采取的各种技巧;一个是为了使话语本身成为具有审美价值的艺术品。虽然从形式上看,实现这两种语言功能的手段有很多相似之处,存在着很多的交叉与融

合，但是从根本目的来看，即使是同样的手段，使用者的着眼点、侧重点，以及手段所起的作用也是不同的。例如，亚里士多德的两部开创性著作《修辞学》（*Rhetoric*）和《诗学》（*Poetics*）都谈到了比喻，但就使用比喻的目的来说，前者主要是为了增强说服力，而后者则主要是为了创造一种新奇感。

关于两种语言功能的区别，中国的先辈也有比较清晰的认识。其中最具代表性的是孔子，他对于语言的表达，一方面提出“辞，达而已矣”（《论语·卫灵公》），另一方面又意识到“言之不文，行而不远”（《左传·襄公二十五年》），主张“情欲信，辞欲巧”（《礼记·表记》）。前者就是从语言表达的实用目的来讲的：作为工具的语言，其最终目的在于表情达意的充分和适切；而后者则主要是从语言的审美性来讲的：语言不但可以传情达意，而且可以成为审美对象，凭借精巧的形式获得更为广泛的传播。

在中国古代的语言实践中，实用功能和艺术功能的区别典型地体现为“文”和“诗”的区别。文章所强调的是其“文以载道”的工具性作用，语言被用来成就所谓“不朽之盛事，经国之大业”；而诗歌则强调其“言志”的本质，语言被用来创造一种“缘情而绮靡”的审美艺术作品。当然这只是最初的分野，实际上多数作品都是介乎二者之间，兼具审美性和实用性的（就是陈望道所谓的“糅合的境界”）。在历史上，“修辞”这个词语的主要含义就是“创作文章”（如元代王构的《修辞鉴衡》中所提出的观点），而关于语言表达技巧的讨论大多融合在文学创作与欣赏中，如刘勰的《文心雕龙》、陈骙的《文则》等，都有很多关于具体语言技巧的讨论。

进入20世纪后，受到国外学术界的影响，国内出现了“汉语修辞学”的概念，发展到陈望道的《修辞学发凡》，算是建立了一个比较完整的学科体系。这个体系的基础是对于语言运用的两种目的的确定——“记述的境界”（即着眼于实用的表达）和“表现的境界”（即着眼于审美的表达），两种表达方式相互交融，便成为“糅合”的境界。在此基础上，书中提出了所谓消极修辞和积极修辞的两大分野，消极修辞主要是为了实现记述（实用）的目的，做到内容明确、通顺，形式均匀、平稳；而积极修辞则主要是为了实现表现（审美）的目的，利用各种修辞格来创造语言表达的艺术，此外，还可以借助语言的意味、音调、形貌等形式因素制造相应的“辞趣”。应该说，《修辞学发凡》所创立的体系是完整而清晰的，尽管在书内实际的讨论中，积极修辞（辞格）方面的内容远远多于消极修辞。

然而，陈望道之后的汉语修辞学界基本上忽视了语言运用两种目的的对立，大多数修辞学著作都只是将修辞的目的界定为“改善语言表达的效果”。事实上，对于不同表达目的来说，表达效果的标准是大不一样的，例如，就实用的目的来说，清楚明白是最好的表达效果，而就审美的目的来说，含蓄蕴藉也常常是人们追求的效果。如果没有明确的目的作为标准，怎么判断表达效果的好坏呢？所以，“改善表达效果”这样的说法其实并不能揭示汉语修辞的真正原则和目的。

这种含混导致了汉语修辞学体系乃至修辞学教学的混乱。最直接的表现是：一般意义上的汉语修辞学几乎成了修辞技巧（修辞格）的代名词，很多修辞学家致力于发掘修辞现象，创设修辞格；而对于现象背后的根本目的和原则，则常常含混其词、语焉不详。其结果就是：传统意义上的修辞学道路越走越窄，在语言学学科体系中的地位越来越边缘化。很多人对修辞现象不屑一顾，学术期刊上关于修辞的文章也越来越少，甚至有的以“修辞”为名的杂志也越来越偏向于语法等其他学科。在大学的汉语（包括写作）教学中，除了修辞格之外，关于具体语言表达手段与技巧的训练则几乎完全付之阙如。

然而，在语言学领域之外，以传播学为代表的很多新兴学科却在修辞学“改善表达效果”的目标中找到了自己的理论兴趣，这个意义上的修辞学主要是以实用为目的的。不过虽然目前的理论研究比较重视相关语言现象的分析，但在国内的高校教学中，涉及具体语言表达技巧的分析与训练其实并不多，更谈不上系统化与科学化。

二、以审美为目的的汉语修辞学体系

我们认为，狭义的汉语修辞学没有必要担心只谈语言的审美属性会降低品格，更不必把所有和表达（乃至接受）相关的内容都纳入自己的研究视野，完全可以将审美化的语言运用作为自己的研究对象，从而建立起一个具有汉语特色的修辞学（语言艺术学）的学科体系。建立这样一个体系不但可以执简驭繁，厘清许多过去一直纠结不清的理论问题，而且可以更为深入地开展讨论，对相关修辞现象做出更为合理的解释。

（一）汉语语言运用中的美感类型

将语言的审美性作为语言运用（修辞）的目标，需要明确语言美的类型。从审美体验来看，汉语的语言美感类型大致可以分为以下几种类型：新奇、有味、有趣、和谐。我们分别简单介绍。

1.新奇

喜欢新鲜、奇特是人类的天性。语言符号具有约定俗成的特点，一般来说，人们不能随意改变符号的能指和所指的关联，但人们总会有意识地突破习惯的约束，使用所谓“陌生化”的表达。这也是形式主义的文学理论对待语言问题的基本态度。使语言新奇化的手段多种多样，大多数传统修辞学领域关注的现象都与新奇性的审美要求有关，很多修辞格，如比喻、借代、移就、别解等，其最突出的审美效果也是新奇。

2.有味

所谓“有味”，其实是中国传统美学的术语，相当于南北朝时期钟嵘所提出的“滋味”，晚唐司空图所提出的“韵外之致，味外之旨”。总体来说，有味就是要求语言表达不能过于直白，要含蓄蕴藉、耐人寻味。能产生这种审美效果的修辞手法很多，有的已经成了固定的修辞格，典型的如双关、警策等，言在此而意在彼，看似无理、实则巧妙，通过表面的语言形式引发人们对言外之意的思考，使语言表达具有更为丰富的内涵。

3.有趣

追求趣味性也是人类的天性。所谓“有趣”，主要是指语言的趣味性、幽默性。语言表达中很多修辞手段主要是为了追求一种幽默效果，或出人意料，或模仿戏谑，或讽刺夸张，或巧妙应对，都可以构成有趣的语言表达。中国人历来看重语言的趣味性，刘勰的《文心雕龙》中有专门一章讨论“谐隐”，主要内容就是诙谐幽默的表达手段。不过近代传统修辞学对于语言的幽默性关注并不多，但还是出现了一些具有幽默效果的修辞格，如所谓“岔断”就是用一些意想不到的话语连接，从而得到幽默效果。

4.和谐

这里说的“和谐”，主要指语言的形式要素本身所具有的美感，就是通常所说的语言的形式美。王力先生曾经指出，语言的形式美主要表现在三个方面：整齐美、抑扬美和回环美。这三个方面都可以归结为形式的和谐美。汉语语音本来就具有丰富的审美资源，最典型地体现在格律诗中，平仄、押韵、对仗等都体现了语言形式和谐美的要求。

值得注意的是，上述这些汉语美感类型之间并不是相互对立的，很多语言现象可以同时具有多种类型的美感，既新鲜奇特，又意味蕴藉、妙趣横生、整齐和谐的表达其实并不少见。

（二）汉语审美性语言运用（修辞）的手段和途径

语言的审美性（艺术性）运用和实用性运用是不同的。其最根本的差别在于：在实用性的语言表达中，语言只是传递信息的工具，语言表达的最高境界就是孔子所说的“达”、庄子所说的“得意忘言”，或者西方理论术语中的“透明性”；而在审美性的语言表达中，却要在一定程度上搁置语言的意义，从而使语言形式本身得到凸显。这种凸显，按照 Hasan(1989)的观点,主要有两种方式:前景化(foregrounding)和型式化(patterning)。凸显的结果是,有的已经固定为一定的修辞格,也有的还未成为辞格。

1.前景化

所谓前景化,主要是采用各种形式的偏离,使语言形式得到凸显。偏离是相对常规来说的,主要包括词汇语义常规、语法常规和语用常规几种类型。对于语义常规的偏离,最典型的是警策,用表面无理或自相矛盾的表达否定话语自身的语义信息,使人转而关注话语的形式,如"快是慢,慢是快""事实就是事实"。

对语法常规的偏离,典型地体现为词性的活用和词语搭配的移就(拈连)等,改变词语的语法属性,使之与一般不能搭配的词语组合,从而形成特别的搭配,产生相应的美感。如"天被熬亮了"。

对于语用常规的偏离,主要表现为语言表达中有意违背某些语用规则。如违背会话合作的质的准则可以得到反语的修辞,违背方式准则可以得到婉曲的修辞,而违背关系准则可以得到"言在此,意在彼"的修辞话语,从而构成语意双关的修辞格。

2.型式化

这里的型式化,主要指语言的体式,是语言表达中相对固定的风格、模式。主要包括以下几种类型:

(1)与交际对象相适应的各种语体模式,如正式会谈、日常交流、私人聊天,论文、公文、应用文体、私人书信,等等;

(2)与欣赏习惯有关的各种文体模式,如诗歌、散文、小说、戏剧等;

(3)与个人风格有关的语言体式,如豪放与纤柔,绮丽与平淡,等等;

(4)不同的表达内容在话语形式上也会形成相对稳定的结构,如叙述、描写、说明等。

语言的型式化是语言表达中的一种规范性力量,由于主要表现为对于语言形式本身的关注,因此通常具有一定的审美属性。有的时候在固定的体式基础上故意制造一些变化,则会得到一种形式的前景化。

在上述基础上,我们就可以建立起一个关于汉语审美修辞的基本框架体系:以语言的美感为核心,通过分析相应的言语产品的美感来源,揭示言语美感创造的规律,进而提高语言运用的艺术化水平。

这个体系并不排斥过去修辞学研究的一些具体内容和成果,但是要将其置于语言审美的框架之中,从美感类型和美感的来源方面进行分析,而不是孤立地、就事论事地进行一般性分析。

三、审美化修辞的训练途径

审美化的语言是以文学为代表的语言艺术的核心特征,也是人们在日常生活中运用语言时所追求的一个方向。然而,这种能力的训练在其他的学科领域一般很少涉及,因此,有必要将审美化语言运用的能力作为高校相关专业中汉语修辞学课程的基本内容。为了实现这一教学目标,除了要对言语审美的基本类型和规律进行科学、系统的分析之外,还应该着力从语言运用的角度开展实践训练。大致可以包括如下内容:

(1)对文学语言的分析:包括各种传统文学样式(尤其是诗歌作品)中的语言以及影视作品中的语言。

(2)对歌谣语言的分析:歌曲是当今日常生活中最普遍的审美化语言形式,而童谣等的语言则是最典型的审美化语言。

(3)对媒体语言的审美分析:包括传统大众媒体和网络媒体、自媒体等新型媒体中的语言,尤其是各种各样的"段子"。

(4)对广告等商业语言的审美分析:以广告语言为代表的各种商业话语虽然本质上不是以审美为最终目的的,但是也常常利用审美化的语言吸引受众的注意力,从而引发其对内容的关注。

(5)对日常语言的审美分析:在日常生活中,由于受语境的影响,很多话语具有前景化或型式化的特点,从而获得了一定的审美意义,也同样值得关注。

除了分析现成的审美化言语之外,还应该积极创设条件,让学生参与相应的艺术语言创作实践,让其在创作实践中更好地感受审美化言语形成的条件与技巧,从而更好地提高其对于艺术语言的理解能力和运用能力,甚至使其成为汉语审美化修辞的高手。

〔蒋成峰,中国传媒大学文法学部汉语国际教育中心〕

基于学习支持服务的“计算机操作系统”课程教学改革

◈ 吴梅梅

一、引言

“计算机操作系统”是信息与计算科学专业的一门专业课程，信息与计算科学专业是以信息领域为背景，数学与计算机信息管理相结合的交叉学科专业。该专业培养的学生具有良好的数学基础，能熟练地使用计算机，初步具备在信息与计算机科学领域的某个方向上从事科学研究、解决实际问题、设计开发软件的能力。“计算机操作系统”这门课程原理性强，算法繁多且内容抽象，教学内容不易理解，学生学习吃力，容易对学习内容一知半解。“计算机操作系统”教学通常采用集中的课堂授课的传统教学方法，形成了灌输式的教学模式，授课过程中注重原理的讲解，缺乏实际联系，实践机会较少。在有限的课堂讲授中，教师讲授和多媒体课件相结合是主要授课方式，学生对课程整体内容的理解及掌握程度不高，这在一定程度上影响了教学质量。

如何在有限的教学时间内培养学生的学习兴趣，提高学生学习新知识、综合应用知识以及发现、分析、解决问题的能力，帮助学生形成创新性思维，就成为本课程教学改革的关键性问题。本文提出了一种线上学习与课堂讲授相结合的混合式教学模式，在传统教学模式的基础上引入了学习支持服务思想，结合信息化的手段建立全新的教学模式，为学生提供充足的、无缝衔接的学习资源与交互学习平台。

二、学习支持服务思想

线上学习的理论根源于学习支持服务思想，因此，本教学改革研究需要对学习支持服务的思想和模式进行研究，再根据该思想的具体化形式与学习内容系统来展开满足实际需要的课程线上学习与管理。学习支持服务（Learning Support Services）由英国开放大学西沃特(David Sewart)在《远程学习系统对学生的持续关注》中提出,他认为在远程教育过程中除了应给学生提供必要的教学资源外,还必须给学生提供咨询和教学辅导的服务,即强调为了满足学生的学习需要,应在远程学习过程中建立一种教师与学生之间的互动交流,给学生提供更好的学习支持服务和其他各类与教学相关的服务。他强调,学生自治并非以学生为起点,而应该是给学生以持续关心和支持服务的结果。本文采用系统化的方法,遵循教育学与教学心理学规律,设计完成基于学习支持服务思想的"计算机操作系统"课程的学习支持服务模式,如图1所示。该模式是以现代学习理论为指导的学习模式,整个过程遵循学习思想、学习模式、学习策略以及实践方法的运行规律。学习服务系统需要特定工具的支持,在使用本模式原型时,可以结合实际的教学需要来具体化各个系统内的元素,以适应不同的教学环境。

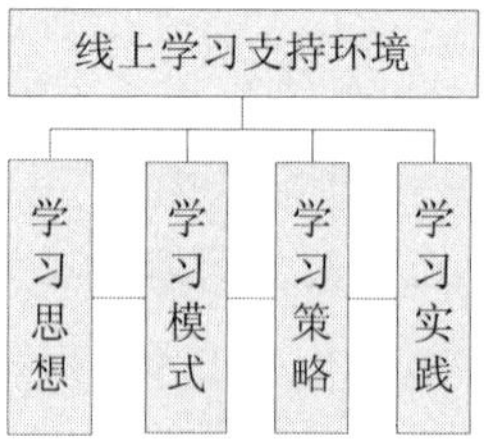

图1 学习支持服务模式

三、"计算机操作系统"课程学习模式

根据学习支持服务的课程线上教学模式的指导,本文的研究对象——"计算机操作系统"课程的信息化采用的是线上学习模式与课堂讲授相结合的混合式学习模式。从教与学的角度来看,混合式学习(Blended learning)就是面对面的课堂学习和数字化学习两种方式的有机结合;但它的深层含义是在"合适的"时间为"合适的"人选择"合适的"学习技术,以及为适应"合适的"学习风格而传递"合适的"技能来优化与学习目标对应的学业成就。混合式学习模式的开展离不开网络环境的支持,即在网络中建设的虚拟学习空间。本模式采用MOODLE这一开源虚拟学习工具作为网络学习的支持环境。

MOODLE(Modular Object-Oriented Dynamic Learning Environment,模块化面向对象的动态学习环境)是由澳大利亚教师Martin Dougiamas主持开发的免费开源的网络教育平台框架,是目前世界上应用最广泛的网络教学平台之一。根据世界著名的教育软件评估中心(Centre for Learning and Performance Technologies)的最新评选结果,在2010年世界学习工具和教育软件的排序中,MOODLE在全部教育软件中排序第十位，在课程管理系统类中排在第一位，因此本学习支持服务系统采用了 MOODLE 技术。首先，在服务器层完成 MOODLE 系统运行的基础平台——WAMP 平台的搭建，即 Windows 服务器环境下的免费开源软件组合 Apache、MySQL 与 PHP；其次，在客户端完成 MOODLE 应用层的架设、参数的配置、性能优化以及个性化的模块二次开发；最后，在运行稳定的平台上实施数字化学习资源、交互活动的设计与开发。具体典型模式应用如图 2 所示。

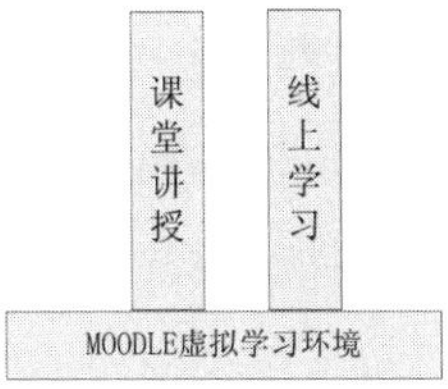

图 2　基于 MOODLE 的“计算机操作系统”课程混合式学习模式

四、线上学习环境设计

线上学习环境的学习功能设计采用 UML 统一建模语言，用例图描述如图 3 所示。主要内容包括课程管理、作业模块、聊天模块、投票模块、论坛模块、测试模块、资源模块、问卷调查模块和互动评价。

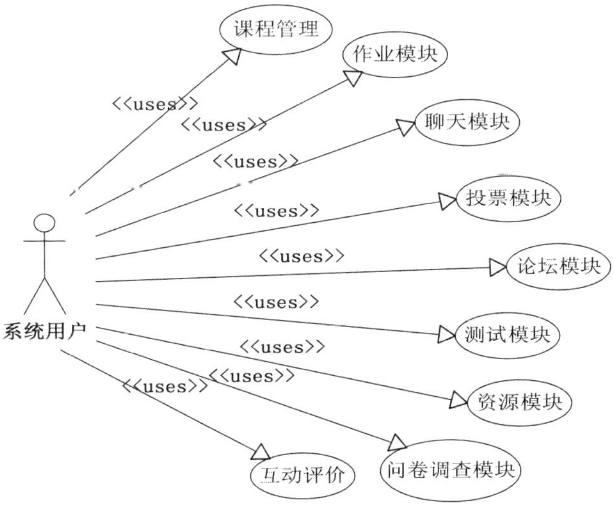

图 3　MOODLE 虚拟学习环境基本功能设计

(一)课程管理模块

所有具有教师权限的用户都可以全面控制课程的所有设置,主要包括课程格式、主题以及社区讨论的设置;教师可以灵活地配置课程活动,包括论坛、测试、资源、投票、问卷调查、作业、聊天、专题讨论等。“计算机操作系统”课程可以经常设置一些与课程知识点相关的编程实践活动,如模拟实现 FCFS 算法、文件管理系统等功能。用户课程自上次登录以来的变化都会显示在课程主页上,以便课程成员及时掌握课程动态,比如实验活动中教师提供的解决思路以及学生的优秀代码等信息。系统中绝大部分的文本都可以用“所见即所得”的编辑器编辑,论坛、测试和作业评定的分数都可以在同一页面查看,且系统提供下载。系统还提供了全面的用户日志和跟踪功能,可统计每个学生的活动,显示图形报告,包括每个模块的细节(最后访问时间、阅读次数、参与的讨论等),这些数据可汇编为每个学生的详细的“学习轨迹”。教师可利用自定义评分等级功能来定义自己的评分等级,以及在论坛和作业中给学生打分。备份恢复功能可以把课程打包为一个 zip 文件,此文件可以在任何 MOODLE 服务器恢复。

(二)作业模块

教师可以在这一模块中指定作业的截止日期和最高分,学生可以上传作业到服务器上。系统允许学生迟交作业,但教师可以清晰地看到迟交了多久。教师可以在一个页面、一个表单内为整个班级的每份作业评分(打分和评价)。教师的反馈会显示在每个学生的作业页面,并且学生会收到 E-mail 通知。教师可以选择打分后学生是否可以重新提交作业,以便重新打分。这种方式可以很好地解决编程类作业不方便传递以及不易于长时间保存的问题。

(三)实时交互(聊天功能)和论坛模块

聊天功能允许学生与教师进行实时交互,交互页面友好。论坛模块中包括教师专用、课程新闻、全面开放和用户类型等各类话题。关于课堂讲授中的重要知识点、存在的疑难问题以及课堂讲授的方式等,教师和学生都可以在论坛中进行详细的讨论,以解决课堂时间不充足而导致的学生对于重点、难点问题理解不够透彻,以及师生间沟通不够充分的问题,如信号量的使用问题、银行家算法问题等。

(四)测试模块

由于课堂教学学时有限,教师不可能经常在课上对学生进行测试,这时就可以使用线上学习系统的测试模块，在课余时间不定期地对学生进行测试，以了解学生对所学内容的掌握情况。教师可以在题库中选择测试题目，题库中的题目由所有拥有教师权限的用户提供并共享。测试模块可以实现客观题目的自动评分以及主观题目的人工阅卷。学生可以分多次完成测试，每次的结果被自动累积。在 MOODLE 中设计的各类题目可以备份并导出，并可以导入任何支持国际标准的学习管理系统。

(五)资源模块

系统可以提供丰富的数字化资源，支持多种资源格式，如电子文档、Word、PowerPoint，以及多种类型的音频和视频等。用户可以上传文件并在服务器端进行管理，或者使用 Web 表单动态建立；也可以连接到网络上的外部资源，无缝地将其引入课程界面，或用链接将数据传递给外部的 Web 应用。

(六)问卷调查模块

系统内置的问卷调查(COLLES、ATTLS)作为分析在线课程的工具，已经被证明是非常有效的。用户在系统中可以随时查看在线问卷的报告，并且系统支持以各种图形的方式显示，数据可以以 Excel 电子表格或 CSV 文本文件的格式下载。问卷界面通过将学生的回答和班级的平均情况相比较的方法过滤未完成的调查，并将结果反馈给提供问卷的学生。通过问卷的方式，教师可以更深入地了解学生的学习兴趣点、课程的难点、授课速度等多方面信息，以便及时调整课堂讲授的内容、重点以及讲课速度。

(七)多重评价机制模块

学生可以对教师给定的范例作品文档进行公平的评价，也可以对教师的课堂讲授情况和线上互动答疑情况进行评分。教帅可根据学生线上活动情况对学生的学习态度进行评分，也能够根据线上测验成绩对学生的学习情况进行评价。系统还支持各种可用的评分级别，为教师和学生提供了多种灵活的评价方式。

五、结论

基于学习支持服务思想的线上学习与课堂讲授相结合的混合式教学模式，能够为学生提供更充足的学习资源与更方便的学习交流平台，该教学模式为“计算机操作系统”课程的教学改革提供了新的教学思路，为师生提供了无缝衔接的学习支持服务。

〔吴梅梅，中国传媒大学理工学部〕

素质教育下“概率论与数理统计”教学改革的几点思考

◈ 韩 然

进入21世纪之后，世界经济得到了快速发展，高新技术的发展也推动了数学的完善，这使得数学思想、数学知识不断扩大应用领域，深入到社会发展的各个层面。众所周知，数学是一门严谨的基础学科，是所有学科的基础与分析工具。利用数学方法能够对抽象事物进行精确的分析与描述，数学在现代社会的地位越来越重要，数学技能与素养逐步成为现代社会发展对人类的基本要求。在这样的大环境下，提高学生的数学素质，培养他们创造性的应用能力就显得尤为重要。在教学过程中，教师的职责应当是突出教学而不是教书，教师应教学生学习方法，培养学生的思维习惯，提高学生的思维能力，因为思维能力是人的能力的最高层次。素质教育应以素质培养为本，而素质培养又应当以思维能力的培养为要旨。教育学认为，学生无所谓“好”与“坏”，其差别只是学习态度和思维能力等有所不同。因此，培养学生的思维能力，能极大地提高学生的素质和知识水平，是培养高水平创造型人才的途径之一。从人类的心理发展规律来看，青年是智能发展的重要阶段，是创造性思维能力发展的高峰期。高水平的思维能力的获得依赖于个体渊博的知识、丰富的生活经验、坚定的目标等条件，而大学生已初步具备了这些条件。大学期间，正是提高他们的思维能力和创造能力的关键时刻。教学首先是使学生完成对知识的记忆，但记忆只是手段，而不是目的。学生在教师的指导下，经过思维的加工，对所学的知识予以改进、扩充，并与原有知识进行组合重构，即实现知识的迁移，这样，其所学方能为其所用，以解决新的问题。否则，单纯依靠记忆只能使所学得的知识僵化，于应用毫无帮助。因此，培养学生的自学能力乃至科研能力，应是当前教学所追求的更高目标。现阶段，高校在开展教育的过程中极为重视学生数学学习能力的提升，强调数学知识、数学思维、数学理论在社会发展中的应用。

“概率论与数理统计”是一门从数量上研究随机现象统计规律性的数学学科，为大多数专业所要求，具有覆盖范围广、应用性强的特点，其研究方法独特，研究领域广泛，是我国高等院校本科教育中的三大基础数学课程之一。为了根据该课程的特点，搞好这门课程的教学，达到预期的教学目的，我们在教学过程中进行了多方面的努力，归结起来，所做的工作主要体现在以下几个方面。

一、引导作用

作为教师，在讲授课程的过程中，应该在指点学生把握全局、了解整体构架、掌握基本思路方面做足文章，引导学生学会学习。引导作用还表现为提出思考。学生学习一门数学课程，需要主动思考问题，思考概念之间的关联、定理之间的关联、方法之间的关联；思考不同方法之间的异同，各自的优势与弱势；思考所讨论的课题中遗留的问题。低年级大学生对于这个思考往往感到比较陌生，不太注意或者不会注意，这就要求教师在课堂教学中有意识地引导、提出思考、组织讨论。通过正确的引导，让学生学会知识，更重要的是学会知识的运用，提高学生分析问题的能力，培养其创新精神和实践能力。

随着社会经济的不断发展，可供分析的各种经济问题可谓层出不穷，我们要善于从身边的生产、生活问题入手，机智、巧妙地编拟出学生感兴趣的题目。通过实际问题来引入知识，一方面可加深学生对概念的理解，另一方面可提高学生对“数学来源于生活”的认识。例如讲授 Poisson 分布时，增加一次实验——Poisson 模拟近似，使学生尽可能“回归”到实际背景中去。如统计某书上的错别字，并判断是否符合 Poisson 分布。增加例题或改换书上的一些习题，尤其注意补充现在社会经济生活中的热点问题，如进货论模型和有奖促销模型、股票收益率、系统风险问题等。

在教学过程中，提高学生的综合思维能力应注重：从具体到抽象，培养学生思维的抽象性；从抽象到具体，培养学生思维的创造性；联系实际、学以致用是“概率论与数理统计”课程教学的重点内容。教师应通过联系生产与生活，让学生认识到该门课程在实际生产和生活中的重要地位，同时培养学生相应的情感价值观，增强其忧患意识。

二、示范作用

教师在课堂教学中以讲述、板书等方式向学生呈示教学内容，并通过具体的教学手段，引导学生用听、看、讲、写四种方式学习，这就是所谓的示范作用。示范作用具体表现在四个方面，第一，教师的讲述，其目的是让学生通过听来获取相应的信息。第二，教师的写，即板书，学生由阅读书本转为看黑板上的板书内容，因此教师的板书不应该成为书本内容的复制,而要体现教材的核心部分,突出重点和难点。第三,教师的提问,课堂提问可促使学生在课堂上通过回答教师的提问来解读信息,实施对信息的加工,进而加深对信息的理解,这是学生看书自学所缺乏的过程。教师的提问应该是精心准备的,紧扣讲授内容的重点及学生最容易混淆的、模糊的环节,提问的质量与效果取决于问题的水平与清晰度。面对大学生,提问应该有一定的深度,能引导学生深入思考,同时,问题的表述应该结构简单、内容具体、指向明确。第四,学生的课堂练习,数学基础课的教学必须强调学生的课堂练习。在教师指导下,在课堂上独立完成指定的练习,是学生解读信息,掌握概念、定理、法则及演算基本功的重要环节。一般情况下,教师在讲授某个求解方法或运算法则后,都应该让学生及时在课堂上做相应的基本练习,初步体会该法则的用法。练习应该经过挑选,具有代表性,体现基本要求,不宜过难;学生通过自己动手做练习,熟悉运用法则解题的全过程,并且有了成功或失误的经验,从而对所学的内容有真切的理解。课后再安排学生做一些巩固练习、提高性练习,将会收到更好的效果。

在实际教学中,我们除了上述的听、写、练以外,还采用多媒体辅助手段,包括计算机图形显示、动画模拟、数值计算及文字说明等,创造了一个全新的图文并茂、声像结合、数形结合的生动直观的教学环境,从而大大增加教学信息量,提高了学生的学习效率,有效地刺激了学生的形象思维。比如我们可以利用多媒体对随机试验的动态过程进行演示和模拟,包括蒲丰投针试验、正态分布、随机变量函数的分布、数学期望的统计意义、二维正态分布等的直观演示。这可以再现抽象理论的研究过程,加深学生对理论的理解,充分调动学生思维的积极性。教师还可以给学生提供一些信息,让学生利用网络优势,通过计算机网络查询相关资料,从而获得更多的知识,扩大自己的知识面,目的是在为学生奠定坚实的理论基础的同时,培养学生获取知识与运用知识的能力,使学生由被动的接受者转变为学习的主体。这就要求教师对本学科的前沿理论与相关交叉学科的最新理论有强烈的求知欲望,并善于将最新科研成果引用到教学中,这既能扩大自己的知识面,又有利于培养学生的探索精神与创新意识,进而逐渐把学生培养成高素质的技能型人才。根据教学内容的实际需要,不拘泥于传统,将传统教学模式与现代化教学手段相结合,取长补短,因地制宜,使教学方法的改革更有成效。

三、课外辅导作用

培养学生的综合素质和创新能力,仅靠课内教学是不可能完全实现的。在教学中,我们紧紧围绕教学目标,把课内教学和课外活动作为一个整体来考虑,进行优化设计，形成合力。为此，在教师的引导下，学生自主成立了“概率论与数理统计”课外兴趣小组。小组活动的宗旨是利用课余时间，通过定期组织活动，激发大家的学习兴趣，探讨热点、难点问题，加深对理论知识的学习和理解，拓宽知识面，锻炼思考问题和研究问题的能力。小组每1—2周活动一次，活动内容包括课外自学、小组讨论、社会调查、学术交流等形式，提倡争论、辩论和协作研讨，鼓励在竞争中学习、创新和提高。近几年来，我们已在多期本科生教学中组织了课外兴趣小组，实践证明，这种方法对于改善学习效果，提高学员综合素质和创新能力效果显著。

在“概率论与数理统计”的教学研究中，我们力求做到使教学内容符合素质教育的主题，具有生命力，富有时代性，能跟上现代科学技术发展的步伐，能更好地培养学生综合运用数学知识的能力，更好地满足现代科学技术对数学的要求。但是，教学本身是随着时代和技术的进步而变化的，在不久的将来，我们会逐渐建立起科学、规范的课程教学体系，使其体现出更高的价值。

〔韩然，中国传媒大学理学院〕

“大学物理”课堂教学中音视频教学手段的辅助功能研究

◈ 田少华 刘开贤 王 也

物理学是对物质世界的构成和运动规律进行研究的科学，是科学之本，是人类认识世界的基础学科。物理学作为各个学科的基础，要应用到技术中，再应用到工程产业中。因此，对于任何一个生活在物质世界的人，物理学都是良师益友，学好物理学对于理解和认识物质世界的一些基本规律，对我们做好各种工作，都是非常有益的。“大学物理”课程是高等院校理工科专业的一门重要的基础课。理工科学生在大学期间扎实地学好“大学物理”课程，不仅对于他们学好其他专业课程是非常重要的，而且对于他们将来在工作岗位上做出创造性的科研和技术成果也有着非常重要的意义。但是，“大学物理”涵盖的知识丰富，涉及内容范围广泛，解题方法和技巧复杂多变，讲授方法枯燥单一，理工科院校的学生普遍感到“大学物理”难学，对学习“大学物理”有畏难情绪，学习“大学物理”的兴趣不浓，积极性不高，这在一定程度上影响了“大学物理”课程的教学效果。“大学物理”的教学现状存在很多值得思考的问题，如何提高“大学物理”的教学质量一直是从事“大学物理”课程教学的教师们所关注的问题。提高“大学物理”的教学质量，必须对教学方法、教学模式和教学手段进行改革。在多年的教学实践中，有的高校老师提出“大学物理”教学的多层面分级改革，对工科“大学物理”的教学进行了深入思考。

关于多媒体教学在“大学物理”课堂教学实践过程中的作用，已经有过深入的探讨。在我们的课堂教学过程中，学生对音视频教学手段的使用具有极大的兴趣与较高的接受度。加入与物理知识点及规律相关的音视频资料的播放，可以使理论性很强的物理知识点或物理规律形象化、具体化、趣味化，从而大大改善课堂教学效果。

不断加强和改进“大学物理”多媒体教学内容以及与之对应的教学方法，在现阶段对改善“大学物理”教学效果和提高教学水平有着极为重要和现实的意义。

一、单纯的PPT课件教学方法与多媒体音视频辅助教学方法的比较

(一)单纯的PPT课件教学方法的特点

单纯的PPT课件教学方法简单来说是黑板板书授课形式的电子化升级,老师按照自己的教学思路,将过去全部用粉笔写在黑板上的教学内容及重点、难点利用Office软件制作成PPT课件,再通过电脑投影到荧幕上;然后,老师根据自己的思路,灵活掌握授课内容,重要的公式定律及推导过程可以详细地显示在幕布上,这样学生能够根据荧幕上的内容跟上老师的思路。PPT形式的公式推导演绎过程清晰明了,消除了粉笔板书教学手段中老师个人字体对学生理解的影响,学生能够清楚地看到推导求证过程。

这种单纯的PPT课件教学方法以文字叙述、公式推导为主,没有声音、图像,比较单调,在五十分钟的课堂讲授过程中,学生会变得厌烦、打瞌睡,甚至玩手机;并且在很成熟的内容讲授中,老师很难给学生补充新鲜的课外知识。此外,很多物理规律无法通过讲授来再现,学生因看不到清晰的图像或形象的实验过程,只能模糊地去理解一些概念,对于抽象的理论,学生理解起来会有些困难。PPT课件教学有时也用一些简单的图像演示,但学生通常只能看到静态的原理图,知其然而不知其所以然,因此,这种模式具有一定的局限性。

(二)多媒体音视频教学方法的特点

多媒体音视频教学方法是利用集图、文、声、像于一身的教学手段向学生展示课程内容的过程。这种方法在用PPT教学课件编辑文字、展示公式的基础上,通过播放音视频文件,形象直观地呈现物理规律或物理学历史发展过程中的一些重大事件与场合的实景模拟,相对于单纯的PPT课件授课,更容易吸引学生的注意力,是激发学生物理学习兴趣的极佳手段。多媒体音视频辅助教学法在展示物理规律发展过程、微观领域物理规律及物理学发展史上的重大历史事件等方面具有不可替代的作用,尤其在"大学物理"绪论课、波动光学的前沿发展部分、狭义相对论中的时空观及量子力学中核聚变与核裂变的原理与应用等内容的教学过程中,利用多媒体音视频课件可以形象地模拟演示许多物理过程,让学生感受到传统课堂教学中看不到的情景,加深学生对这些内容的理解,同时提高学生的学习兴趣,增强学生的学习主动性。

二、多媒体音视频辅助教学手段的功能

(一)多媒体音视频文件的内容选择

“大学物理”课程教学过程中多媒体音视频文件的选择要符合内容的科学性、课程的结合性、效果的趣味性。

“大学物理”第一次课,我们在讲授绪论时告诉学生,两个学期128个学时的“大学物理”课程涉及力学、热学、光学、电磁学、原子物理及近代物理等内容。仅仅通过观看内容框架结构图的PPT展示,学生很难直观地了解这门课程的内容梗概,为了让学生对课程所涉及的内容有深刻了解并产生兴趣,我们在绪论课上可以播放Discovery的视频文件《历史上的100个重大发现——物理学》,视频对人类历史上物理学方面的重大发现的展示,能够使学生直观地感受到物理学的神奇和科学之美。

第二学期的“大学物理”课程在讲授到近代物理的核能部分时,可以使用BBC地平线系列纪录片《爱因斯坦的生死方程式》。片子讲述了开创现代科学新纪元的伟大科学家、物理学家阿尔伯特·爱因斯坦与他那著名质能关系等式“E=MC2”的故事,再现了这个打开原子时代大门的生死方程式是如何永久地改变了历史以及爱因斯坦的一生的。通过观赏视频,学生能够深刻理解核能的原理及应用,同时对相关的历史有所了解,这也有助于提升学生课堂学习的主动性。

(二)多媒体音视频辅助教学手段是学校特色在理工科专业的延伸

中国传媒大学是一所以艺术类专业著称的综合性大学,理工科学生整体素质很高,但在学校浓郁的艺术氛围中,部分理工类专业学生对专业基础课的认识比较片面,大多数学生没有意识到将来所从事的传媒类工作及相关行业会与科技领域密切相关,对“大学物理”课程重要性的认识严重不足。同时,由于传统的“PPT公式推导+内容讲述”形式无法提升学生学习的积极性与主动性,课堂教学效果较差。

我校的理工科学生在传媒类技术的专业氛围中,对音视频形式的资料都比较感兴趣,对其内容的理解与接受也较传统的文字或PPT要快一些。我们采用传统PPT教学手段与音视频相结合的方式,将物理学的内容以图片、视频及文学传记的方式,结合PPT讲述呈献给同学们,使理论性很强的物理知识形象化、具体化、趣味化,激发学生的学习热情,改善学生的课堂学习效果,进而提高课堂教学质量。

三、多媒体音视频辅助教学手段内容的拓展

通过一段时间的教学实践，我们使用了一系列与“大学物理”课程相关的音视频教学手段，所涉及的音视频资料主要包括一些科教宣传片和纪录片，具体资料包括 Discovery 探索频道的《历史上的 100 个重大发现——物理学》《与霍金一起了解宇宙》《霍金与万物理论》，Discovery 科教记录《抢救切尔诺贝利》，国家地理频道《宇宙大怪兽：黑洞》，BBC 的《爱因斯坦三部曲》以及凤凰卫视的《我的中国心——钱学森》等。

在近几年的教学过程中，我们发现一些优秀的科幻类影视作品可以在视觉上给学生带来强烈的冲击，合理提取科幻电影中关于目前人类实际已经掌握的科学知识的情节和桥段，会对“大学物理”教学起到画龙点睛的作用。例如《地心引力》《星际穿越》和《火星救援》等优秀的科幻影视作品中一些桥段，让学生对在力学及相对论部分所学物理知识有深入了解，很大程度上提高了学生对物理学的兴趣。我们在讲授力学部分的动量守恒规律时，会播放影片《火星救援》中美国宇航员马克・沃特尼在太空中划破自己手掌部位的宇航服，通过控制手掌处气体的喷射方向，利用动量守恒定律，调整自己的飞行方向，最终获救的片段，让学生直观地感受动量守恒物理规律的内容和应用。这种视频展示的教学手段能有效地吸引学生的注意力，活跃课堂气氛。

通过对“大学物理”课程的研究，摸索出适合“大学物理”课程的理论知识教学及学生的科学素质培养的音视频辅助教学内容、教学方式及教学手段，实现教学内容的优化及教学手段的创新，提升学生的课堂积极性，激发学生听课主动性，提高学生的课堂听课质量，让学生走近物理世界的大门，在物理学五彩缤纷的世界里汲取营养、茁壮成长，学习物理学家们不断探索未知的精神，为将来步入社会打下坚实的基础。

〔田少华、刘开贤、王也，中国传媒大学理工学部〕

真实视频语料在“法语精读”翻转课堂中的应用研究

◈ 张　戈

引　言

2011 年,美国的两名化学教师——Aaron Sams 和 Jonathan Bergmann 将自己的教学视频上传到互联网,学生通过观看教学视频自主学习,翻转课堂由此诞生并在全世界教育界掀起了一场革命。所谓翻转,即与传统的教师在课堂上讲授知识的教学模式相反,翻转课堂要求学生在上课前通过观看教师自制的或其他视频材料自学课程内容,而课堂则用于解决疑难问题,学生合作完成有实践性和创造性的学习活动。视频教育是翻转课堂的重要创新理念,但我们不能简单地把翻转课堂的核心归结于课前观看视频。信息技术只是该教学模式的基础或手段,而这场教育革命的真正主旨是实现学习者的主导地位,变传统课堂中的被动学习为个人自主学习与团队合作活动的结合,从而引导学习者进入更高层次的思考(higher-order thinking,如评价、论述、预测等)。本文以非通用语教学中的核心基础课精读课为例,探讨真实视频语料在“法语精读”课中所扮演的重要角色,以及在精读课翻转课堂教学模式中的应用方式。

一、视频资源与翻转课堂

对于当今翻转课堂中所使用的视频“video”,不同学者有不同的命名,如“video podcasts”(Copley:2007),“audiographs”(Loomes et al.:2002),“vodcasts”(Vajoczki et al.:2010),“webcast”(Shim et al.:2007),都指的是从网络上获取的数字格式的视频短片或通过录制电脑屏幕并后期加入讲述性音频的视频文件(Taotao Long et al.:2016)。根据视频的来源,可以将在翻转课堂教学模式中被用于课前自学的视频分为三种类别:教师开发的视频 IDV(Instructor Developed Video);选择性视频资源 ASV

(Alternative Source Video),也就是来源于多媒体渠道(电视、互联网等)的原始的视频资源;他人的讲座视频GSL(Guest Speaker's Lecture,item)。不论是传统课堂,还是翻转课堂,视频以其简洁、便捷、形象化、省时等优势深受学习者喜爱,学生普遍认为通过视频进行学习非常有趣,并且能提高他们的学习热情。

视频具有以下教学功能:(1)可以给学生提供课前自学的素材;(2)可以通过他人的讲座视频引入特殊的话题;(3)对学习中出现的问题给出解决办法;(4)提供教学补充素材;(5)总结课堂所学知识;(6)让学生学会通过团队合作,对某一项任务进行调查、计划、实施,并分享自己完成的基于不同主题的视频成果。

然而在翻转课堂的推广和实践过程中,视频也暴露出诸多问题,例如很多学者提出翻转课堂所提倡的学生课外观看视频学习的方式等同于教师课堂上讲授,只不过翻转课堂需要用多媒体技术实现,是传统讲座的高科技版本(王聪,张凤娟:2015)。翻转课堂的教学理念要求教师具备较强的多媒体运用能力,熟练使用视频制作和剪辑软件,然而对于众多外语教师而言,这项能力很难在短时间内获得。

如何获取合适的教学视频?翻转课堂是否将学生课外自主学习的内容局限于教学视频?能否选择其他教学材料作为学生课下学习的资源?这些问题已成为教学法界学者关心的问题。

二、真实视频语料的社会符号特征

在众多视频资源中,为完成教学目标而在电视或网络上搜集的选择性视频资源ASV在教学实践中有着特殊的价值,特别是对于外语教学而言。这些视频并非为实现教学目的而特殊制作的,而是来自真实生活的多媒体资源,是用声音、影像、文字等多模态媒介所记录并传输的意义包。Halliday的功能语法探讨了语言作为人类交际系统的重要工具对社会行动的经验和形式进行阐释和编码的规律,他认为语法宽泛地指一种特定模式中元素间或模式之间的关系结构,这些结构随着时间的流逝而确立。Kress和Leeuwen将语言的语法延伸到包括视觉模式,他们认为,"正如语言的语法决定词如何组成小句、句子和语篇,视觉语法将描写所描绘的人物、地点和事物如何组成具有不同复杂程度的视觉的'陈述'。"(李战子:2003)包括教育在内的人类的诸多活动都需要通过识读语法来实现合作和共通。

传统的语言教学将识读能力限制在读和写上,而事实上,特别是在如今的全媒体时代,识读是具有社会性的活动,意味着具备有效参与融多种文本和科技为一体的社会活动的能力。"个人在群体中生存,是通过识读活动与具有共同信仰、价值观、身份和社会实践的社会群体联系起来的。识读活动发生在社会、文化环境中，是人们创造意义，表达身份，与自己所在的社会群体联系，与更广泛的文化、经济、政治、社会以及思想世界之间交流的社会和文化手段。"(Lasisi Ajayi：2011)

真实视频语料正是因其丰富多元的表意媒介，成为培养和锻炼外语学习者多模态识读能力的重要教学资源的。视频中的色彩搭配、拍摄角度和拍摄对象的选择，以及音乐、陈述等之间建立起一个意义选择网络，体现某一特定的社会文化群体固有的社会习惯和意识形态。动态的影像能够吸引学生积极投入到对视频素材意义的接收和整合，以及文化内涵的分析与挖掘之中，从而实现积极的、有意义的学习。

三、真实视频语料在"法语精读"翻转课堂中的应用

(一)现行"法语精读"课所存在的问题

在法语教学中，精读课程是最重要的基础课程。该课程以培养学生听、说、读、写、译等五项综合能力为目标，注重学生对语法、词汇的掌握和灵活运用，是学生成体系获取新的语言知识的最核心课程。由于精读课不是针对某一项语言能力而设置的专门课程，而是涉及综合的语言知识的输入，其授课内容庞杂，知识体系复杂。具体而言，现有精读课教学法在如下几个方面存在缺陷：

(1)以知识灌输为主的教学模式严重阻碍了学生的创造性思维的发展；

(2)学生被动接受知识，缺乏独立思考的空间，不可避免地偶尔接受教师的错误输入；

(3)有限的课堂时间导致学生没有充足机会在课堂上进行语言表达，而课后完成作业的过程又无法得到教师的有效监控，因此学习效果不佳；

(4)教师照本宣科的语法讲解让学生对精读课感到厌倦，降低了学生的学习兴趣，破坏了其学习积极性；

(5)在精读课堂中实践交际教学法时，不能对学生语言操练的时间和教师讲解的时间进行合理优化，常常出现精读课变成口语课的情况，影响教学进度，而学生也普遍认为这种教学方法"浪费时间，华而不实"。

2015年出台的"新国标"对法语专业人才提出了新的、更高的要求——既懂语言，又具备国际视野和跨文化交流能力，具备较强自主学习能力和思维能力的高级人才。对现行教学法进行改革，将课堂模式进行"翻转"，能够有效地将学生较为充足的课外时间和有限的课堂时间进行优化组合，在课堂上为学生提供充足并受到合理监控的语言表达机会，提高学生独立思考、解决问题的能力，帮助其完成知识内化。

（二）真实视频语料的分类和选择标准

来源于社会生活的真实视频语料按照内容可以分为以下几个类别：叙事题材的影视作品（电影、动画片、纪录片等）、电视新闻；娱乐题材的歌曲视频、广告视频；文化商业题材的宣传片；学术题材的演讲、讲座等。按照视频中视听媒介的分配，可将真实视频语料分为视觉通道优先（如广告视频）、听觉通道优先（如讲演、讲座）、视听双通道平衡（如影视作品）等三个类型。根据视频中的多模态符号所处的语境，可以将视频语料分为语境一致类（视频中的影像和对白涉及共同的文化、情景和交际目的，例如电影中的人物对话，人物语言内容与人物的形象、表情是处于同一语境的）、意义互补类（视频中的影像和声音所表现的意义是互补、说明或强化的关系，例如电视新闻中记者拍摄的实景与口播，通常是这类关系）、模态独立类（视频中的某一种模态符号作为表达意义的前景，例如以声音为表意前景的学术讲座）（张德禄：2012）。

在精读课的翻转课堂中，所有上述真实视频语料都能够在不同的教学环节中根据不同的教学内容和目标起到辅助教学的作用。事实上，在外语教学法的发展历史上，视频等真实语料作为外语教学的重要素材，其角色经历了三个时期的发展：语料导向时期（logique document）—支架导向时期（logique support）—信息获取导向时期（logique documentation）（Christian Puren：2013）。如今的“法语精读”教学模式依然是融合三个时期的特色为一体的博采众长的教学模式，当将课堂教学进行翻转时，也可以按照不同的教学重点实现如下三种形式的翻转课堂：

表1　真实视频在“法语精读”翻转课堂中的选择标准

教学重点与能力培养	视频语料在教学中的角色	对应的传统教学法	真实视频语料的选择	翻转课堂的教学环节
解读语料中的语言信息、文化信息，强调深入挖掘这些信息中所隐含的文化内涵。培养学生的多元识读能力	语料导向	积极法	视听双通道平衡的视频资源，且图像、声音、文字等不同模态的符号所表达的意义互补	用于翻转课堂前学生自主学习
操练某一语言形式（词汇、语法），锻炼和提高听、说、读、写中的某一项语言能力	支架导向	视听法、交际法	语料通常较短，语料中的信息通常是简单、明确、单纯的叙事，没有隐含文化内容，多模态符号处于相同语境	用于翻转课堂前学生自主学习，以及教师课堂讲授环节
完成某一指定的社会交际任务。训练学生在所提供的语料素材中分析、挖掘、搜索自己所需要的信息，以完成指定任务	信息获取导向	面向行动教学法、任务教学法	语料所包含的知识信息和文化信息丰富，长度一般较长	用于翻转课堂前学生自主学习

鉴于精读课是以讲授语法、词汇、文化等基础知识为核心内容的综合课程,翻转课堂的设计可以根据每堂课的教学目的而选择不同类型的真实视频语料作为学生自学或课堂分析的素材,也可以在同一次课程中引入多个视频素材,既强化语言知识,又包含对文化元素的探索。

(三)"法语精读"翻转课堂中真实视频语料的应用方法

学生课下观看视频、自主学习的过程,不应该只是像看电影、听讲座一样去欣赏这种动态的传播媒介,被动地接收信息,学生应该学会看视频的方法,分析视频的多模态符号表意的规律,从而更加透彻地理解语言、文化、社会三个层面的知识。C. Puren 于 2012 年提出了针对语言文化课堂中所使用的真实语料的任务分析理论框架(Modèle d'analyse par tâche,英文:Analysis Model by Task)(C. Puren:2012),旨在启发和引导学生积极思考和分析语料信息,进行口头或书面表达,最终实现语言知识和文化的融会贯通。这一理论框架适用于外语课堂各类真实语料的教学法,因而具有普遍的应用价值,详见表 2。

表 2 Puren 的任务分析理论框架

任务	定 义
预习(se préparer)(英文:prepare)	在讲授新知识之前,通过一系列口头或笔头活动,激活学生既有的与所学内容相关的知识和经验,保证语言输入顺利进行。
捕捉信息(repérer)(英文:identify)	在所学语料中捕捉相关信息。
分析(analyser)(英文:analyse)	将捕捉到的相关信息建立联系,为下一步的解读做准备。
解读(interpréter)(英文:interpret)	借助语料之外的知识深入解读语料信息。
举一反三(extrapoler)(英文:extraplate)	将语料内容与客观现实相联系,即结合所学知识,表达对客观现实的理解,或结合客观现实来解释语料内容。
反馈(réagir)(英文:react)	表达自己对所学内容的体验与感悟。
评判(juger)(英文:estimate)	客观而理性地发表自己对所学内容的看法与见解。
比较(comparer)(英文:compare)	将所学内容与自己的母语文化进行对比。
应用(transposer)(英文:transfer)	运用所学内容及知识解释本国文化。
拓展(prolonger)(英文:extrend)	激发学生的想象力和创造力,让其对所学内容及知识进行归纳、整合,做到融会贯通,并能以口头或书面方式表达出来。

真实视频语料作为外语课堂中重要的、有代表性的真实语料，有自己独特的符号特征和意义组织构架。不同于文学作品、连环画、平面广告等真实语料，视频是融合图像、文字、声音、动作等多模态符号为一体的媒介形式，其意义构建的语法更为复杂。依据 Halliday 的语言三大元功能理论，可以将视频中的多模态符号的功能分为“表现”（representational，探讨不同模态符号的概念关系）、“互动”（interactional，探讨视频中交际者之间的关系、态度）和“组篇”（compositional，探讨模态符号之间的意义衔接和连贯关系）（张德禄：2012）。结合 C. Puren 和 Halliday 的视频分析的理论和方法，我们总结出应用于“法语精读”翻转课堂的真实视频语料的学习模式：

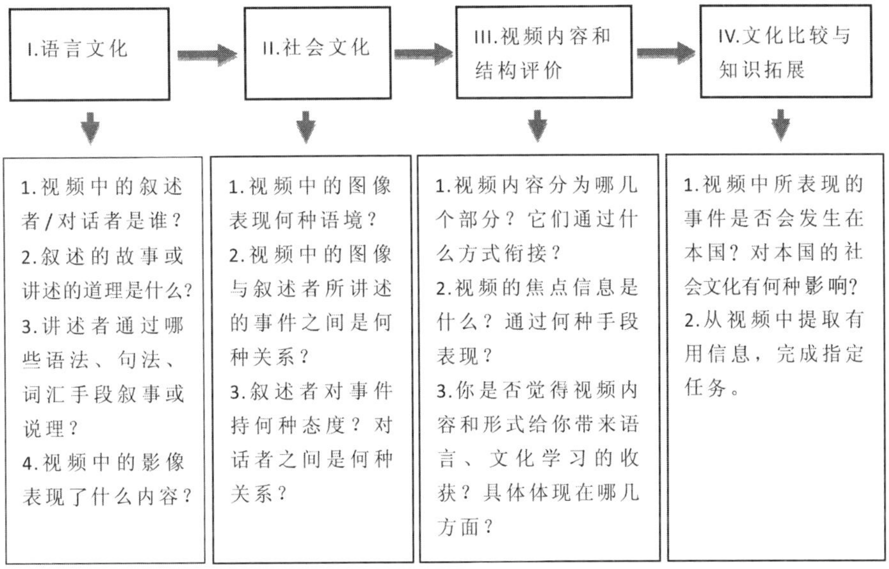

图 1 “法语精读”翻转课堂中真实视频语料的学习模式

真实视频资源的内容不同，学习者自学的方法和要完成的任务也是不同的。例如授课重点为语法“复合过去时”和“未完成过去时”，教师可以选择一段讲述过去故事的电影片段，让学生课前自学，在字幕的帮助下写出电影脚本，同时完成 I 和 II 阶段的自学；当授课重点为“法国的美食”这一文化内容时，教师可以让学生观看与法国美食有关的宣传片或纪录片，然后完成 I、II、III、IV 阶段的自学，最后完成指定任务，如“设计一段在法国餐馆就餐的情景对话”。为保证学生较好地完成视频自学，教师可以根据视频内容和教学重点预先设计自学作业，让学生观看视频后按照指定的步骤完成对视频的分析；在课堂讲授环节中，教师可以根据学生完成作业的情况，有重点地帮助学生解决问题。此外，四个自学阶段也可以转移到课堂中去，教师可以根据授课要点的难易程度灵活把握"翻转"的内容,力求做到既给学生自主学习的机会,又能够游刃有余地操控课堂。

结 语

"翻转课堂"的教学模式与其说是一种革命,不如说是教育领域新开拓的天地,其目的不是彻底改变已有的教学方法,而是在现有研究的基础上拓宽视野,开阔思维,取长补短。不同学科对翻转课堂教学模式的接受程度不同,所需要的视频内容和形式各异。对于外语教学而言,视频中的语言信息无疑是教学的核心,但视频中的图像、行动、音响等媒介副语言在与语言协同表意的过程中扮演着重要的角色,是外语教学不可忽视的社会文化知识。Taotao Long 等学者曾指出成功的翻转课堂要求教师提供以下四个条件(four pillars):灵活的教学环境,文化知识的渗透,有意识的内容学习,专业的指导(Taotao Long:2016)。因此,借用什么样的素材进行翻转并非固定模式、一成不变,"翻转"的最终目标是培养学生自主学习、积极参与、批判思考、独立解决现实生活中遇到的复杂问题的能力,本着该教学目标,遵循不同学科的教学规律,才能真正将翻转课堂的理念融会贯通。

〔张戈,中国传媒大学外国语学院〕

巴林大学创造力开发课程初探

◈ 宋金宝

一、引言

大学生创造力的培养是我国高等教育人才培养的重要内容之一，是提高大学生综合素质的重要教育环节，在培养学生的处事能力、协作能力，甚至领导和决策能力方面发挥着重要作用，是满足社会人才需求、促进大学生就业的重要手段。建设科技创新型国家和科技创新型城市已经成为国家、北京市的重要规划建设目标。中国传媒大学是我国信息传播领域的知名学府，在传媒内容和形式创新研究，传媒高新技术研发和为政府机关、企事业单位提供决策咨询服务等方面具有突出贡献和重要地位，是传媒科技创新的重要根据地。大量的传媒领域大学生科技创新成果经过引导、培育，转化为真正推动生产力发展的科技成果，促进国家、城市的经济发展。

随着知识经济的到来，国际竞争的不断加剧，经济社会发展战略实为人才发展战略，大学生创造力的培养质量已成为影响我国综合国力和国际竞争力的重要因素。高素质的创新型人才和关键领域应用型人才的培养，直接影响着我国科技领军人才队伍的质量，对我国在国际高科技领域中核心竞争力的形成具有重大的现实意义。因此，大学人才培养在我国整个高等教育系统中具有极为重要的战略地位，大学创新型人才培养是新时期我国人才战略的核心任务，是实施科教兴国战略和人才强国战略的重要举措，是提升国家核心竞争力、建设人才强国的必由之路，是推进我国经济社会发展、实现民族伟大复兴的必然选择，是时代赋予我们的艰巨而崇高的使命。

2015 年 3 月，中共中央、国务院发布了《关于深化体制机制改革加快实施创新驱动发展战略的若干意见》；2015 年 7 月，中央深改小组审议了《国家创新驱动发展战略纲要》，这两个文件构成了实施创新驱动发展的顶层设计。国务院还连续颁布了《中国制造 2025》、推进大众创业万众创新、推动“互联网＋”行动、深化高等学校创新创业教育改革的政策文件。

2015年7月至2016年7月，本人受中国传媒大学资助，在位于巴林首都麦纳麦的巴林大学（University of Bahrain，UOB）做访问学者，其间了解了巴林大学如何为学生提供良好的研发实践环境，培养学生的自主调研能力、动手开发能力和团队合作能力，深刻体会到了巴林大学的严谨学风，特别是对巴林大学的创造力开发课程体系，自己感受颇多，感慨良深，现将国外研修相关心得体会总结汇报如下，以期为中国传媒大学的教学改革集思广益、献计献策。

二、什么是创造力开发课程

“大众创业、万众创新”的核心是创造力，创造力是什么？普遍的看法是：只有特殊分子才是创造性人才，创造力只属于艺术领域。其实恰恰相反，每个人都具有创造能力，不管做什么事情，都可以发挥创造力，创造力不是自我表达那么简单，而需要扎实的学科训练和许多不同的技能。创造力是产生原创的想法的过程，并且这个想法是有价值的。不管在哪一个领域，完成需要创造力的工作一般都会历经多个过程。而且在有些情况下，创造性工作结束的地方可能并不是原先设想的地方。发挥创造力是一个动态的过程，其中通常会产生新的连接，不同学科交叉联动。创造力是基于“新”的思维，其成果对于所做的那个研究一定是新鲜原创的。创造力的发挥也暗示着某个人能对他正在做的事情做出鉴定性的判断，即判断这个结果是否是新鲜原创的，而这个结果可以是一个程序、一部动画、一首歌曲或者是一篇论文。每个人都有发挥创造力的潜能。创造力首先表现为想象力。例如，儿童天生具有想象力，孩子们的想象力能创造一个色彩斑斓的世界。然而，孩子们如此巨大的想象力却在其长大的过程中逐渐消失了。为什么人会在成长的过程中失去想象力？是大众教育的模式扼杀了我们的创造力。

巴林大学的创造力开发课程是动态管理的，是基于特定主题的，是适应大学生的兴趣、理解、知识基础和能力的。大一到大四的学生都有自己的创造力开发课程计划，课程根据不同学生的特点确定每个学生应该在这里学习什么。教师会认真地监督，确保每个学生的创造力开发课程计划的执行。

为什么巴林大学的创造力开发课程是有效的？因为这属于分众教育。巴林大学的学生们可以完全掌控自己的学习，可以从学校制定的一成不变的教学计划中解放出来，根据自己的兴趣、理解、知识基础和能力，来因人而异地制定基于个体特点的课程培养方案。学生们可以全身心地投入到符合自身兴趣、理解、知识基础和能力的创造力开发课程里。教师们会持续不断地观察监督学生的学习情况，并根据每个学生在创造力开发课程里的学习进展情况来调整和修正未来的学习培养计划。

三、如何培养创造力

怎么样才能开发创造力？兴趣和激情是创造的驱动力，对技能和知识的掌握是伴随而来的。学生们一旦产生了做某件事情的动机，他们自然会学会完成这件事情所需要的技能。学生们的创造热情膨胀，伴随而来的就是他们对于技能掌握的日益精进。而我们的高校教学往往重技能培训、重知识传授，轻兴趣培养、轻激情激发，这样如何深化学校创新教育改革？如何树立先进的创新教育理念？如何造就“大众创业、万众创新”的生力军？

创造的过程不是按照时间顺序进行的，并不是必须学会了所有必要的技术，才能开始动手创造。创造固然需要对技术和概念的掌握，但是并非需要在创造之前将其掌握。注重技术诚然可嘉，兴趣培养更为重要，片面强调技术会扼杀兴趣。比如我们的理科生从初中就开始学习化学，花时间做了无数的化学练习，多年下来，结果不是让学生们领会了化学的奇妙，而是一旦迈入大学，绝大部分学生选择不再学习化学。这类事情在我们身边发生得太多了。

培养创造力首先需要热情。热情从哪里来？要根据学生的个人特点发展他们的兴趣，也就是中国的那句老话——因材施教。创造是一个高度个性化的过程，我们每个人都有不同的天赋、不同的学习资质和理解事物时所使用的不同方法。提高学校的教学水平，就是要允许学生之间有不同，给不同留出空间，而不是拿一套标准要求每一个人。

创造力的发现和培养需要专业熟手。教学就像看病一样，病人希望专家针对自己的病症做出诊断和治疗，优秀的教师应根据具体学生和具体阶段的情况，及时对学生需求做出反应，对学生的精力和积极程度随时做出判断、调节，抓住双方互动的机会，这样的教学才有成效。优秀的教师是一所学校的心脏。优质的教改有三个基本功能：激发学生的热情，让学生以饱满的热情投入对专业知识技能的学习中；培养学生的信心，帮助学生获取相应的技能和知识，目的是使他们成为充满信心的、独立的学习者，将来能够不断汲取知识、发挥专长；发挥学生的创造力，允许学生试验、探究、提问，发展具有原创性思维的技能和性情倾向。

创造力的培养需要合适的环境，其繁荣需要教师的精心耕耘。给教师一个宽松自由的环境，使教师能根据各个学生的特点因材施教，而不是固守僵化的课程设置，因为担心赶不上统一的教学进度会受责备而失去创新意识。

僵化的教育体系会扼杀学生的创造力。例如中国传媒大学的课程设置“等级森严”，头牌是考试课、中间是考查课、底层是选修课，而创造力的课程培养是不分三六九等的，任何课程对于创造力而言都是同等重要的。目前中国传媒大学这种重理论、轻实践的课程设置不利于学生创造力的发挥。选修课的意义在于，学生可以在必修课学习的基础上选择自己喜欢的课程进行学习，找到自己的兴趣爱好，带着兴趣爱好去学习。这类课程可以充分利用学校各个学院各个专业的教学资源，对于培养高素质的全面型人才大有裨益。选修课可以拓展学生的知识与技能，发展学生的兴趣和特长，培养学生的个性，促进教师的专业成长，促进学校特色的形成与办学模式的多样化。

大学选修课是为丰富大学生的知识学习而开设的课程，其目的是让大学生在学好自己的专业课的同时，也能了解其他知识。由于我校有硬性要求：每个学生在大学期间必须修满一定学分的选修课，才能大学毕业。于是很多人就冲着学分去选课，也许一点兴趣也没有，但是为了学分，也要选，至于上不上则是另外一回事。结果是很多人选了自己完全不感兴趣的课程，然后就只在第一堂课去报到，之后就不再去上课了。于是可以看到这样一个现象：该门选修课的第一节课，教室爆满，后来的同学没有地方坐，只好站着听课；但是第二节课，教室就坐不满了。曾经有一位第一次开课的老师见到第一堂课的盛况时，想去学校申请一个更大的教室，结果一位有经验的老师告诉他：“不用了，下一堂课人一定会少的。”这位老师上第二堂课时发现：不光站着的人没有了，教室里还有空位了。大部分去上选修课的同学带着 mp3、杂志或者手机。听课？不如睡觉来得好，要是不行，摸出手机玩玩小游戏也行。尽管学校督导组对选修课，特别是公选课加大了督导力度，经常会有督导组的老同志去教室听课，然而这种做法只会起到督导教师的作用，对学生没有任何效果，因为没有惩罚措施，学生依然我行我素，对督导组的老师视若无睹。为什么我校的选修课会变成这样呢？因为我校现行的综合测评由于种种原因并没有将选修课纳入测评之内，这使得学生对于选修课的态度变成了“上多上少都一样，学好学坏都一样，只要按照学生手册的要求凑够相应的学分就万事大吉”。而这种现象与我们设置选修课的美好初衷大相径庭。另外，有些理工科的选修课是需要花费很多时间和精力的，对于部分对选修课很感兴趣，投入很多精力，学习很好，成绩也很高的同学来说，他们在选修课方面的投入在综合测评中体现不出来，这是不公平的。总而言之，中国传媒大学应当发挥全校教师的聪明才智，通过研究、调研、思考、总结，制订一套科学、公平、合理的，将选修课纳入综合测评的改革方案。学生是综合测评的对象，综合测评体系的优劣，关键在于是否有利于学生素质的全面提高，是否有利于学生创新能力和再学习能力的发挥。选修课不是必修课的陪衬，更不是必修课的附庸，它是一个独立的课程领域，有自己独特的目标、任务、优势和作用，是现代学校课程制度的重要支柱，不可或缺。学生综合测评体系不应是单一的、一成不变的。我们不能单从理论研究出发，而要立足于社会对人才质量的需求，将选修课纳入综合测评，这既能全面提高学生的素质，又能更好地提高教学质量，同时更加公正、公平地考核学生，逐步完善学生综合素质的评价体系。

巴林大学创造力开发课程的学生培养目标是：应该引导学生拓展其才能和兴趣；打破单一学科界限，加强学生对综合性学科、应用性知识的学习；与业界建立广泛的实践合作关系，让学生获得不同类型的第一手实习经验，要加强对学生实践能力的培养。

巴林大学的创造力开发课程设置具有三个特点：一是多样性，让每个学生有足够的机会发现他们的个人强项和兴趣；二是有深度，有合适的选择让学生深入发展自己的兴趣；三是流动性，给予不同年级的学生和不同专业的老师合作和交流的空间。

巴林大学的创造力开发课程会尽可能地安排一些与学期的培养目标相关的交叉课程。学生可以在独立的小课、模块化的课程以及特别活动周（比如科技周等）里学习一些与创造力开发相关的基础知识。

“巴林大学的创造力开发课程是严格的、迷人的和艰苦的。”巴林大学教务委员会主席 Sadeq 说。该课程强调对论文写作、问题解决、数学建模和计算机编程等技能的培养；强调在传授核心知识的同时，建立教学模块，通过模块化的方式把不同学科的更加先进的学术思想传授给学生。

巴林大学的创造力开发课程的终极目标是把学生培养成终身学习者。研究表明，2010 年全球 TOP10 需求职业在 2004 年还都是不存在的。也就是说，社会对职业技能的需求是与时俱进、不断发展变化的。世界上只有变化是不变的。如果我们不知道未来什么技能是社会需要的，那么我们如何去培养并发展学生呢？巴林大学的创造力开发课程就是要培养并发展未来社会需要的人才。

巴林大学的创造力开发课程培养积极的参与者。学生会积极回答老师的问题；认真听取并重视其他同学的方法和建议；积极参与课程讨论并提出建设性意见；积极与老师和同学分享自己的研究工作；善于符合逻辑的思考，并能把问题引入可管理的模块；积极参与可说服的、开放思想的争论；积极参与学校之外的社区创造性的活动。

巴林大学的创造力开发课程培养独立的探索者。学生会计划并执行一个研究项目；能够解释自己的决定，以及讨论或者陈述可能的结果；能够鉴别需要回答的问题以及需要解决的问题；能够在一系列的资料中分析并评估信息；能够在不同的观点中解释自己的办法；能够在自己的工作中选择使用最相关的、最有价值的方法。

巴林大学的创造力开发课程培养有反思的学习者。学生会喜欢与别人分享自己的学习成果;能够识别提高自己和别人工作效率的方法;能够积极地处理表扬、建设性的批评和挫折;能够用不同的方式交流自己的学习;能够通过积极的挑战实现自己的目标;能够通过拆分成小的目标、记学习笔记的方式和记录里程碑的形式来实现一个项目。

巴林大学的创造力开发课程培养有效率的团队工作者。学生能够认识和重视团队里每个人的价值;能够有效地管理一个团队来实现一个项目;能够认识到别人的努力和成功并学会表扬别人;能够学会讨论、妥协和同意其他人关于哪种是最好的完成工作的方法的见解;能够完成不同的团队目标以及赢得团队成员的尊重。

巴林大学的创造力开发课程培养严谨的自我管理者。学生能够及时完成课程作业并按时上交;能够展现首创精神和坚持不懈的精神;能够自始至终独立地完成某项工作;能够自我管理风险;能够控制自己的情绪;能够有效地管理自己需要的时间和资源;在寻求帮助之前能够进行思考并寻找解决问题的方法;在一项工作之中能够为不同的任务设定先后顺序。

巴林大学的创造力开发课程培养有创造性的思考者。学生能够思考新的主意;能够思考我们经常被安排去完成的事情;不怕改变想法和做新的事情,经常在自己感到舒服的环境之外做事情;能够想象创新的、令人激动的方法来改进自己的工作;能够在不同的想法之间建立联系。

中国传媒大学在文化创意、传媒科技领域具有突出的贡献,培养的大学生具备良好的传媒文化素养和科技基础。近几年,随着教育教学改革的不断深入和社会对高素质人才的需求变化,学校也越来越重视实践创新,重视大学生的创新创业能力。学校内部逐渐形成了“校园大课堂,传媒大舞台”的教育理念。在这个理念的指导下,学校里出现了很多大学生课外科技实践活动小组,在国家、北京市创新、创业竞赛等活动中都取得了良好的成绩。以大学生创业能力培养为立足点,以文化创意、传媒科技领域的创业孵化和服务为宗旨,为大学生创造力的开发培养提供良好的服务环境,对于增强大学生创新的积极性,创造学校创新互动环境具有重要意义。

四、结语

教育思想不是闭门造车的结果,而是通过长期的观察和实践得来的。本文结合作者在巴林大学的访学经历,介绍了巴林大学创造力开发课程的相关情况,并阐述了应如何培养大学生的创造力,以期为中国传媒大学的教学改革集思广益、献计献策。

〔宋金宝,中国传媒大学信息工程学院〕

文化传播视域下的汉语作为第二语言的教学研究

◈ 张未然

2013年，习近平总书记在全国宣传思想工作会议上提出了“讲好中国故事，传播好中国声音”，让世界看到中国优秀的传统文化、基本国情和中国特色。随着全球化的深入发展，世界已经变成了一个“地球村”，不同国家、不同民族的交流和互动越来越频繁。无论是对于中国自身的发展，还是对于“地球村”的和谐发展，汉语和中国文化的传播推广既是世界了解中国的需要，也是中国走向世界的需要，对提升中国国家影响力、促进中外多方交流和实施中国文化发展战略都发挥着重要作用。

语言是文化的载体，是一种特殊的文化力量，“语言的背后有东西，而且语言不能离开文化而存在”①。美国学者萨姆瓦也说：“语言不仅是一个转述经验的工具，而且，更为重要的是作为说话者解释经验的一种方法。换言之，文化的语言习惯帮助人们选择并解释那一语言化的世界。”②对于任何一门语言，其传播意义都大大超过了语言本身的发展价值。与军事力量和经济实力相比，语言是一种内隐的文化竞争力，语言及其所承载的文化价值和渗透力，在传播的效应上更为持久和深广。汉语作为第二语言的教学，不仅仅是要推广我们的语言，更重要的是将中国几千年来沉淀的优秀文化传播出去。在当前的国际化背景下，文化软实力已成为综合国力竞争的重要方面，成为一个民族凝聚力和创造力的力量源泉。因此，汉语作为第二语言的教学不仅要大力推广汉语，更要大力弘扬中华民族文化，加强国际文化交流，增强中国文化的影响力，通过促进世界文化多元发展消解西方文化霸权，通过文化和谐互动推进时代发展和进步。目前，一些国家已经将汉语教学纳入其主流教育体系当中，如在日本、韩国、美国、加拿大等国家，汉语已被列为大学入学考试的外语科目之一。全世界越来越多的国家和高等学校开设了汉语课程，全世界学习汉语的人数也日益增多。在这样的时代发展

① 萨丕尔.语言论[M].陆卓元，译.北京：商务印书馆，1985：196.

② 萨姆瓦.跨文化传通[M].陈南，龚光明，译.北京：生活·读书·新知三联书店，1981：28.

背景下，我们要抓住有利时机，大力支持汉语走向世界，实施中国文化“走出去”战略，为中国的发展赢得更大的空间。张德鑫先生就曾经说过：“汉语作为第二语言教学的宏观宗旨是弘扬中华文明，这从根本上决定了汉语作为第二语言教学就是传播中国文化。”①

汉语是中国人的母语，扎根于博大精深、源远流长的中国文化土壤，它在产生和发展过程中，自觉保存和传递着中国文化，记录着汉民族的历史进程，透视着汉民族的文化心态，蕴含着汉民族的思维方式。因此，汉语学习离不开对中国文化的学习，汉语教学离不开中国文化的教学，汉语的推广也离不开中国文化的传播。

20 世纪末到 21 世纪初，学界针对汉语作为第二语言的教学中的文化问题展开了激烈的论争，关于汉语作为第二语言教学中的文化教学定位问题出现了许多不同的声音，大家普遍认为在汉语作为第二语言教学中注重文化的传播会影响到语言的学习，但是就文化的定位而言，出现了两种截然不同的观点。一种观点认为文化在汉语作为第二语言教学中非常重要，在教学过程中应给予重视；另一种观点则秉承语言教学的传统，认为汉语作为第二语言教学的核心应该是语言教学，要重视语言本体研究和语言教学研究。

学习一种语言，首先要考虑到语言的交际功能，在语言交际过程中，不同的语言有不同的语用规则和文化规约。中国人在本民族文化影响下形成了自己独特的民族心理，这种特殊的文化精神直接影响到我们对汉语的理解和使用。如中国传统文化长期受儒家“中庸”思想的影响，这使得汉语语用的一大特点就是委婉含蓄，我们在语言和情感的表达中往往是内隐的、曲折的。因此，在汉语交际中，中国人常常表现出谦虚客套的一面，如“拙作”“浅见”“寒舍”等词汇，在交际中使用频繁。而对于来自别人的夸奖，中国人总是习惯性地坚辞不受，努力推脱，常用“哪里哪里”“过奖过奖”等回绝，并伴随窘迫的体态语言。这种言语交际文化是中国人在共同生活经历中逐步形成的关于周围世界、社会活动、人际交往、个人行为等的约定俗成的信念，这些信念直接影响着人们的言语行为，规约人们该说什么，不该说什么；该怎么说，不该怎么说，等等。由此看来，汉语不仅是一种语言系统，更是信息丰富的文化代码，因此，汉语作为第二语言的教学应该对汉语的文化品格和文化特质加以观照和阐释，如果只是简单地进行语言的训练而把其中蕴含的文化特质丢弃了，就无异于“买椟还珠”，以干瘪的知识取代了有灵性的文化意蕴。因此，强调对汉语的文化特征的把握，是积极有效地开展汉语

① 张德鑫.对外汉语教学本质之认识[C]//中国对外汉语教学学会第三次学术讨论会论文集.北京：北京语言学院出版社，1990：70.

作为第二语言教学的重要保证,也是汉语在世界范围内更好地传播的重要保证。

文化作为一种社会现象,具有民族性、区域性和时代性的特点,不同文化呈现出不同的形态,这种文化形态的差异反映到语言层面上,就表现为语言的差异。语言不能离开文化而独立存在,语言所表述的内容一定能反映其产生的整体背景,并与所显示的文化世界密切相关。所以,语言的学习并不是把语言所表述的表面内容掌握好就行了,而是学习者要进入到那个蕴含着文化背景的语言世界中去。在汉语作为第二语言的教学中,学习主体是一个特殊的群体,他们来自世界上的不同国家、不同地区和不同民族,有着呈现各自特色的母语特征、文化背景和民族心理,在思维方式和认知风格上都存在着不同程度的差异。如果学习者忽略文化的存在和不同语言间的差异性,就会对汉语所承载的文化信息产生不同程度的遗漏或误解,最终影响到教学的效果,也会影响到他们对汉语的掌握。文化在汉语作为第二语言的教学中作为汉语语言学习的一个重要组成部分,不仅能对理解和运用汉语语言产生重大影响,还影响着学生学习汉语的动机、兴趣等心理因素。汉语本身是一种比较难学的语言,语言的复杂、文化环境的陌生,常常让许多外国学生感到无比沮丧,有些人甚至丧失了学习汉语的积极性。底蕴深厚、意味独特的中国文化对外国学生充满着吸引力,我们在对国内学汉语的外国学生所做的调查中发现,虽然大多数外国学习者学习汉语的目的是以汉语为工具,从事与中国有关的职业或工作,其职业目的各不相同,但他们都有一个共同的愿望,那就是了解中国。很多学习者希望借助汉语学习深入了解中国的文化,也就是说,学习汉语的实用性动机和他们对中国文化的兴趣并不矛盾。而且外国学生往往对于中国文化表现出广泛的兴趣,中国的政治经济、人文地理、价值观念、思维特征、传统习俗、民族风情……他们几乎都想了解,各异其趣。在语言学习中适当导入一些文化内容不但可以提高学生的学习兴趣,还能促使学生积极使用目的语进行表达。因此,打破对语言纯“工具化”的认识倾向,增加语言学习的文化内涵,使学生在语言学习中有意识地习得文化,有助于实现学生汉语学习质的飞跃。

另外,传播是文化的本性,一切文化都是在传播的过程中得到发展的。国家汉办主任许琳针对当前汉语国际推广的形势和任务也提出:“通过汉语在世界各国的普及,有力地推动体现中华民族精神和价值观的优秀文化在世界各国的传播,让中华文化为世界的和谐、和平、稳定与发展作出应有的贡献。”① 国家汉办对汉语推广的主张为我们提供了一个新的视角,即语言的教学和文化的传播是不可分割的,我们的汉语作为第二语言的教学既要教授语言,又要传播文化。不但要通过文化背景知识的教学来帮

---

① 许琳.汉语加快走向世界是件大好事[J].语言文字应用,2006(S1):9.

助学生理解语言本身,而且要设法让学生通过汉语的学习全方位了解中国社会和文化。换句话说,语言教学的最终目的已不再是语言,而是传播被其他民族理解和认同的先进文化,通过本民族的先进文化促进世界的和谐与进步,通过语言贡献出本民族的智慧。从这个意义上讲,在汉语作为第二语言的教学中,"文化传播"是课程的终极目的。

过去的汉语作为第二语言教学由于受"语言工具论"的影响而存在中国文化缺失的问题,这严重削弱了教学的文化功能。因此,文化视域下的汉语作为第二语言教学应对教学和文化的关系重新定位,摒弃语言工具观,实现教学的文化自觉。要在汉语作为第二语言的教学中自觉地传播中国文化,主要通过两个方面来实现:要对中国文化传统进行深入挖掘、审视、体认,突出中国文化的深厚底蕴;要弘扬中国文化中的精华,强调它们在当今社会的世界价值。二者和谐并进,自觉反映中国文化的核心精神和民族特性。在汉语作为第二语言的教学过程中,教学实施者应将中国的文化精神、价值观念、审美情趣、民族智慧和理想人格,尤其是核心价值观的影响渗透融合在教学过程中,通过汉语的传播、文化的交流,加强对学习者汉语语言能力的训练和提高,突出汉语中优秀文化意识、文化观念的输入,使外国学生对汉语语言文字产生真正的热爱之情,对中国文化由衷地生发出赞叹和欣赏,进而使学生以一种全新的眼光去看待中国、看待自我,甚至能从中汲取各种文化营养,完成自身人格的自由发展和精神生活的重构。

当然,"弘扬中国文化"不是我们一厢情愿地将自己的文化强加于人,文化的接受就如同人体消化食物一样,一种文化不可能被完整地嫁接到另一个文化范式上去,往往只能先分解成许多要素,然后再被其他文化肌体有选择地吸收、加工、改造和利用。汉语作为第二语言的教学中的中国文化传播,就是循序渐进、推己及人地将我们民族优秀的文化要素渗透到教学中,彰显出中国的文化特质,"随风潜入夜,润物细无声",使文化成为一种潜移默化的力量,带领汉语学习者进人博大精深的中国语言文化的理想殿堂。文化的熏陶和影响是一个渐进的过程,因此在汉语作为第二语言的教学中,要兼顾语言和文化的双重维度,一方面要培养学生汉语语言交际的能力,使其把握住汉语纷繁复杂的魅力;另一方面,我们还要有足够的耐心和毅力,坚持不懈地传播我们的文化,将源远流长、博大精深的中华文明的种子潜移默化地植入外国学生的心中,使他们在了解和喜欢中国文化的同时,进一步加深与中国人民的友谊,从而实现语言学习和文化传播的交相辉映。

〔张未然,中国传媒大学文法学部〕

案例分析

ANLI FENXI

“时空”解构与“关联”建构

——以“当代世界经济与政治”为例的思政课教学研究

◈ 赵瑞琦

全球化与信息化在21世纪的迅速发展，进一步验证了马克思和恩格斯在《共产党宣言》中的判断——“一切国家的生产和消费都成为世界性的了。”作为全球第二经济大国和重要的政治大国，中国与世界的互动不断加强，内政与外交的界限日益模糊，中国融入世界的程度越来越深。如果缺乏对当代世界经济与政治的基本知识，对当代世界形势认知不清，将缺乏应有的全球视野和国际胸襟，所谓培养作为社会主义建设者的当代大学生“正确的观察社会现象、分析社会问题的立场和方法，正确的鉴别力、判断力、分析能力”的期许将是镜花水月、陷于空谈。

作为高校思想政治理论课(以下简称“思政课”)体系中的选修课，“当代世界经济与政治”(以下简称“当代”)具有定位高、专业性强的特点，能够通过当代国际经济与政治知识的传播，使学生了解多元文化与价值，培养学生的国际视野、国际意识和国际胸襟，并帮助其树立正确的世界观。一项问卷调查表明，选过该课的大学生对于本课程普遍予以认同；未选课的大学生相关基本知识相当匮乏，甚至连文科生也到了令人瞠目的程度。[①] 然而，像所有其他思政课一样，面对教学内容庞杂繁多、大学生知识渴求程度各不相同、动辄上百人的听课队伍制约师生互动等障碍，为了适应新的教学空间和学生认知模式的改变，克服课堂教育的局限，避免填鸭式教育，使学生在最短的时间内获得更多的观察世界的知识和方法，“当代”课程的改革和发展刻不容缓。

一、三个“教学空间”的挑战与三个“教育关联”的应对

进入21世纪，国际层面的一些新的态势和宏大场面已经出现：一是面对全球性的

---

① 申晓若，赵海滨.“当代世界经济与政治”课的教育价值和体系位置——来自大学生的认知与思考[J].社会主义研究，2009(5)：139-143.

共同问题,全人类都在政治上积极行动起来,寻找出路;二是世界格局仍处于转型过渡期,全球统治权正在变化当中,权力从传统欧美强国向新兴大国转移,并扩散至其他地区力量中心,世界格局有进入“碎片化”时代的征兆;三是围绕网络、海洋、太空、极地四大“全球公地”,角逐新边疆主导权与规则制定权的斗争愈演愈烈。[①] 这些趋势重塑了人类社会的传播景观、关系格局和行动方式。

在此背景下,对大学生而言,教学空间就涵盖了有形、无形和广义三个层面:有形空间是指教学活动得以展开的物质基础,在此基础上,教学活动的参与者之间产生的互动场,是无形空间;而转型期的中国社会、知识爆炸的时代、记忆外包式的知识搜索模式、复杂多变的国内外局势、互联网织就的全球化生活方式,则构成了当前大学教育的广义空间。

要处理好这三个空间的关系,在三尺讲台上与学生产生共鸣,头等重要的是克服课堂内容与社会现实的“两张皮”现象,建立三个关联:一是“教育关联”,即将课程中的观念、文本、教师、学生、媒介等诸多因素组合为动态网络,进行课程结构的内在联系建构;二是“社会关联”,关注变动不居的社会现实,将焦点、热点和难点问题融入现有的教学解释中,强调以本土文化为核心,建立道路自信、理论自信与制度自信;三是“文化关联”,注意联系本土的文化或价值观,同时兼容并蓄,关注其他文化的合理内核与普遍意义,最终建构和谐的世界观。

在此三类关联的建构过程中,要注意以学理分析为主,以意识形态因素为辅,淡化政治辩解和说教,采用灵活多变的教学模式,将科学(理性与逻辑)、故事(想象力与文化)与精神(直觉与创造性的结合)三者融合,改变照本宣科的填鸭式教学。

二、时空定位:塑造现实感与历史感

要对大学生的困惑进行疏解,对其认知进行建构,对其思想进行引导,再好的、再新的教材都无法包揽解决这个问题的知识基础。无疑,顶尖的教材能够集中体现本领域专家、学者的专业智慧和学科知识,是学生获得系统知识、发展智力、开阔视野的重要工具,但只有把教材的使用与对经典文献、社会实际和社会思想的研究结合起来,才能更加全面地体现教材的理论底蕴和张力。

然而,任何教材都是落后于现实的——实际上,部分大学教材内容陈旧是学生逃课的重要原因:经过编写、审核、校对、出版、发行等多个环节,图书出版周期再短,也难

① 赵瑞琦.国际新闻评论:为何、如何与何为[J].对外传播,2015(5):33.

以跟上知识更新和现实变化的速度——出版即落后是教材的宿命。"当代"的教材尤其如此。在日报出版周期都落后于重大新闻更新的时代,单靠教材,难以为学生传道、解惑。

同时,受新媒体的影响,大学生本就不多的读书时间受到挤压,网络阅读呈现碎片化、快餐化、娱乐化、功利化等不良倾向,大学生的学术知识一鳞半爪,既不系统,亦无深度,缺乏一个整体型的知识图谱。主动学习能力不够强,最终导致多数大学生对当代世界经济与政治的了解不够深入,难以形成历史眼光与宏观视野。

为此,在"当代"的教学内容组织上,要以教材为纲,但又不能照本宣科、唯课本论;除讲解课本内容外,还要从"五百年""十年""一年"和"一周"四个层面进行补充。

(一)从五百年看趋势,展示世界经济与政治的规律性启示

年份的划分只是为了方便人类纪年,而时代主题不会伴随纪年的更替而转换,比如,与布罗代尔将1350—1650年的300年时间视为"漫长的16世纪"一样,社会史学家阿瑞基(Arrighi G.)则提出:从英国资产阶级革命到第一次世界大战(1650—1915年)是另一个长时段的分期概念,即"漫长的19世纪";而霍布斯鲍姆则把从1914年第一次世界大战到1991年苏联解体称为"短促的20世纪"。

因此,为了对国际政治变迁形成一种整体的历史观和发展观,需要以1618年"30年战争"后所形成的现代国际关系体系为起点,通过讲解威斯特伐利亚体系、维也纳体系、凡尔赛—华盛顿体系的变迁,并对照雅尔塔体系,使学生明白:世界结构的不平衡是绝对的,平衡是相对的;由于武力和财富在空间分布上的不平等和不平衡,所形成的世界空间结构是不断运动的,一旦被统治力量的反抗突破临界点,就需要新的"上层建筑"来适应"生产力的发展"。

明白了这个道理,再理解20世纪80年代的"广场协议"、21世纪美国的"亚太再平衡战略"和中国的"一带一路"倡议,就是高屋建瓴、顺理成章了。

(二)以十年这个代际更替为时间段,阐明中国政府的国际政治与经济战略

经过数十年中国特色社会主义的实践,中国共产党在完成从革命党向执政党转变的过程中进一步走向成熟,权力交接日益制度化、规范化和程序化:每隔两届、十年,就会有一批肩负起治国理政重任的、具有时代特色的新鲜面孔登上中国最高政治舞台。当今中国快速发展,十年的周期足以容纳国内外环境的巨大变化,而历届中央政府也必在坚持改革开放不动摇的基本前提下,采取有自己特色的国际战略,以应对形势变化后的国际环境所带来的挑战。

因此，在讲解“当代舞台上的中国”这一部分时，要注意整体性与阶段性。比如，“十八大”报告对中国外交布局框架予以接纳并进行了充实完善，框架内涵开始发生深刻的变化。此后，中国高举“改革”的旗帜，在谋求国内可持续发展的同时，外交上的“有所作为”战略开始凸显，对国际环境进行了塑造，中国外交开始呈现新气象。① 在教学中，教师要总结好这些最新外交实践，讲深、讲透，加深学生的现实认知，使其准确地了解中国外交理念和实践，持续关心和支持中国外交。

（三）从过去一年看形势，找出引人注目的特点，把握住大局、看清时代主题、紧跟时代潮流

每年的国际形势都会令人眼花缭乱、目不暇接。当代大学生非常关注国际新闻，但是，如果沉溺于细节，就会只见树木、不见森林。因此，要专辟一节，从国际政治、经贸金融、能源气候、教育、科技、社会治理等几大领域看世界面貌和发展趋势。

授课老师所用素材的来源，除了日常积累和分析外，也可以利用、综合全球顶尖智库的年度研究成果。在此过程中，要注意所引用成果可能存在的立场、利益和世界观的差异，讲明中央“21 世纪头 20 年乃至更长的时间是我国需要紧紧抓住并充分用好的战略机遇期”这个判断的正确性。

（四）从过去一周看动态，发挥“把关人”作用，使学生在最短时间内了解最重要的世界经济与政治脉动

当前的国际形势是世界多极化、经济全球化、社会资讯化，动态的国际事件数量大、细节多、层面广。作为授课教师，要在政府把关、媒体把关之外，结合思想政治引导的要求，主动发挥“把关人”的作用，对一周国际大事进行“二次整合”，通过议程设置和舆论引导，带领大学生关注具有重要意义的动态，使其在有限的时间内获取最有用的信息。

在完成上述四点的同时，教师要注意不拘泥于教材对知识点讲解的框架安排和时间顺序，在新的情境和语境中对知识进行重新排列组合，在更广、更深、更实上下功夫，引导学生探究人类社会，尤其是国际关系的规律性，从千变万化的浪花中发现河床的规定性，掌握判断未来的能力和视野。

---

① 成志杰，李兴.十八大以来中国外交新变化[J].前线，2014(11)：44.

三、问题导向：打破教材壁垒，解释突发事件

高校思政课教师应该积极贯彻落实党中央的精神，把“问题导向”作为课堂教学设计的主导理念，用“问题意识”来抓住教学中的重点、难点，结合大学生关心的热点、焦点，激起他们的好奇心和求知欲，增强其主动学习、一探究竟的动力，从而收获良好的教学效果。

（一）收集学生问题

每次开学第一节课，通过发放和回收反馈纸的形式，让学生填写三方面内容：提出疑惑和问题、表达自身感受（即为何提出这个问题）、阐述自己的观点。由此，可以了解有共性的问题，并注意对这些“点菜”式问题进行解答；同时，也可以了解学生的现有水平，进而对教学大纲的内容进行重组，按多数学生的知识框架和认知水平进行课程讲授。

如此，既可调动学生的主体性，避免教师唱“独角戏”，又可以贴近学生学习实际，透彻解决其困惑，从而达到有的放矢、因材施教的目的。

（二）问题导向教学

面对众多全球性的重大议题，中国领导人以大国自觉与大国承担的心态建构着21世纪新型大国关系的路径：外交策略渐趋灵活，手腕也较过去圆融，强调有所作为，彰显中国特色、中国道路和中国模式。而与此相对，一些国家根据历史中“国强必霸”的逻辑，不怀好意地传播“中国威胁论”，公开主张围堵、遏制中国。在这种情况下，中国与外部世界的互动甚至是摩擦会越来越多，一些重大的外交举措和外交事件会不断出现。

对此，“当代”的教学就不能“两耳不闻窗外事”，闷头按照教材的体系安排进度，而应理论联系实际，宏观“探照”与具体“解剖”相结合，让教材向社会延伸，将知识与现实结合，突出课程的时代性、现实贴近性；在看清国际体系的变迁、国际社会的变化的前提下，明确立场的表达，既把中国外交战略、战术和实践的合理性讲清楚，也要注意现实问题的历史教训与国际经验。

（三）专业而不专业化：实际联系理论，突出理论的解释力

德国古典哲学的主要代表谢林1802年在耶拿大学讲授学术研究方法时曾说：“对

思辨的畏惧，即所谓的从研究理论的东西逃入研究纯粹实践的东西，在行动中所起的作用，如同在知识中所起的作用一样，必然都是浅薄的。对理论严密的哲学研究，使我们对理念有了最直接的了解，而且，只有理念才重视行动并且赋予行动以伦理的意义。”这就是说，只有获得了一种理论观点的认识，才真正有能力确定行动的方向。①

作为国与国之间关系分析的科学框架，国际关系理论有描述、解释、研究、评估和预测国际动态的功能，其解释力有助于学生了解和把握国际问题，并由此从课上到课下，帮助学生培养主动分析国际问题的能力。由于国际政治、经济所涉及的议题非常分散，观察视角异常多样，为了化繁就简、保证统一性，需要在叙述中贯穿更浓的学理色彩，从而使问题的讲解大者高屋建瓴，中者条分缕析，小者洞幽烛微。

不过，“当代”毕竟不是国际关系专业课教育，也不必着力太多，把国际关系学中对一些典型情景的归纳，如离岸平衡者、地缘政治、地缘经济、安全困境、相互确保摧毁等讲清楚即可。在此过程中，要注意结合史论，避免枯燥的抽象。比如，在讲述二战后的世界两极格局时，可以引入国际关系理论中的现实主义学派，为学生展现现实主义流派的实力至上、势力均衡和安全困境等特征；在分析勃列日涅夫过世后苏联领导集体高龄化、领导人接连去世的现象时，点出国际关系的不确定性及偶发因素的重要作用；在讲述冷战后世界经济进入高速发展阶段时，要强化学生对国际关系理论另一个主流学派——自由主义的认知，如通过中美之间的经济联系促进了政治关系发展的例子，表达自由主义对于国家间基于共同利益、合作利益追求共赢的认可，进而再从两国社会传统、社会习惯以及主流价值观的不同导致的各种摩擦与互相猜疑，引出国际关系理论中的建构主义：中美两国之间应通过深入的交流与互相了解，促进对于彼此价值观的认识与接纳，从而增进两国关系，构建新型大国关系。

这些有解释力的相关理论可以制成单独课件上传到网络学堂或公共邮箱，便于学生课前预习、课后复习，加深理解。

四、因材施教：贴近学生专业与认知模式

教学是个动态的过程，教师是课堂教学的关键，贴近学生特点、因材施教则是成功进行课堂教学的重中之重。在“当代”教学过程中，因材施教除了前述了解与适应学生水平外，还包括贴近学生专业特点和适应学生认知模式两个方面。

---

① 哈贝马斯.作为“意识形态”的技术与科学[M].李黎，等，译.北京：学林出版社，1999：119.

(一)贴近专业特点

国际政治、经济知识庞杂而烦琐,可以用很多线索串起来,也可以从很多不同的角度切入,比如地缘政治、地缘经济、传媒外交、技术发展、力量变迁、国际组织等。因此,在课堂内容设计上,要避免照本宣科,把国际政治、经济内容与学生所学专业结合起来,体现专业特色。比如,针对新闻传播学的学生,可以从传媒外交和新闻报道的角度,讲述重大国际问题中传媒、新闻报道和记者所发挥的作用——二战以后最典型的例子是美国媒体在越南战争、海湾战争、美国出兵干涉索马里内战中发挥的重要甚至决定性作用——如此,就可以从国际形势和新闻传播两个角度拓展其知识面与视野。

同时,开列尽可能多的阅读书目,使各种专业的学生都能从中找到自己感兴趣的图书。当然,这些书目要经过精心挑选,从深度和广度两个层面增强学生把握国际政治、经济形势的能力。

(二)引导"记忆外包"

因为思政课大多是百人左右的大班,对思政课的不重视心理,"广场效应"所导致的责任分散(不在乎教师的不满、不在意教师的警告),教师在上面"指点江山"、学生低头看手机的问题非常普遍。

对于出生于20世纪90年代的大学生来讲,网络已经融入他们的生活,虚拟世界和现实世界对他们同等重要,相关的利弊得失分析成果已如汗牛充栋,不再赘述。在此仅提及网络环境对记忆的影响。目前,在学生的学习过程中,"记忆外包"现象越来越严重:他们越来越依赖互联网上那个容量巨大、易于检索的人工记忆。对此,有学者担忧这会导致文明消亡:人们在享受互联网带来的便捷的信息获取方式时,也在一点点失去自身原本拥有的处理和存储信息的能力——记忆。同时,数字时代的快捷、多元传播也使大量的"非专业研究者"有了更多的发表意见的机会,这使得所谓"学术权威"难以形成,最终催生一种鱼龙混杂、良莠难分的网络学习环境。

对此,屏蔽信号和没收手机是没用的。堵不如疏——在提出可行的解决方案之前,要避免"治疗比疾病本身更糟"的情况,切忌抽刀断水、持索捕风的短视行为。对于信息技术尤其如此,因为信息流动的状况与前景关乎国家发展。

为了跟上学生的节奏,适应他们的需求,教师要更好地发挥学习的领路人和催化剂的作用,引导学生更好地利用网络进行学习。比如,在进行随堂测试的时候,可以让他们利用手机或电脑查询相关知识,但要引导他们去关注重要的网站、关注权威的信息,而不是去一些论坛或网络聊天室中吸收或呼应某些极端观点;进而引导他们学习如何检索、核对、判断、选择和处理国际经济与政治信息,提高其在使用各类信息时的分析和鉴别能力。

(三)考核形式

时代的发展要求我们必须改革传统简单的考核方式,而采用多元化复合型考核体系。选择适合"当代"特点的、科学的考试和考核方式,既是检验教学成果的重要手段,也有利于学生巩固所学知识。

"当代"培养的是视野而非细节,因此,采用撰写论文的方式进行考核是合适的。但是,一篇结课论文是不能判定学生的求知精神和学习效果的,因此,结课论文要与随堂测试和小组 PPT 展示相结合,鼓励学生不仅从自己的个性、爱好出发,还可紧密结合自己所学专业来完成规定作业。当然,限于专业特点和学习要求,结课成果展示方式不宜过于讨巧甚至庸俗化,适用于其他思政课的考核方式,如考证、年表、诗歌、剧本、散文、雕塑等,对于"当代"是不适合的。

五、价值判断:基于理论与事实的方向引领

人文社科本就强调思想、价值、精神和文化等因素,而作为以国际问题为研究对象、提供独具中国特色的系统化阐释的学科,"当代"不同于"国际关系理论"与"国际关系史"的最重要的一点在于:这门课是在马克思主义方法指引下,在理论与事实的基础上进行价值判断的。

(一)运用马克思主义理论作为指导

马克思主义国际关系理论有着显而易见的科学性、实践性和与时俱进的生命力,为我们认识国际关系实质奠定了科学的世界观基础;为透析国际关系问题提供了科学的方法论;为辨别国际关系现象确立了公正的价值标准;为处理国际关系事务提出了正确的行为准则;为推进国际关系优化指明了必然的发展方向。① 因此,在"当代"的教学中,要注意马克思主义理论的适用性和指导性,要用马克思主义辩证唯物主义和历史唯物主义作为课程的方法论,阐释政治、经济现实及其互动关系。

以己之昏昏,焉能使人昭昭。作为教师,要深入了解马克思主义国际关系理论,才能在知识结构、学术素养、国际观、品位和眼界等层面得到完善。对于很多讲授"当代"

---

① 李爱华.马克思主义国际关系理论专题研究[M].北京:人民出版社,2013.

的教师而言，需要恶补的知识，从阐述者构成来看，既包括马克思、恩格斯、列宁以及中国历代领导人，也包括西方马克思主义者，比如葛兰西、沃勒斯坦、科克斯等人的国际关系思想；从内容构成来看，主要包括唯物世界观、政治辩证法、阶级主体论、国际政治发展论、世界体系理论和人类解放与自由人联合体的向往等方面。

（二）讲清楚中国外交的道义正当性

"当代"最主要的功能，是使大学生们更好地理解中国政策主张的意义，自觉贯彻中国的国际立场。为此，在讲解各种国际政治、经济历史、热点事件时，在对现象与问题进行说明和分析的过程中，要注意点明中国外交战略与策略的合理、合法与正当性。

当然，在此过程中，要注意逻辑论证的合理性，要灵活、有机地将立场表达、观点介绍和理论方法的运用结合在一起，从而使理论上的分析不那么刻板、深奥，显得较为生动和易于接受。① 比如，针对日本扰乱国际视听的所谓"中国相当于一战前的德国"的言论、国际关系中所谓"老大、老二必有一战"的"修昔底德陷阱"等说法，要通过分析中国新一届政府的新思想、新举措来阐明"中国主张"，宣介"中国前景"，讲述"中国机遇"和"中国担当"，从而达到拨乱反正的目的。

由于当代世界经济与政治形势变动不居，重大事件层出不穷，对于"当代"教学的研究和实践，永远在路上。而由于"当代"能帮助大学生用唯物主义观点和方法观察世界，了解和认识中国外交，这种研究和实践对于培养新一代社会主义建设者来说，也至关重要。

〔赵瑞琦，中国传媒大学马克思主义学院〕

① 罗天虹."当代世界经济与政治"学科体系的演变[J].教学与研究，2013(10)：47.

关于应用“微课”等辅助教学手段的探讨

◆ 殷复莲　王颜颜

一、绪论

21世纪,互联网发展进入“微时代”,像微博、微信改变了人们的生活和信息获取方式一样,与其思路一脉相承,突出“微时代”特点的“微课”最近也成了教学工作改革中的一个热点。与其他新生事物一样,“微课”在经历了抵触、争议、探索之后,已经逐渐被业界所熟悉与认可,越来越多的教师将“微课”这种形式纳入了课程教育当中,越来越多的学生也逐渐熟悉了通过“微课”学习课程的这种获取知识的方式。

在探讨“微课”的有关问题之前,我们首先应明确“微课”的定义。“微课”的定义并不明确、唯一,特别是进入2013年以来,众多专家、学者都对“微课”进行了各方面的定义。百度百科上给出了“微课”的一种定义方式:“‘微课’是指教师在课堂内外教育、教学过程中,围绕某个知识点(重点、难点、疑点)或技能等单一教学任务进行教学的一种教学方式,它具有目标明确、针对性强和教学时间短的特点。”这个定义很好地概括了“微课”的内容和特点,我们使用“微课”,就是要得到更好的教学效果;为达到这一目的,我们就要利用好“微课”的这些特点。本文将从应用“微课”的目的、“微课”的定位以及如何使用“微课”几个方面,探讨“微课”在教学工作中的应用。

二、应用“微课”的目的

“微课”的出现其实与时代的发展是同步的,这个时代的节奏越来越快,人们日常生活的日程表正在被越来越多的事物所占据而被安排得越发紧凑,人们已经没有了秉烛夜读的条件与雅兴,而现代社会对于人们获得知识与资讯的要求却不但没有降低,反而显著提高了。在这种条件下,突出“微”特点的微博和微信等微阅读方式渐渐被现代社会的人们所采纳。一篇文章多则千余字，少则百十来字，或配以信息量充足的图表，或配以主题明确、观点鲜明的图片，目的都是向信息的受众准确传递信息、阐明观点，这种形式最大限度地满足了现代公众利用尽可能短的时间获取尽可能多的信息的实际需求，因此微博与微信在这个时代大行其道有其必然的道理。有社会学者认为，该时代信息传播"碎片化"已成为一种大的趋势。

"微课"就是在如今这个时代背景之下出现的，在日常生活中习惯了微博、微信这种信息获取方式的学生，对于"微课"的接纳可以说是水到渠成。习惯了上述"碎片化"阅读方式的学生，可能对于传统的教学方式会表现出不同程度的排异反应，教师采用传统的45分钟填鸭式的授课方式可能并不能再得到很好的课堂效果，这也就是教学改革的必要性和迫切性。为了最高程度地保障教学效果，有针对性地进行授课活动，就必须改革教学方式，"微课"就是教学方式改革中的一种手段，其目的与前述教学改革的目的一致。

三、"微课"的定位

关于"微课"的定位也有很多种说法，就像当初PPT等新生科技手段进课堂时一样，"微课"也成为一时之热潮。在围绕"微课"的各种声音中，有些将"微课"绝对化、神圣化的说法，认为"微课"的出现将彻底颠覆传统的教学方式和方法。诚然，"微课"在教学生动、活泼、节奏快的同时，还可以嵌入大量的现代科技手段的特点与优势是客观存在的，但若因此而认为"微课"是万能的，是适用于所有教学环境和内容的，则有失偏颇。本文认为，对"微课"这一概念的理解与使用都不能脱离它本身的性质，即"微课"仅是一种教学方式，而不是教学活动的全部，它并不是唯一且必须被采纳的，而应该根据教学内容、教学环境的不同灵活运用，也即任何教学形式的选择都不能脱离"教学形式为教学内容服务"的根本宗旨。

将"微课"理解为一种教学方式后，就应当明确其适用情境，那么"微课"适合在什么情况下选择呢？前文所述"微课"的定义中给出了一种观点，即"在课堂内外教育、教学过程中围绕某个知识点（重点、难点、疑点）或技能等单一教学任务进行教学"，本文基本认同这一观点，这也就是我们说"微课"只是一种可选择的教学方式的原因。"微课"的形式与特点可能不适用于要求纲目结构缜密，要求对知识的整体逻辑层次有深入理解的情况，这种内容的教学还是应该采用传统的教学方式，这主要是因为这种教学内容需要教学时间的保障，才能使学生深入理解，同时需要严肃的教学环境作为保障，保证学生可以心无旁骛地投入到学习中，从而理解这种较为晦涩或者逻辑结构性较强的知识内容，而“微课”的教学方式不具备这种特点。但在案例教学或者需要借助多媒体手段进行辅助的教学中，“微课”就有了发挥的空间，“微课”可以凭借其轻松、活泼的教学特点，更生动、全面、直观地阐述课程内容。

“微课”的另一种适用情况就是作为课堂教学的辅助手段而存在，特别是在学生课业压力较大的学习阶段。在这种情况下，单一的课堂教育可能很难满足学生的需求，学生需要在课堂之外也能够得到教师的指导，“微课”也就有了发挥的空间，教师可以采用“微课”的方式有针对性地对某一知识单元的某一内容进行重点阐述。这种方式不受课堂教学时间的限制，学生可以通过灵活安排学习时间进行自主学习与个性化学习，对知识进行查漏补缺，从而得到更好的学习效果。

四、如何使用“微课”

在明确了“微课”教学的特点和适用环境之后，我们就可以更灵活地选择教学方式，但更好的教学效果并不是采用了合适的教学方式之后一蹴而就的，还需要我们利用“微课”这种教学方式的特点，有针对性地准备授课内容，如此我们才能期待获得良好的教学效果。本文认为“微课”的制作应当注意如下三个方面。

（一）授课时间

“微课”的首要特点就是“微”，也就是要控制好时间，要适应现代社会“碎片化”阅读的特点，在尽可能短的时间内完成课程教学任务。一般的“微课”以 20 分钟之内为宜，授课节奏要明快，不能拖拉。

（二）授课内容

可能有人觉得，由于“微课”相比于课堂教学，形式更灵活，也没有课堂教学的那种严肃感，所以在授课内容的准备上可以随意一些，甚至可以不用准备，即兴发挥即可，这也符合“微课”轻松、活泼的特点。但本文认为并非如此，相比于课堂教学，“微课”的严肃感确实没有那么强，但也正是因为这种特点，“微课”反而要求授课者有更充分的准备。因为在课堂教学中，授课者和学生是有着非常鲜明的社会属性的，也就是说，教师的身份使授课者相对于学生占据着天然的强势地位，课堂教学完全由授课者主导，学生只能聆听而不能选择。但“微课”这种形式就全然不同了，授课者虽然还具有教师的身份，但这种身份感被大幅度削弱了，学生有了更多的选择权，可以选择不同的授课者，学生手中的鼠标和界面窗口右上角的红叉随时可以终结一场准备并不充分或者效果不佳的“微课”。所以从教学态度来说,“微课”的授课者应该准备得更为充分。

由于授课时间的限制,授课者也应有针对性地准备内容,在授课内容的选择上不能贪多图全,应当有所侧重、主题突出,一节“微课”解决一个知识点或者阐述一个内容即可。同时在授课方式上,虽不能要求字字珠玑,但授课也应当尽可能简洁、直观,语言风格轻松随意,要更多地借助多媒体等现代教学手段,以便充分地利用“微课”的优势与特点。

(三)互动性

“微课”的平台一般都建立在互联网之上,因此互动性就是“微课”所具备的天然属性。“微课”的授课者要充分利用这一特点,通过互联网平台与听者进行积极的交流,及时获得关于“微课”课程的教学反馈,及时调整修改教案,将这种活动结果体现在“微课”教学当中。

五、总结

在对上述内容进行了充分的讨论后,希望授课者对于“微课”有更为充分而全面的认识。总的来说,本文认为“微课”仅是一种教学方式,本着“重要的事情说三遍”的原则,本文再次强调“教学方式为教学内容服务”的观点,授课者要正确认识“微课”,准确选择授课方式,从而不断优化教学效果。在选择了“微课”的教学方式后,授课者要充分认识“微课”的特点,在此基础上利用这些特点,斟酌授课内容和手段,充分准备,注重互动反馈,从而制作出一节真正高水平的“微课”。

〔殷复莲、王颜颜,中国传媒大学理工学部信息工程学院〕

基于翻转课堂的电路分析课程教学模式研究

◈ 孙象然

一、前言

近些年,国内外教育领域的变革日新月异,2011年以来,慕课教育(MOOC)、翻转课堂(Flipped Class Model)、可汗学院(Khan Academy)微课视频以及TED视频风靡世界,颠覆了整个教育界。新兴的教育理念和教学方法给高校教育的内容和形式带来了巨大推动和变革,如何将新的理念、方法和技术手段融入到高等教育教学中,促进教学的改革和发展,成为每个高校教师所面对的机遇和挑战。“电路分析”课程是电气信息类专业的技术基础课,在整个专业的课程体系中起着承前启后的重要作用,如何提高教学水平和教学质量,激发学生的主动性和创造性,是任课教师坚持摸索和研究的课题。而翻转课堂具有以学生为中心、学生自主学习、师生互动、直接指导和建议式学习融合、教学内容可永久保存、所有学生参与学习并获得个性化教育等特征。将翻转课堂的教学模式引入到“电路分析”课程的教学过程中,必然会激发学生自主学习的积极性,推动学生学习效果和教师教学质量的双重提高。

二、翻转课堂

(一)翻转课堂概述

翻转课堂,又称为“反转课堂”,是学生在课前自己观看教学视频、完成知识学习,在课堂上完成作业与知识内化的一种教学形态,与传统的教师在课堂上讲授知识,学生课上学习、课后完成作业的教学模式正好相反。翻转课堂起源于美国科罗拉多州落基山的林地公园高中。2007年春,该校化学教师乔纳森·伯尔曼和亚伦·萨姆斯为解决学生经常因为天气或路途遥远等原因不能按时到校上课而落下很多课程,以至于跟不上教师上课步调的问题，开始使用录屏软件录制 PowerPoint 演示文稿的操作过程以及教师讲课的声音，并将视频上传到网络，借此帮助不能按时上课的学生。后来，两位教师就尝试颠倒传统的教学模式，让学生课前在家观看教师提前录制的视频，课堂上完成作业。在实施这一模式后，教学效果超出了人们的预想，翻转课堂因此在美国各个学校得到大力推广。2011 年，可汗学院发起人萨尔曼·可汗在 TED 上做的一个题为“用视频重塑教育”的演讲引起了国内外教育研究者对翻转课堂的广泛关注，由此，全球视频公开课、可汗学院的盛行成为翻转课堂得以迅速发展的关键性推动因素。

哈佛大学物理学教授埃里克·马祖尔认为学习分为两个步骤：第一步是知识的传递，第二步是知识的内化。传统教学只注重学习过程的第一部分——知识的传递，并把这一过程作为最重要的课堂环节，而忽略了更重要的知识内化的部分，结果是本应用于师生互动、同伴协作和交流的课堂常常被教师一个人占用，来进行知识的传授。事实证明，群体教学和个体差异的矛盾使得用课堂时间传递知识注定是一种有缺陷的方法。Eric Mazur 教授提出，由于新网络科技让知识的传授变得便捷和容易，教师应该改变教学模式，把教学重心和时间放到第二步。换言之，就是把“吸收内化”这一重要的过程放在课堂上。翻转课堂的实施，正好顺应了这一趋势。

（二）翻转课堂的特征

1. 师生角色的转变

教师在翻转课堂教学模式中，由传统课堂上的知识传授者变成学生学习过程的监督者和指导者。一方面，这给教师带来了新的挑战，要求教师在教学中能够熟练地掌握各种学习活动形式，比如基于问题的学习、基于项目的学习、小组学习、游戏化学习等。另一方面，教师由教学内容的传播者转变为微课视频以及多种形式教学资源的设计者、制作者和提供者，能够为学生提供丰富的、形式多样的教学资源和资料。对于学生来说，学生成为整个教学过程中的主角，而不再是传统课堂上被动的听众和知识的接受者。学生在课堂上通过小组的讨论学习和协作学习等形式来自主完成对所学知识的理解和吸收。学生还可以根据自身的特点和情况，选择自主学习的时间和地点，也可以自主控制学习内容和进程。

2. 教学时间的改变

翻转课堂的教学模式减少了教师在课堂教学过程中讲授的时间，学生自主学习和交流讨论的时间增多。这种时间分配上的改变是翻转课堂的核心特点。在翻转课堂模式中，学生可以通过网络和多媒体技术在课前自主学习完成传统课堂上讲授的内容，而在课堂上，教师和学生有针对性地进行互动。充分利用课前学习时间来实现教与学总体时间的延长，可以帮助学生深度内化知识，从而提高学习效率。

3. 学习中互动的加强

教学活动中互动性的增强也是翻转课堂的一个显著特点。课堂上互动时间的增加，有效地促进了教师和学生以及学生与学生之间的互动。由于学生通过微课视频和学习资源对课程进行了一定程度的自主学习，课堂上主要是学生提问、教师解答和学生之间进行讨论交流等，这种形式充分提升了学生在课堂上的主体意识，使其能够积极地参与到学习过程中。教师在互动过程中也能够更好地对学生的学习状态和程度进行评价，从而使课堂上的师生互动具有更强的针对性和有效性。

三、"电路分析"课程特点

"电路分析"课程在电气信息类专业的人才培养方案和课程体系中起着承前启后的作用，是电气信息类各专业的基础课和核心必修课。其任务是使学生了解电路理论的基本框架，掌握电路分析的基本概念、基本定律和基本方法，具备分析电路的基本技能，了解电路设计的基本方法。通过该课程的学习，学生具备了电气信息类专业人才应具有的基础专业技能，为后续专业课程的学习奠定了坚实的理论基础。图 1 为电气信息类专业的相关课程，从图 1 中可以看出，"电路分析"课程在整个电气信息类专业人才培养方案中所处的重要地位。

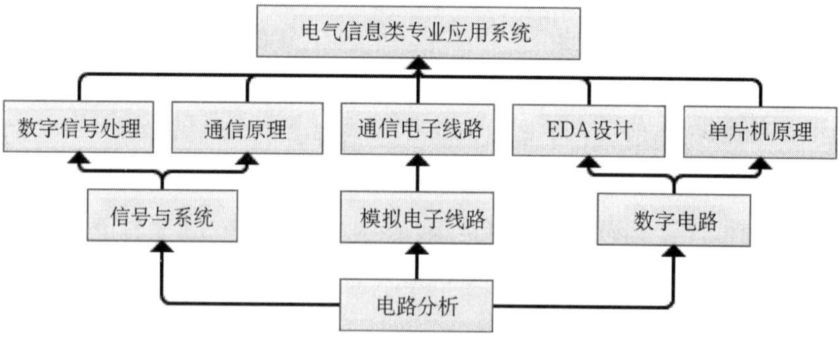

图 1　电路分析和电气信息类专业课程

"电路分析"课程的主要特点是理论性强、抽象性强、涉及数学知识较多，注重逻辑性和综合性。其分析主要针对集总电路，其基本结构可归纳为：一个假设（集总假设），两类约束(拓扑约束和元件约束)和三大基本方法(叠加、分解和变换域方法)。它们连同相关的定义、概念、定理、方法、公式等内容组成课程的整体。教师在传授各章知识时要注意知识点间的连贯性,紧紧把握基本概念、基本定律和基本方法,并用它们来讨论新的问题。

四、"电路分析"课程的翻转课堂教学模式设计

将翻转课堂的教学模式引入"电路分析"课程的教学中,有利于培养学生的理论联系实际的能力,提高学生分析问题、解决问题的能力,培养学生的创新意识,为后续专业课程学习和学生毕业后从事专业工作打下坚实的理论基础。该课程以往的教学方法强调传授和记忆,导致学生自主思维能力差,缺乏创造性。通过该课程的教学改革,我们针对电路分析的课程特点,对翻转课堂的教学模式进行设计,在教学过程中注重启发学生的主动学习思维和创造性思维,将课堂上的教学活动和课下的学习活动紧密结合起来,给予学生个性化的教育,提升专业基础课的教学质量,让学生获得坚实的专业基础。图 2 为针对"电路分析"课程的特点设计的翻转课堂的教学模式。

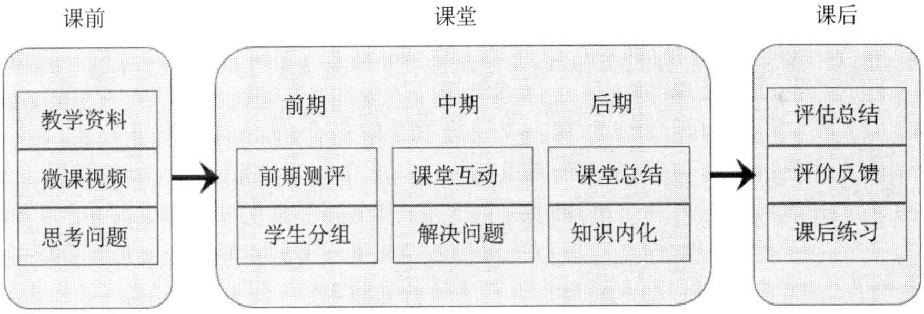

图 2 "电路分析"课程翻转课堂教学模式图

"电路分析"课程翻转课堂教学模式主要由课前学习、课堂教学和课后学习三个阶段构成。

1. 课前学习

课前学习是翻转课堂的关键环节,教师提前将学习资料发给学生,包括电子课件、参考资料、微课视频和课前思考问题,学生自主完成课程内容的课前学习。学生课前自主学习的成功与否关系到课堂教学能否顺利进行。教师应该根据课程的教学目标和进度安排,以及学生自身的情况,合理安排教学内容,制作教学微课视频,精心设计

课前思考问题。学生应该按照教师布置的学习任务，结合自身的学习特点和学习进度，做好课前的学习准备。

2. 课堂教学

翻转课堂成功的关键在于通过组织课堂活动来实现知识内化的最大化。根据“电路分析”课程的特点，可以把课堂教学过程分成前期、中期和后期三个阶段。在课堂教学的前期，教师应该对学生课前学习成果进行评估，并对所有学生当前的学习水平和进度进行分析，以此作为课堂分组的依据。教师按照学生的知识掌握程度和理解能力，将学生平均分成若干讨论小组，方便学生讨论。在课堂教学的中期，让学生针对课前学习的思考题目展开小组讨论，对于学生无法解决的共性问题，教师在课堂上集中引导学生解答；对于个性化问题，教师则一对一进行互动指导。教师和学生之间以及学生之间的课堂互动，可以充分激发学生自主学习的积极性和潜力，更好地促进学生对课程知识的内化。课堂教学后期的目的是对学生课堂学习的成果进行评估和总结。由于学生的学习能力和接受程度的差异，教师需要对每个学生对于本次课程的掌握程度进行了解，有针对性地给予指导，并布置课后练习，以巩固其学习成果。

3. 课后学习

在课后学习阶段，一方面，学生需要对本次课程内容的学习效果和掌握程度进行自我总结，进一步完成知识的内化，在课后通过各种教学资源以及教师布置的习题进行复习和知识的拓展；另一方面，学生能够对本次课程给出教学评价和反馈，教师通过学生的反馈对课堂教学进行总结和反思，进一步提升和改进教学方式和方法。

五、总结

“电路分析”课程是电气信息类专业一门重要的专业基础课，该课程的教学效果直接影响到学生的专业素养和专业能力的培养，及其未来专业课的学习。将“电路分析”课程的教学同翻转课堂的教学模式相结合，是对传统教学模式的颠覆式创新，是课程教学改革的必然方向。针对“电路分析”课程的特征，结合学生自身的学习特点，通过不断地实践与探索来提高教学质量，才能培养出 21 世纪需要的基础扎实、知识面宽、能力强、素质高的电气信息类专业人才。

〔孙象然，中国传媒大学理工学部信息工程学院〕

大数据教育与“大数据技术概论”翻转课堂

◈ 李春芳 石民勇

一、引言

“大数据技术概论”是计算机学院2014年新开专业“大数据技术与应用”(计算机科学与技术)的学科引导课,它是本科生认识专业方向、洞悉学科发展和教师指导职业规划的重要起点,也是学生由高中时的听讲、做作业和成绩反馈的学习方式向大学的师生交互、任务驱动和成绩特长加创新的学习方式转变的适应过程课。然而,因大数据技术内容新颖,课程讲授的内容和形式仍有待探索。

传统课堂在传授新课程内容上花费大量时间,这显然已不符合大数据时代的教育变革的要求。当下各种优质视频课程涌现,使得教师不再无可替代。本文论述了国内外大数据教育的情况,阐述了我校基于翻转课堂的“大数据技术概论”教学实践。

二、大数据教育现状

(一)国内大数据教育

当前,大数据人才稀缺,重点高校都专门设立了大数据研究机构,确定了本科生及硕士培养方向,例如,清华大学成立了数据科学研究院,国际著名数据挖掘专家俞士伦任院长,招收数据科学与工程硕士研究生;北京大学成立大数据技术研究院;北京航空航天大学成立大数据科学与工程国际研究中心;复旦大学更是直接筹备成立了大数据学院等,相关的博士、学术硕士、专业硕士,特别是工程硕士的培养都开设了大数据研究方向;中国人民大学联手北京大学、中国科学院、中央财经大学和首都经贸大学培养大数据分析硕士。这些举措均是为了应对目前我国大数据人才短缺的状况。

表 1 是我国有代表性的几所高校大数据研究机构和大数据本硕专业开设情况,其中大数据研究机构来自各高校官网,大数据硕士专业来自各校 2016 年硕士或工程硕士招生简章。

表 1　具有代表性的国内大数据教育机构列表

	高校	机构	专业
1	清华大学	数据科学研究院	大数据硕士 数据科学与工程专业硕士 大数据能力提升
2	北京大学	大数据技术研究院	普适大数据分析(硕) 机器学习与媒体大数据分析(硕)
3	中国科学院	软件研究所	数据挖掘和大数据(硕)
4	北京航空航天大学	大数据科学 与工程国际研究中心	计算机学院:不区分研究方向 大数据技术与应用(硕) 交通大数据处理(硕)
5	复旦大学	大数据学院	筹备
6	北京邮电大学	数据科学中心	大数据与云安全 大数据分析
7	中国人民大学	人大五校协同	大数据分析硕士
8	上海交通大学	大数据工程技术研究中心	无
9	中国传媒大学	计算机学院 媒体大数据研究院	大数据技术与应用(本、硕)
10	贵州大学	大数据与信息工程学院	不分方向

(二)国外大数据教育情况

国外著名大学的研究机构纷纷转型或组织成立专门的大数据中心,如斯坦福大学建立了 SNAP(Stanford Network Analysis Project)实验室,卡耐基梅隆大学建立了 Pegasus 和 GraphLab 实验室,牛津大学建立了 Big Data Institute,麻省理工学院成立了大数据科学与技术中心(Intel Science & Technology Centre for Big Data,ISTC);而加州大学伯克利分校的大数据研究机构 AMP(Algorithms, Machine and People)实验室,有数据库(Michael Franklin)、机器学习(Michael Jordan)和操作系统(Ion Stoica)方向的多位顶尖专家,体现了大数据学科的交叉融合特点。

(三)中国传媒大学大数据教育概况

媒体大数据是国家大数据战略的重要内容,其关键技术已成为助推中国文化软实力发展的重要引擎。当前大数据技术已瞄准文化传媒应用,大数据收视率、电视节目选题推荐、数据新闻、机器新闻、故事概要生成、机器小说、机器剧本、计算广告数量等均与大数据紧密相关。

为响应国家大数据宏观规划，迎接媒体大数据挑战，中国传媒大学自2014年起招收计算机科学与技术专业“大数据技术与应用”方向本科生，招生两届，共73人；学校还在研究生教育中实际设立了大数据方向，探索大数据在文化传媒业中的应用。此外，计算机学院有一个博士二级学科，即信息计算，设三个研究方向——信息安全、多媒体内容计算、分布式计算；学院有三个硕士二级学科，即计算机软件与理论、计算机应用技术、软件工程技术，其中计算机应用技术学术型硕士(3年制)“互联网应用技术”方向已改为“大数据技术与应用”，该方向师资包括3名教授、5名副教授和3名讲师，研究课题包括：图论与复杂网络、文本挖掘、推荐系统、机器新闻、机器剧本、知识图谱、数据可视化、信息系统、粒计算、大数据存储及分布式架构技术等大数据普适内容及与传媒业相关的内容。可以说，中国传媒大学的大数据本硕教育发展紧跟国家政策和社会需求，走在全国高校的前列。

三、翻转课堂教学实践

(一)必要性

1. 传统课堂讲授向翻转课堂和小班讨论转变的教学改革趋势

(1)翻转课堂的要义是教学流程变革所带来的知识传授的提前和知识内化的优化。针对如何有效地应用与学生面对面交流的课堂时间，马扎诺教授研究了美国200万个课堂中的主要教学方法，发现58%的课堂时间被用来讲课，36%的时间被用来做习题，只有6%的时间是用来提出复杂的认知任务的。从中可以看到，大部分的课堂时间都被用在了讲课上。现在的教课方式最大的问题是把非常困难的作业和创新性工作留给学生，然而学生可能无法完成。

(2)在教育分类学的金字塔上(记忆、理解、应用、分析、评价、创新)，教师把大部分的时间花在了最下面的记忆和理解两层。根据认知规律，倒金字塔是不合理的，教育专家认为菱形是合适的，即实际上应该把最多的时间花在中间环节，也就是分析和应用。翻转课堂首先要改变思维方式。传统课堂是死记硬背式的，老师上课，学生做笔记；翻转课堂是学生自我习得式的，以学生为中心。翻转学习结合了两种学习方式。

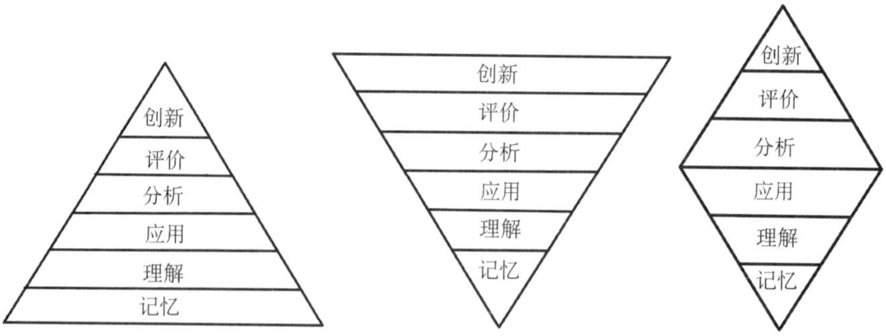

图1 翻转课堂的认知水平分配图示

(3)网络精品课、慕课、在线教育公司、社交网络和技术论坛等为课堂教学提供了丰富的学习资源，对于任何指定的学习内容，学生都可以在视频网站或技术论坛找到答案。减少理解和记忆的时间，并不是摒弃，而是把这部分时间移出课堂，让学生通过网上查找资料、学习慕课、小组讨论和准备PPT获得对内容的基本认识和理解，完成记忆和理解任务。图2是"大数据技术概论"翻转课堂的实拍照片。

图2 翻转课堂的教学成果

2. 大数据技术与应用学科内容的不确定性、探索性和创新性特征

(1)目前国内开设大数据本科专业的学校仅有贵州大学、中国传媒大学,此外,很多高校开设了相关课程。截止到2006年5月31日,在我国最大的慕课社区"学堂在线"(xuetangx.com)搜索"大数据",找到的课程共36门,其中标题含"大数据"的课程共15门,有1门重复、5门是EDX课程链接,课程的讲授内容和授课教师见表2。

表2 "学堂在线"大数据课程比较

	课程名称	单位	教师	教学内容
1	大数据算法	哈尔滨工业大学计算机学院	王宏志	大数据算法概述;亚线性算法概述;亚线性算法例析;外存算法概述;外存查找结构;外存图数据算法;基于MapReduce的并行算法设计;MapReduce算法例析;非MapReduce的并行算法设计;众包算法
2	高级大数据系统	清华大学计算机系	王智	高级大数据系统的实现、优化和应用,包括分布式文件系统、MapReduce/Spark、Storm/Spark streaming、Mahout等系统的原理、实现、策略优化
3	教育中的大数据	哥伦比亚大学教育学院(EDX)	瑞恩·贝克	由教育数据挖掘研究人员研发的方法、学习分析(learning analytics)、大规模学习(learning at scale)、学生模型、教育界的人工智能及广泛运用于教育数据的标准数据挖掘方法。你将会学习如何运用这些方法,何时运用这些方法,以及不同应用的优缺点。本课程将会探讨如何使用各个方法来解决教育研究问题、加强和干预教育软件和教育系统。这些方法的学习既包括理论层面,也包括实践方面,学员将学习如何运用RapidMiner等软件
4	大数据算法基础	清华大学计算机系	赵颖	大数据算法概述、算法分析数据基础、概率分析基础、随机算法基础、抽样算法基础等;高级大数据算法设计包括图算法、流计算、链接分析等;相关专题包括多线程计算、近似算法等
5	大数据分析(B)	清华大学计算机系	朱文武、崔鹏	①大数据分析与处理基础:数据科学发展情况;大数据的时代背景及其重要性;大数据分析与处理的典型应用。②数据统计分析的数学基础:数据统计知识回顾;多维数据分布;数据采样;主成分分析与因子分析;假设检验;线性相关与回归;非线性回归;方差分析;P-Value。③大数据的智能处理:时间序列分析;动态贝叶斯网络;矩阵分解理论;机器学习;大规模数据上的模型应用。④大数据的分布式处理与并行计算:HDFS与HBASE;Hadoop与Mapreduce、MapReduce并行计算;基于MapReduce的数据分析与智能处理方法的并行化。⑤大数据分析与处理前沿:社交媒体大数据分析与处理;城市交通大数据分析与处理;金融大数据分析与处理;医疗大数据分析与处理等

续表

	课程名称	单位	教师	教学内容
6	大数据平台核心技术	清华大学计算机系（阿里云）	武永卫、程永、姚文辉、陶阳宇、冯骁、王鹏飞、罗李	第一讲 大数据和ODPS；第二讲 分布式存储；第三讲 资源管理与任务调度；第四讲 分布式编程模型的设计与演化；第五讲 离线分布式关系型计算；第六讲 全局数据管理与调度；第七讲 流式计算的系统设计与实现；第八讲 内存计算；第九讲 大规模数据的分布式机器学习平台
7	大数据系统基础	清华大学计算机系	王建民、徐葳、陈康、陈文光	绪论，云计算，文件存储，计算框架，内存计算，NoSQL，流数据处理等
8	微软亚洲研究院大数据系列讲座	微软公司	洪小文、宋睿华、谢幸、郑宇、张洪宇、刘世霞	大数据研究现状及未来趋势；互联网搜索中的大数据研究；社会计算中的大数据研究；城市计算中的大数据研究；软件分析中的大数据研究；大数据分析可视化研究
9	大数据分析与内存计算	清华大学计算机系	李国良	大数据内存分析工具Spark、大数据流处理工具Storm，图数据处理工具Pregel、Graphlab和GraphX，大数据内存数据库SAP HANA等
10	大数据科学与应用系列讲座	清华大学信息技术研究院	李军	面向大数据的数据科学，数据为王和机器智能的时代，大数据的十个技术前沿，硅谷公司的大数据实战分析，大数据网络可视化，大数据在社交媒体的应用，大数据评价体系在金融，征信领域的创新，数字融合下的美国视频广告生态和产品应用创新，金融大数据的法律实践，大数据分析师的卓越之道，阿里全息大数据构建与应用，在线营销中的竞价机制与数据价值，大数据在工业界中的经典案例分享，数据驱动营销，互联网变现与计算广告，“百度大脑”所思考的人机关系
11	大数据与社会物理学	麻省理工学院（EDX）	亚历克斯·彭特兰	社会物理学是一门大数据科学，这门课程模拟网上人们的行为表现，并通过网络模型来建立自我可操作的知识体系。这是一门定量科学，能够精确地预测人类行为模式，并且影响人们的行为模式，以求增强决策的科学性、可行性、准确性，提高生产能力。这门课程包含了关于某一组织内提高社交质量方法的调查，更好保护个人隐私的方法以及抵抗网络攻击的总体策略
12	运用Azure HDInsight中的Hadoop处理大数据	微软公司（EDX）	格雷姆·马尔科姆	讲解如何利用Microsoft Azure HDInsight中的Hadoop技术来开发批处理解决方案，并改造分析数据。在为期5周的课程中，学员们将掌握Hive、Pig、Sqoop、Oozie和HDInsight中的Hadoop技术的使用方法，以及在Windows PowerShell中对大数据处理进行精心安排的方法。本课程是利用HDInsight进行大数据和高级分析操作的系列课程中的第一讲，重点关注批处理技术。这一系列中的后续课程将以本课程中所讲授的概念为基础，讲解用RapidMiner和Mahout进行预测分析，以及用Storm和HBASE进行实时大数据处理等内容

续表

	课程名称	单位	教师	教学内容
13	Apache Spark 大数据开发导论	加州大学伯克利分校电气工程和计算机科学(EDX)	安东尼·D.约瑟夫	表达数据科学家期望的输出并且教学生如何使用 PySpark(Apache Spark 的一部分)交付输出。课程作业包括日志挖掘、文本实体识别以及在 PySpark 中采用并行处理操作数据的协同过滤练习。这门课包含高级本科阶段内容,需要编程背景和 Python 经验(或者快速学习 Python 的能力)
14	从窃听到大数据:互联时代的隐私和监视	康奈尔大学电气和计算机工程(EDX)	史蒂芬·韦克	阐述移动电话网络的基本功能,Wi-Fi 技术和其他网络技术。阐述美国第四修正案中隐私权的进步,尤其是有关通话内容的监听。分辨保护有线和无线网安全的加密类型。学习不同形式监控的意义以及它们对社会个人隐私的影响。评估现代监测和安全决策/法律。提高学生应用伦理思考和判断的能力,分析各种隐私和监控情况。分析使用复杂和强大的技术来收集个人数据会如何影响个人、企业、市场和社会

(2)通过分析大数据课程内容和师资团队不难发现,清华的大数据教学实践说明“大数据技术概论”课程内容仍处于探索之中,而且仅靠教师个人的能力难以取得成果,需要团队合作、局部拼接来描绘大数据的整体框架。如微软亚洲研究院大数据系列讲座,是清华和微软研究院联合开设的一门由多位专家讲授的混合课程,包括:洪小文的“大数据研究现状及未来趋势”;宋睿华的“互联网搜索”;谢幸的“社会计算大数据”;郑宇的“城市计算大数据”;张洪宇的“软件分析大数据”;刘世霞的“大数据可视化分析”。“大数据系统基础”是王建民等5位教师联合讲授的课程,内容相对系统、全面,包括绪论、云计算、文件存储、计算框架、内存计算、NoSQL、流数据处

图3 计算机专业优秀毕业生讲解毕设作品

理等。

借鉴国内外顶尖高校的经验，本项目组建的团队包含文化大数据与游戏、数据可视化与复杂网络、人工智能与数据挖掘、移动互联网与动画技术、爬虫与情感计算方面的专业师资。

3. 大学生创新能力发展的需要

大学生创新需要指导，尽早树立比较明确的目标并完成长期的知识技能积累。本项目通过了解专业概况，鼓励学生在大一组建团队并开始创新项目设计，在以后的学习中以任务驱动学习，不断完善设计，最后完成设计，甚至开发出产品。

我院2012级计算机专业有一名学生，从大一开始关注研究课题，本科毕设是一款全智“手机卫士”，其功能和性能研究深度已远超出研究生毕业论文水平，这正是设计任务驱动创新的结果。该学生本科毕业后，实习15天即正式签约工作，接任某软件外包公司技术总监，管理技术开发团队40余人，成为计算机学院培养的典型优秀本科生。图3是该学生为“大数据技术与应用”专业的学生讲解他的毕设作品。

(二)大数据概论的教学实践

1. 教学内容

目前我们选择了大数据电商、媒体、教育、金融、交通、可视化、数据分析和大学生创新项目设计等内容，让学生课前查找资料、制作PPT、准备讨论，课上分组讲解PPT，进行答辩。随着“互联网+”和大数据技术的发展，课程也必然会探索设计更新的内容。针对媒体大数据，学生设计了“机器新闻”，查找资料的全面、新颖和多媒体展示形式(如图4)超出了教师的预期，令学院感叹翻转课堂的巨大潜力。

2. 翻转课堂中教师和学生讲解时间的分配、组织讨论的内容和形式

在第一次课上，我们尝试将学生分成5组，每组都有组长，一组7人，桌椅也按小组来组合，改变了常规的整齐排列方式。我们打破的不仅是形式，还有传统的思维，解放了思想，将整齐的教室布置带来的严肃变为随意所隐含的自由，给学生充分的活动空间。最后教师总结深化课堂内容，因为有课前作业，学生接受知识变得容易且随意。下课前教师布置下次课程的研习内容。当然，教师须对课堂讨论形式进行深入的科学研究。

3. 课程考核方式

由于要求每个学生都至少上台讲解一次PPT，每个人的讲解、理解和表达能力都

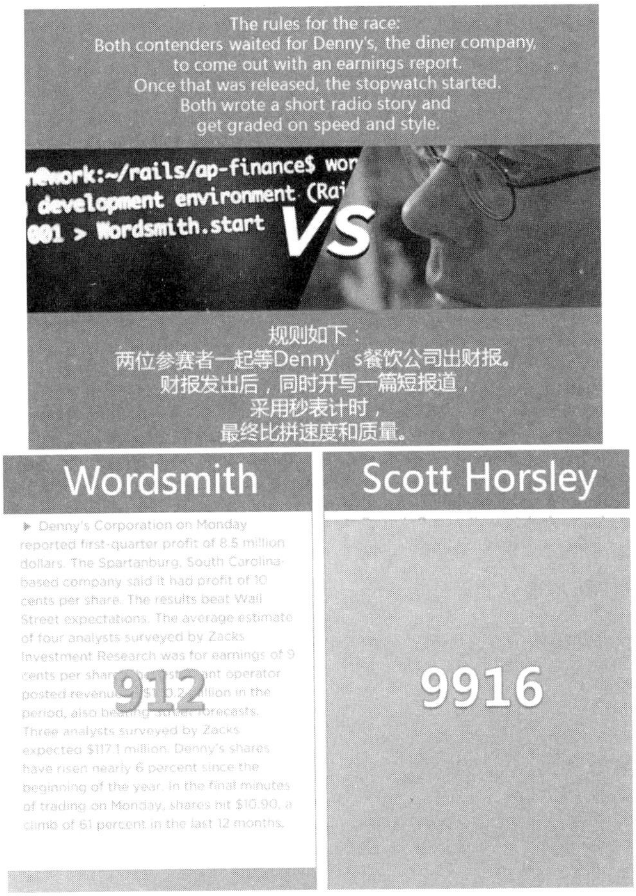

图 4　学生“机器新闻”PPT 的节选

能得到展示，这使过程性考核更有据可循。当然，期末考试的内容需要教师深入科学地进行设计。

4. 翻转课堂的不足分析

由于学生对知识的理解较粗浅，以及互联网信息呈现碎片化、冗余、不一致等特征，学生的讲解必然浅显且缺乏理论深度，如何避免这一问题也有待深入研究。

(三)教学成果

计算机学院“大数据技术概论”课程已对翻转课堂教学进行了两年的实践，取得了预想不到的教学效果，主要表现在如下几个方面。

1. 圆满完成教学任务

课程完成了既定的大数据专业引导任务，让学生学习了大数据电商、教育、媒体、金融、安全、数据分析和可视化的概况。

2. 学生公开讲解能力得到提高

翻转课堂由最初的无准备转变为充分、有深度的课前学习,起到了预设作用。学生的语言表达水平、演讲水平、PPT 制作水平、协作能力显著提高。课堂气氛活跃,学生个性得到体现,思辨能力显著提高。

3. 学生研究成果丰富

例如,学生自主完成了对大数据电商、慕课教育、机器新闻、数据可视化等的有深度的、全面的国内外研究现状的资料积累。

4. 有力支撑和指导大学生创新活动的开展

根据最后一节课布置的大学期间的创新项目设计任务,学生设计了青檬高考录取分析系统(如图 5)、药价查询 App(如图 6)、基于自动问答的网络辩论系统、高端餐饮分析系统等"大创"项目。

其中,青檬项目已申请到国家大学生创新项目,获得 1 万元研究经费。

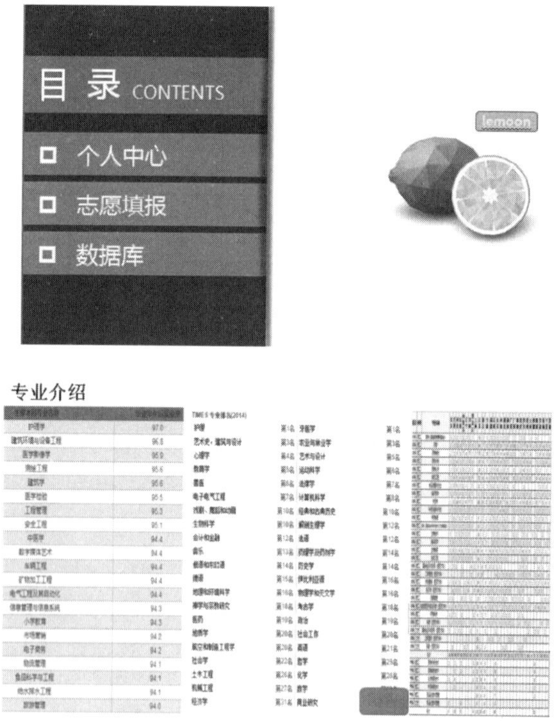

图 5 学生"大创"项目设计:青檬

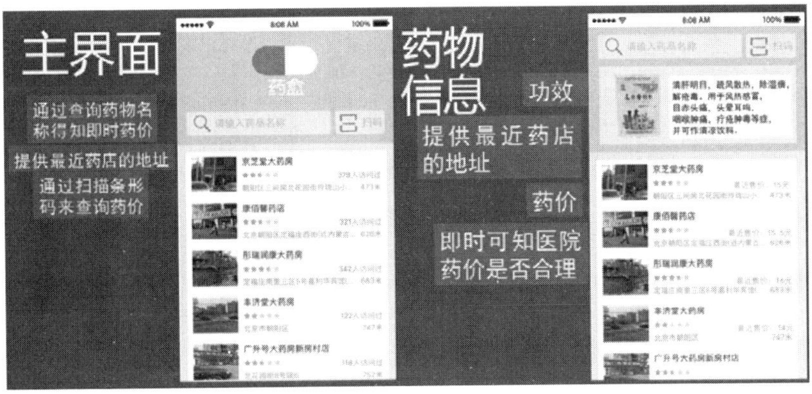

图 6　学生“大创”项目设计：药盒

(四)延伸内容

我院专门成立了“大数据科普网”开发组，内容涉及与大数据相关的重要政策文件、重要文献、会议视频、纪录片、重要链接、专家学者库、慕课资源链接、重要学者PPT和相关知识图谱构建。其目的在于积累学习资料，在这个过程中学习并提供社会服务。

四、小结

纵观国内外高校和研究机构的情况，大数据教育发展目前仍处于探索阶段，中国传媒大学的大数据教育走在了全国的前列。“大数据技术概论”翻转课堂不仅能充分利用慕课资源，丰富课程内容，解决师资短缺问题，还能综合学生的线上学习、课堂学习、自主学习和项目学习，发挥学生主体性。在慕课学习使教师教得更轻松的基础上，翻转课堂减轻了学生的学习压力，促进学生的浅表记忆、理解、应用学习向深度的分析、评价、创新学习转变。

本文由中国传媒大学 2015 年教改项目“大数据技术概论”翻转课堂实践资助。

〔李春芳、石民勇，中国传媒大学理工学部计算机学院〕

浅谈普通话的口腔控制

◈ 向志利

我国是一个多民族的国家，语言的种类很多，语言形式也是各式各样、丰富多彩的。很多人都希望自己能够说一口流利的普通话，但是却有语音不标准、语调不对，或者前后鼻音、平翘舌音不分等这样或者那样的问题。对于作为一门学科的播音，人们的认识不是很一致。“播音容易，嗓子好、认识字、照着念就行了。”——至今仍普遍存在着这类看法，甚至有人认为，普通话标不标准无所谓，只要颜值高，长相漂亮就行了。其实不然，虽然一个人从牙牙学语到长大成人都要学习语言表达，但是要想把话说得好听、动听，使人爱听，却是一门学问。有的人词不达意，很简单的一件事因为没有说清楚而造成误解；当然，也有人伶牙俐齿，能将本来已经无法挽回的局面扭转过来。无论是在史书当中，还是在日常生活中，这种案例比比皆是。

一、普通话的定义

普通话的“普通”不是普普通通，而是普遍适用或通用的意思。普通话的定义是以北方话为基础方言，以现代白话文著作为语法规范的汉民族共同语。在生活中，我们会发现来自全国各个省市的人居住在一起，父辈们讲着五花八门的方言，但是他们的孩子讲的都是普通话，从这一点上也可以看出普通话的民族共同语属性。

二、正确的身体姿势

很多人在讲话的时候会有上气不接下气的感觉，这与气息的控制和身体的姿势有一定的关系。为了保证气息畅通无阻，讲话前首先要有一个正确的身体姿势，即上身自然挺直，双肩略向后展，两手自然下垂，挺胸、抬头、收腹，目光平视前方，面带微笑。如果是坐着，尽量坐在椅子的前三分之一处，千万不要坐满，否则人不仅显得懒散、懈怠，而且外在状态不积极，形象气质也会大打折扣。

要保持挺拔的身姿、畅通的气息，平时的练习必不可少，每天在站立、行走以及坐下的时候尽量按照正确的身体姿势来做，也可以借助贴靠墙壁的方式练习：头、肩、臀、后脚跟贴墙，每天坚持站立 10—30 分钟，循序渐进。当众多学生聚在一起时，学过舞蹈的学生会引起人们的注意，这不仅是因为他们身材窈窕，更重要的是轻盈的步伐、挺拔的身姿和超群的气质会让他们在人群中脱颖而出。所以说，保持挺拔的身姿不仅会使整个人显得精神抖擞，内在气质也会大大提升。

三、普通话的口腔控制

有了正确的身体姿势和畅通的气息，还要掌握普通话吐字的口腔控制方法。播音员、主持人说话的时候，表情、口型和动作都恰到好处，这是因为他们受过专业的训练。作为播音的一项基本功，掌握正确的吐字方法，做到吐字准确清晰、圆润动听和富于变化，以便完美地表达出语音中所蕴含的思想感情，是每一个播音员和节目主持人不懈追求的目标之一。与此同时，社会大众在工作学习以及日常生活中也需要准确地进行语言表达。

口腔，既是有声语言的构字器官，又是语言用声最重要的共鸣器官，因此，播音员、主持人乃至所有“出镜出声”的记者、编辑，都必须格外重视口腔控制和吐字归音的基本功。

口腔状态的松懒会导致字音含混不清，并且缺乏一定的表现力，影响语言的传播效果。比如，有的北京人说话的时候儿化音特别重，在中国传媒大学的南门，有一个公交车站叫梆子井，快到站了，售票员开始报站名：“梆儿井儿、梆儿井儿，梆儿井儿到了啊！”第一次在北京坐车的人基本上都听不出来售票员说的是什么，这就是口腔开度不够，咬字、吐字不清晰造成的。咬字吐字在播音中占有举足轻重的地位，如果一位播音员吐字含混不清，那他就不具备从事播音工作的基本条件。说话时吐字含混不清不仅会造成听者理解上的困难，有时还会造成误解，带来不可预料的严重后果。咬字、吐字的技巧可以分为口腔状态的调整和吐字动作过程处理，即吐字的静态控制和吐字的动态控制。

（一）吐字的静态控制

吐字的静态控制注意的是口腔状态的调整，也称为口腔控制。口腔的控制和唇、舌、软腭、硬腭、牙齿、下巴等的运动状态都有很大的关系，图 1 是口腔示意图，发音器官主要是唇和舌。

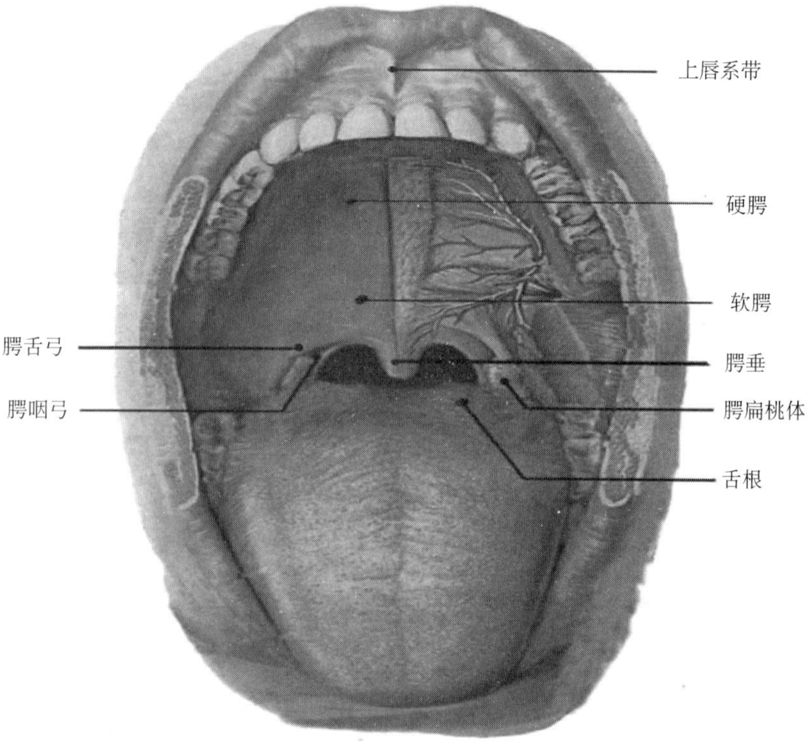

图 1　口腔示意图

在口腔各部分的常态中，有些是一般人所共有的，如讲话时软腭较为松弛，软腭下垂是造成日常说话吐字不够清晰的重要原因。但也有一些常态是非共性的，它只是部分人所具有的。比如，有的人说话噘唇，造成吐字含混，这可能是受生理因素影响，也可能是受习惯因素的影响。对于这类情况，需要具体分析，有针对性地对口腔状态进行调整，不可一概而论。

（二）口腔的动态控制

打开口腔，并非“张大嘴说话”，而是指发音时口腔内壁肌肉绷起，呈“腔圆壁坚”的状态，使得各发音器官运动自如，同时音波在口腔内能产生良好的共鸣，使发出的声音圆润响亮。对于播音吐字，我国播音界的前辈们总结出了一套行之有效的口腔控制要领，用以调整口腔状态、提高发音质量。这些要领概括为提颧肌、打牙关、挺软腭、松下巴，简称提、打、挺、松。另外，还要注意力量的集中，明确声音发出的路线和字音着力的位置。

1. 提颧肌

有人说微笑就可以提颧肌了，这种说法是有一定道理的。颧肌是人的面部表情肌肉，起止点基本是人的颧骨和上唇外侧及嘴角部位，颧肌收缩可以拉动嘴角向上，使人的表情呈现“微笑状”，但这个笑不是咧嘴笑，咧嘴笑的口腔状态容易造成嘴角紧、口腔扁、音发嗲，显得小气。呈“微笑状”时，口腔前上部有展宽感，鼻孔亦随之有些张大，唇齿相依。练习提颧肌，一般使用舌面音 j、q、x 与撮口呼相拼的音节，如“选举”“戏曲”“序曲”等；还可以使用舌尖前音 z、c、s、与 ong 相拼的音节，如“宗”“葱”“松”等。在训练的时候，可以通过想象类似插话的感觉来体会颧肌的提起，比如“哎，我觉得……”中的“哎”字，就很容易让人体会到颧肌提起的感觉。

2. 打牙关

牙关是下颌和头骨的连接点，它能控制口腔开合。有人讲话习惯不好，牙关很紧，两颊肌肉松懒下挂，俗称“拉着脸”，音色发闷、发扁，会影响吐字的清晰度；在图像上，面部表情也显得消极、不愉快。打牙关，即打开牙关的动作要领是：说话时，上颌主动抬起，上下臼齿之间似有一指厚的海绵垫，同时两颊肌肉用力撑开、向外绷起，使口腔中部得以打开。牙关打开，舌头活动范围大，有利于发出清晰的字音，也给声音增加了明亮、刚劲的色彩；如果两颊松塌无力，音波就不能产生很好的共鸣。除了依“单元音、两字词、四字词”的顺序练习体会“打开牙关”的感觉之外，还可以用带 u 的音节来练习。韵母 u 的开口度最小，声音易闷，我们就有针对性地练，打开牙关，两颊肌肉外展，尝试发出较明亮的声音。练习时可以对比一下，先是牙关不开，两颊肌肉松塌着发带“u”的音节，然后再按照打开牙关的要领发带“u”的音节，音高不变，但后者的音色一定会有明显的改善。还可以练这样一个绕口令：“你会炖炖冻豆腐，你来炖我的炖冻豆腐，你不会炖炖冻豆腐，就别胡炖乱炖、炖坏了我的炖冻豆腐。”练习时，不要噘着嘴说，而是像跟朋友开玩笑似的，很俏皮、很有兴致地说，不要追求速度，要注重感觉，以轻松愉快的心情说，声音就比较明亮。不妨对比一下，噘嘴拉脸地说，声音浑浊闷暗；兴奋地打开牙关说，声音效果好。如果连续说两三遍，两颊肌肉感到发酸，口腔的状态就对了，经常练习，养成打开牙关的习惯，两颊肌肉也就不会发酸了。打开牙关使上下颌在发音时有了较大的开度，上下颌开度增大可使口腔在纵向上扩大容积，使舌位形成较明显的高低对比，提升吐字的清晰度。打牙关与挺软腭互相配合，从横、纵两个方向扩大口腔容积。

在播音吐字实践中，有很多问题出现在基本元音 ɑ 的发音上。ɑ 音不清晰是造成带有 ɑ 音的音节吐字不清的主要原因，而 ɑ 音发得不清晰，往往与 ɑ 的舌位不够低有关,口腔开度不够是造成ɑ音舌位偏高的常见原因。实践证明,打开牙关,增大口腔开度是播音吐字基本训练的重要内容。

那么如何打牙关呢?在吐字的过程中,要适当提高下颌的开度,比日常说话的开度要大一些。打牙关不是简单地张大嘴巴,而是要打开后槽牙,感觉像上下大牙中间垫了一颗小枣一样,使牙齿保持一定的距离;也可以想象嚼着一颗口香糖,嘴巴打开、闭拢。打牙关扩大了口腔后部的容积,可以为舌头的活动提供更充足的空间,同时有利于产生更好的口腔共鸣。比如我们说"你好!"如果我们不打牙关,发音像咬着牙说话;比如说"早上好! 大家好!"口腔开度不一样,发出来的声音质量也会有所区别。当然,打牙关并不意味着口腔开度越大越好。实践证明,口腔开度过大时,声音会变得松散,听感也会变得不自然。在掌握打牙关这一要领时,要用意念把握下颌整体移动,下颌在打开时略微前移,避免下颌在打开时向后错动。在训练的时候,可以借助咬筷子的方法,或者是啃苹果的动作来体会打开牙关,增大上下颌开度,找到上牙用力、下牙放松的感觉。

3. 挺软腭

软腭指上颌后部柔软的地方,也就是舌头舔不到的那部分上腭,软硬腭的比例大约为1∶2。软腭挺起这个动作可以使口腔后部空间扩大,减少灌入鼻腔的气流,避免过多的鼻音色彩。挺软腭可以用模拟"半打哈欠"的动作来体会。所谓"半打哈欠",就是嘴不要张太大,但还是做了一个深吸气的动作,此时口腔直对着的后咽壁有"吸凉气"的感觉。做这项练习的时候,可以拿一面镜子对着口腔检查一下,先张开嘴,软腭放松,自己可以清楚地看到"小舌头",然后,做挺软腭的动作,如果看不到小舌了,说明软腭挺起来了,此时要体会并记住软腭挺起这个动作的实际感觉。挺起软腭,声音会比较洪亮,比较集中。会做这个动作了,就要把这种感觉带到发音中去,可以先发ā、ō、ē、ī、ǖ、ū这些单元音,再练两字词、四字词。我们还可以通过像"蓝蓝的天上白云飘"这类韵母开口度大的民歌或诗词来练习,带着想象和感情朗读,悉心体会声束打在挺起的软腭并挂在上颌,口腔内部扩大、充分发挥口腔共鸣作用的感觉。此外,朗诵"江阳辙"的诗词,能较明显地体会到挺软腭的声音效果,只要坚持练习,就会形成养好的打开后声腔的发音习惯。但是软腭不能抬起过高,动作过大,否则声音听起来太靠后,显得不自然。

4. 松下巴

松下巴就是主动放松下颌骨。下颌骨是颅骨中唯一的可动骨,我们听别人讲笑话的时候,遇到特别好笑的总是毫无顾忌地笑个不停,朋友就会说"小心笑掉你的下巴"。

放松下巴时要避免下兜齿，喉头放松，减轻后部的负担，使嗓音更加松弛、持久。在吐字发音过程中，下巴即下颌向内微收，处于放松、从动的状态，不能着意，更不能着力。如果打开口腔的意识及着力点放在下巴上，不仅会导致喉部紧张、发音费力、口型不雅观，还会导致口腔这个共鸣腔形状不稳定，基本处于“大撒口”的状态，使声音变得难听，显得“傻气”。因此，无论从形象上看，还是从声音效果上讲，下巴的大幅度活动是绝对应该避免的。练习的时候要注意不能过分用力，不能急于求成，以防造成下巴脱臼。

了解了口腔结构和打开口腔的方法，再来说一下口部操，就是唇舌以及咬字力量的练习，就像运动员上场前要做热身运动一样，把身体活动开，才能进行体育项目的比赛。开口的动作要柔和，两嘴角向斜上方抬起，上下唇稍放松，舌头自然放平；张口咀嚼与闭口咀嚼结合进行，舌头自然放平。

双唇练习：双唇闭拢向前、向后、向左、向右、向上、向下，顺时针、逆时针转圈，双唇打响，闭口提颧肌，上唇向中间缩，力量集中于上唇中部，反复发不带元音的 b、p，有清晰的爆破声。

舌头练习：舌的相应部分要有一定的力度，要增强舌体活动的灵活性和弹动力。

(1)舌尖顶下齿，舌面逐渐上提。

(2)舌尖在口内左右顶口腔壁，在唇齿之间转圈。

(3)舌尖伸出口外，向左伸、向右伸，向上伸、向下伸。

(4)舌尖在口腔内左右立起。

(5)舌尖的弹练，弹硬腭、弹口唇。

(6)舌尖与上齿龈接触打响。

(7)舌根与软腭接触打响。

学习口部操之后，需要练习几个绕口令，让口腔充分活动开。例如加强双唇练习的绕口令：八百标兵奔北坡，炮兵并排北边跑，炮兵怕把标兵碰，标兵怕碰炮兵炮。加强舌根音练习的绕口令：哥挎瓜筐过宽沟，赶快过沟看怪狗，光看怪狗瓜筐扣，瓜滚筐空哥怪狗。

最后，进行口腔控制训练的时候还要注意呼吸训练——使身体舒展贯通，气韵充足，解放喉咙，减轻声带负担，避免胸闷和气胸。共鸣的训练——自如运用各共鸣腔体，构建立体声音通道，使嗓音明亮、饱满、圆润、集中、浑厚。口部操训练——使口齿清晰、伶俐，发音准确，对大舌头、发音含糊不清有矫正作用。护嗓训练——在日常生活的点点滴滴中呵护我们的嗓子，合理地运用嗓子、学会保护嗓音，快速有效地掌握护嗓常识，不要大呼小叫，不吃有刺激性、涩舌头的食物，诸如香蕉、大蒜、柿子等，调节呼吸，用小实声说话。

综上所述，打开口腔是通过有关部位协同动作、“综合治理”做到的。挺软腭扩大了口腔后部空间，打牙关使口腔中部展开，提颧肌使口腔的前部适当打开，加之下颌的内收放松，几个动作配合起来，就使得口腔上部全面地打开了，从而为说话发音提供了一个良好的语音制造场合和共鸣环境。

语言表达流畅不仅需要普通话好、声音好，表情、手势、形体语言运用恰当到位，还要有丰富的词汇量，博览群书，具有良好的文化修养和内涵。好口才成就好未来，相信自己，不断地学习，循序渐进地练习，你就是最棒的！

〔向志利，中国传媒大学实践实验教学中心〕

传承创新　琢玉成器

——新闻播音主持基本功大赛创新教改实践

◈ 翁　佳

2016 年 5 月 28 日晚，伴着“春风十里，不如早起，春暖花开，基本功练起来”的响亮口号，播音主持艺术学院主办的首届新闻播音主持基本功大赛总决赛在 BTV 青年频道《状元榜》特别节目中圆满结束。从春到夏，基本功大赛在大半个春季学期中，将新闻播音基本功训练和课堂教学、实践教学、校内外选拔比赛、一线交流互动以及新媒体传播相结合，进行了教改实践的有益尝试，进一步走出了播音实践教学的传承和创新之路。

一、缘起

新闻主播是一个非常特殊的职业，从业者既是政府的代言人，又传达着百姓的心声。在中国，无数新闻主播来自同一个地方——中国传媒大学播音主持艺术学院。规范质朴、鲜明生动的播报是新闻语言的标杆，字正腔圆、黄钟大吕般的声音体现着民族精神和时代精神。在日复一日、年复一年的新闻传播中，一批批优秀校友弘扬中国精神、坚守中国立场、传播中国声音、显示中国气派，树立了有声语言传播的典范。现在中央电视台《新闻联播》节目的全部主播都来自我院。

面对时代和媒介发展的巨变，一个具有 50 多年光荣历史的特色学科如何不断发展？继承传统，开拓创新，是我们的选择。

2011 年，播音主持艺术学院与中央电视台新闻中心新闻播音部达成合作协议，成立实践教学基地。2012 年 4 月 17 日，7 名学生作为“实习播音员”亮相中央电视台新闻频道凌晨 3:00 的《新闻直播间》，被亲切地称为“七小福”。5 年来，进入实践教学基地实习的学生已有 76 人次。他们以扎实的业务功底和过硬的政治素质、新闻素质，圆满完成了各项任务，创新了新闻播音人才培养模式。2014 年，学院成立基础部、新闻播音主持系、综艺主持系、口语传播系，播音基础教学和新闻播音主持教学的内容更加充实,体系更加完善。2014 年、2015 年,国家新闻出版广电总局举办岗位练兵技能竞赛,其中,新闻播报、纪录片解说和辨义识音三项比赛的冠军都是我院校友。

在多年的教学实践中,我们深切领悟到:基本功是新闻播音业务的重要核心,也是业界和学界共同的关注点;新闻播音主持的创新离不开对传统的坚持和对基本功的锤炼。为加强新闻播音基本功,强化勤学苦练的工匠精神,以创新方式弘扬新闻播报等传统优势,2016 年春天,学院启动首届新闻播音主持基本功大赛(简称基本功大赛)。

二、理念与实践

(一)基本功就在日常学习生活中

基本功大赛的 logo 是学生自己设计的,淡绿的底色上“八人图”十分可爱,加上“春风十里,不如早起,春暖花开,基本功练起来”这朗朗上口的文字,一经推出,立刻深入人心,成为广受师生喜爱的大赛标志。这个 logo 创意出自学校食堂的早餐:广院肉饼和香蕉。这个妙趣横生的设计将基本功、早起、一餐一饭、好好学习、健康生活联系起来,大受欢迎。当这个 logo 在朋友圈刷屏时,放在学院门口的 X 型活动展架也变成每天早晨同学们练声的“见证者”。

基本功训练就是播音专业学生的日常生活,如同一呼一吸、一餐一饭,声声不息,也生生不息。复杂的事情简单做,简单的事情重复做,重复的事情认真做。这一理念呼应了基本功训练简单而深刻的内涵。在 2016 春季学期之初、春暖花开之际推出这一理念,提醒同学们珍惜春光、挥洒青春、琢玉成器。基本功大赛既是全院重要的教学活动,也是全员参与的学生活动,由播音学院基础部和新闻播音主持系联合开展工作,活动历时约三个月,贯穿大半个春季教学学期,近 400 名学生参与其中。

(二)与一线接轨,将基本功内容细化为 4 个比赛项目

基本功大赛将播音主持基本功细化为 4 个比赛项目,这个思路来自国家新闻出版广电总局已经举行了两年的岗位练兵大赛。在岗位练兵大赛中,播音主持岗的比赛项目是新闻播报、新闻复述、新闻专题片解说。学院的新闻播音基本功大赛参考这个模式,设立了 4 个分项赛:辨义识音、新闻播报、新闻复述、新闻专题片解说。这 4 个项目的内容不但与第一线的业务要求接轨,也是校内教学训练的重点,是业界和校内师生的共同关注点,也进一步明确和强化了与一线交流和进行实践教学的结合点。

图1 基本功大赛的logo

(三)向一线学习,资深前辈和优秀校友传道授业

依托学院强大的校友资源和基本功大赛与一线密切结合的出发点,基本功大赛期间,学院邀请资深前辈和优秀校友23人来到学院,包括中央人民广播电台的于芳、苏扬、杨波,中央电视台的彭坤、刚强,北京电视台的王小佳,北京人民广播电台的张红力等资深新闻播音员、主持人,以各种形式与师生直接交流,传道授业,充分互动。校友们担任了大赛初赛、复赛、决赛的评委,不仅参与大赛的评分评奖工作,而且在每个环节都参与点评,提出了很多富有建设性和启发性的意见,与学校老师深入探讨了教学方法、教学理念。基本功大赛中期正值五四青年节,资深校友和师生们在图书馆圆形报告厅以"无尽的青春 永不消逝的电波"为题举办了分享会,共度青年节。

经常举办与业界人士的互动活动不仅让学院深入探讨了业务,达成了基本功方面的重要共识,也交流了感情,密切了学院和一线的联系。

(四)青春校友评委和小伙伴评委为基本功相聚

为基本功插上青春的翅膀,让90后、95后同学们充分理解和体悟大赛的理念,为此,大赛邀请刚毕业的青春校友做评委,并让毕业班学生作为小伙伴评委参与评分评奖工作。青春校友评委和小伙伴评委为基本功相聚,点燃了同学们参赛的热情。

(五)分享互动的新媒体传播为大赛启动

"网络分享"也是此次大赛的理念和特色。大赛引入新媒体传播互动方式,"北京时间24小时视频新闻直播资讯平台直播""360网络直播"贯穿整个赛季。基本功大赛期间,每天早晨7:30—8:00,点开手机上的360智能摄像机的App,都能看到明德湖畔同学们清晨练声的网络直播。由同学们组成的"播音小水滴"报道组轮流为网友们进行现场直播。在直播节目风行但良莠不齐的当下，这充满朝气的校园主题成为优质主题、优质内容，在360网络直播平台被置顶，引发网友们的大量关注和转发。“水滴直播”从青涩到逐渐成熟，不但锻炼了同学们用新媒体进行互动传播的能力，也将基本功大赛做了网络直播和网络分享。

（六）网络调研助力教学科研

大赛精心设计了问卷，同学们扫二维码即可便捷地参与网络问卷调查。问卷由师生共同编制，针对教学中的具体情况，调查数据将直接助力教学科研。

（七）与全国大学生主持人大赛创新融合

基本功大赛在业界反响良好，中央人民广播电台央广网举办的全国大学生主持人大赛于2016年4月27日在学院设专场，和基本功大赛创新融合，同步进行。同学们在校园里参加基本功大赛的同时就参加了全国大学生主持人大赛的初赛。这不但给同学们提供了更多的比赛实践机会，也使央广网的全国大学生主持人大赛成为集中展示我校学生风采和业务能力的平台。比赛结果令人满意，北京赛区的前20强中有14名参赛者是我院的学生。

（八）在BTV青年频道《状元榜》特别节目中进行决赛

BTV青年频道的《状元榜》节目是一个有18年历史的优质节目，2016年第二季度再次创下全频道收视第一的好成绩，作为一个青少年益智竞技节目，在高中生群体中认知度很高。节目没有炫酷的舞台，没有衣着华服的歌舞，在这里拼的不是颜值，而是知识和智慧。参赛选手大多来自学院的优质生源地——北京重点高中。

《状元榜》的节目理念与基本功大赛的理念有内涵上的默契之处，经过密切合作，节目为基本功大赛的决赛制作了特别节目。2016年5月28日，经过校内初赛、复赛的层层选拔，4个分项赛的12名优秀选手来到《状元榜》演播室，进行巅峰对决。中国传媒大学党委书记陈文申出席了总决赛，中央人民广播电台著名播音艺术家于芳，中国传媒大学教师、著名配音艺术家李立宏，北京电视台《北京新闻》资深主播王小佳担任评委。来自中央人民广播电台、中央电视台、北京人民广播电台、北京电视台的业界专家和播音主持艺术学院的同学们一起观看了比赛，共同为选手加油。比赛结束后，多位优秀学生被相关单位邀请去实习。陈文申书记在观看了比赛后评价说：“同学们的表现很棒，在校学生表现出了相当高的专业水准。学生们勇于向大众传播机构的播出水准看齐，接受评委和观众的严格审视，这背后是老师们的默默付出和播音主持艺术学院不断完善和创新人才培养模式的努力。我为师生们的优异表现感到骄傲。”节目不但展示和宣传了中国传媒大学和播音主持艺术学院,而且为拓展优质生源起到了有力的推动作用。

三、小结

回顾近三个月的赛事过程,新闻播音主持基本功大赛是一次教学改革实践的创新和有益尝试,推动和激励着同学们在基本功训练中挥洒青春、琢玉成器,将新闻播报等播音主持艺术学院的传统优势发扬光大,让字正腔圆、铿锵有力的新闻播音深入人心。

学院在业务精神上坚持传统,在教学理念上有所创新,在实践过程中与时俱进,在与一线的互动交流方式上更加灵活多样,在专业传播和学生培养方面取得了多方面的突破。基本功大赛积累的宝贵经验值得进一步研究,以便为不断优化新闻播音主持教学提供启示和借鉴。

〔翁佳,中国传播大学播音主持艺术学院〕

MOOC的宏观考察及相关思考

◈ 王 韡

MOOC 教育经过近几年的发展,逐渐在高校产生了一些影响。但是人们对于 MOOC 的认知还不够充分,相关研究更为滞后。笔者在阅读了相关文献,并对一系列 MOOC 项目进行考察后,从以下几个方面对其进行解读。

一、MOOC 及其提出

MOOC 的英文全名为 Massive Open Online Courses,其中文翻译为“大型开放式网络在线课程”,简称慕课。从字面意思就可看出,MOOC 主要指向两个方向或者说类别——传播与教育,是借助互联网传播的在线教育课程。

2008 年,加拿大的戴夫·科米(Dave Cormier)与布莱恩·亚历山大(Bryan Alexander)两位学者第一次提出了 MOOC 的概念。其主要基于联通主义[①]的学习理论,并创建了全球第一个 cMOOC(MOOC 的初级形式)类型的课程。起初,美国的麻省理工学院以及其他常春藤大学[②]参与其中,后来逐渐开始向世界各国的大学“蔓延”。2012 年 MOOC 风潮全面爆发,美国的《时代》(*Time*)周刊形容 2012 年为“MOOC 元年(The Year of the MOOC)”。[③] 同时,许多世界知名教育专家认为,“MOOC 是‘印刷术发明以来教育最大的革新’,完全颠覆了传统的‘黑板加粉笔’时代”。[④] 自此,

① 联通主义,是由著名学者西门思在 *Connectivism*:*A Learning Theory for the Digital Age* 中提出的。主要是指学习不再是单独个人的行为活动,而是一个连接专门节点和信息源的社会化整体过程。

② 常青藤大学,又称常青藤联盟(Ivy League),特指美国具有较高学术水平、历史悠久、闻名世界的八所大学:哈佛大学(Harvard University)、耶鲁大学(Yale University)、宾夕法尼亚大学(University of Pennsylvania)、普林斯顿大学(Princeton University)、哥伦比亚大学(Columbia University in the City of New York)、布朗大学(Brown University)、达特茅斯学院(Dartmouth College)、康奈尔大学(Cornell University)。

③ PAPPANO L.The year of the MOOC[N].The New York Times,2012-09-02.

④ MEHLENBACHER B.Massive open online courses(MOOCs):educational innovation or threat to higher education[C]//Proceedings of the workshop on open source and design of communication.ACM,2012:98-99.

MOOC 的浪潮开始席卷整个世界，逐渐渗透全球各大院校中。

二、承载 MOOC 的世界三大平台

平台即为 MOOC 运行的载体——实体的运行网站。MOOC 平台的整体运行模式或者说教学流程为：实时在线课堂教学、师生互动讨论、教师布置作业、助理批改作业与点评、结课考试、结课认证等。几乎与传统教学的整个流程完全契合，其核心目的就是“一个平台网教天下学子”。目前，世界最具影响力的 MOOC 平台有以下三个：

（一）Udacity[①]

2012 年 1 月，由美国斯坦福大学的塞巴斯蒂·特龙（SebastianThrun）、戴维·斯塔文（David Stavens）与麦克·索科尔斯基（Mike Sokolsky）三位教授共同创建，花费共计 1 500 万美元。起初，以计算机课程为主。根据笔者统计，截至 2015 年 11 月 7 日，平台有 169 门课程，涉及计算机、数学、物理、经济等 21 个学科，注册人数 492 万余人。此平台的特点是在计算机等专业行业的信息领先，不以课程覆盖面广为原则，是一个营利性平台，与教师个人进行合作。

（二）Coursera[②]

2012 年 4 月，由美国斯坦福大学的吴恩达（Andrew Ng）与达芙妮·科勒（Daphne Koller）两位教授创建，共计花费 2 200 万美元。起初有 62 所世界名校的课程支持，涵盖 24 个学科（物理、经济、文学、艺术、法律、哲学、医学等），截至 2015 年 11 月 7 日，笔者统计，已有 896 万名注册学生。我国的北京大学、上海复旦大学、上海交通大学、香港中文大学、台湾大学 5 所高校与其进行了合作。同时，我国的网易公开课、果壳网等网站也与其在课程资源的整合上进行了一定程度的合作。这种与高校的合作主要是采用教师将授课视频上传到此平台，让所在高校的学生在平台进行学习，并认可学分的方式。网站主要是把自己开发的课程整合到 Coursera 平台，或者把 Coursera 平台的课程整合到自己的平台上，这其中又以后者居多。Coursera 平台的特点是门类涉及较广，几乎遍及所有门类；与高校合作，课程由高校开发；同时，建立了各种语言的翻译团队，目的就是让 MOOC 通过各种语言传遍世界。这些特点也是建立平台者的开

① 网址 https://www.udacity.com/.

② 网址 https://www.coursera.org/.

发宗旨。目前,我国很多平台都对 Coursera 平台的课程进行了链接整合,借助其强大且丰富的课程资源。

(三)edX①

2012 年 4 月,由麻省理工学院和哈佛大学联合投资创建,开发人是阿南特·阿加瓦尔(Anant Agarwal)先生。共计花费 6 000 万美元,两校各出一半。全世界 200 个单位参与合作,截至 2015 年 11 月 7 日,笔者统计共有1 689 门课程(涉及生物、物理、法律、数学、化学、音乐、美术等),注册人数 592 万余人。我国的北京大学、清华大学、香港科技大学等共计 26 所高校与其达成了合作。其平台的特点是学科较多(比 Coursera 平台少),与高校合作,课程由高校开发。另外,其最大的亮点是非营利性,体现了它的惠民性特点,这也是其迅速发展的重要原因之一。

除了以上三个平台之后,像 Khan Academy(可汗学院)、Unemy、Futurelearn、Canvas Network、Open 2 Study,以及德国的 Iversity 等平台也有一定的影响力。可以说,Udacity、Coursera、edX 这三个以及相关 MOOC 平台的建立,完全颠覆了传统教学的承载方式,对人类的文化传播、文明传承具有划时代的意义。

三、MOOC 在中国的发展以及平台建立状况

2012 年 MOOC 进入中国,2013 年在我国的高校逐渐开展起来。2013 年 1 月、4 月,香港中文大学与香港科技大学分别加入 Coursesa 平台。同年 5 月 21 日,北京大学首批四门 MOOC 课程——"20 世纪音乐""民俗学""世界文化地理""电子电路"全面上线。随后清华大学、香港大学、香港科技大学等 6 所大学也纷纷宣布加盟 edX 平台。2013 年 7 月 8 日,复旦大学、上海交通大学也宣布加入 edX 平台。至此,MOOC 全面进入且渗透中国高校,对我国的教育开始产生影响。2015 年 4 月 28 日,中华人民共和国教育部颁布了《关于加强高等学校在线开放课程建设应用与管理的意见》,文件指出"构建有中国特色的在线开放课程体系和课程平台,以借鉴国际先进经验,发挥我国高等教育教学传统优势,推动我国大规模在线开放课程建设走上'高校主体、政府支持、社会参与'的积极、健康、创新、可持续的中国特色良性发展道路"。② 此文件的出台标志着我国 MOOC 发展的合法化、规范化。我国建立的且有一定影响力的

① 网址 https://www.edx.org/.

② 关于加强高等学校在线开放课程建设应用与管理的意见[EB/OL].(2015-04-28)[2015-11-07].http://www.moe.gov.cn/jyb_xwfb/gzdt_gzdt/s5987/201504/t20150428_187562.html.

MOOC 平台如下：

(一)网易公开课[①]

2010 年 11 月 1 日，以公开课的形式初创，2013 年之后逐渐向 MOOC 平台的方式发展。首批 1 200 集视频公开课，200 多集配有中文字幕，其中链接有哈佛大学等名校课程，涉及文学、社会学、艺术、经济、计算机等科目。2013 年 9 月，北京大学与其达成课程开发的合作。截至 2015 年 11 月 7 日，网易公开课涵盖了 500 多门 Ted 课程、1 000 多门 Coursera 课程、300 多门国际名校公开课程、600 多门中国大学课程、100 多门可汗学院课程。

(二)网易云课堂[②]

2012 年 12 月正式上线，起初有 1 100 余门课程，以中文为主的平台。2013 年 5 月，网易云课堂通过招标的方式，承接了“教育部国家精品开放课”项目，同时其又与“爱课程网”联合推出了“中国大学 MOOC”项目。首批上线 16 所大学的 56 门课程。截至 2015 年 11 月 7 日，“爱课程网”已上线 6 800 多门视频公开课和 5 600 多门资源共享课，初步满足了广大高校师生与社会业余学习者的教育需求。此平台多次受到教育部等网站的报道，“在教育部的积极引导下，我国高水平大学率先开展大规模在线开放课程建设，更多高校积极参与探索和创新适合我国国情的多种类型在线开放课程应用，‘爱课程网’的‘中国大学 MOOC’、清华大学的‘学堂在线’、上海交通大学的‘好大学在线’以及多个高校、互联网企业开发的各种类型大规模在线开放课程平台纷纷上线”。[③] 可见其是国家认可度较高的平台之一。

(三)果壳 MOOC 学院[④]

其是一个中外各大 MOOC 平台的整理性平台，从实质上来讲，就是一个综合 MOOC 链接网站。果壳 MOOC 学院最大的优势是其有专门的中文翻译机构，对大部分课程进行了汉化翻译，这也是其重要的生存之道。目前是国内注册人数最多、规模最大的 MOOC 机构。

---

① 网址 http://open.163.com/.

② 网址 http://study.163.com/.

③ 构建有中国特色的在线开放课程体系和课程平台[EB/OL].(2015-04-28)[2015-11-07].http://www.moe.gov.cn/jyb_xwfb/gzdt_gzdt/s5987/201504/t20150428_187562.html.

④ 网址 http://mooc.guokr.com/course/.

另外，清华大学2013年10月10日建立的“学堂在线”、上海市共享课程中心与中国东西部高校联盟建立的MOOC互动学习平台“智慧树”、上海交通大学建立的“好大学在线”，以及“MOOC中文网”“过来人公开课”等，在我国也有一定的影响力，只不过各自的课程偏向、受众人群略有差异而已。纵观我国MOOC平台，不难发现：目前是整合式的较多、原创开发式的较少。很多高校都是提供课程给国外平台，借助国外平台来推广、宣传自己的课程以及学校。北京大学、清华大学、上海交通大学等高校也都是先加入世界三大MOOC平台为其提供精品课程，然后才慢慢建立起自己的平台的。但目前对于大多数中国高校来讲，依然是借助国外平台或者建立整合性平台的较多，开发且建立自己原创平台的较少。这其中有诸多的原因，各方学者也有很多的分析，例如资金问题、技术问题、人才问题、政策问题等。笔者认为这一状况不是单单一方面的原因引起的，应该是多方面综合因素造成的，这需要国家、社会、个人以及高校等共同努力才有可能改变。为此，教育部文件中指出，“以借鉴国际先进经验，发挥我国高等教育教学传统优势，推动我国大规模在线开放课程建设走上‘高校主体、政府支持、社会参与’的积极、健康、创新、可持续的中国特色良性发展道路”①，是非常有道理和指导性意义的。

四、MOOC与网络公开课的差异

网络公开课是把录制好的课程定期上传，学生通过上网观看课程视频进行学习的一种方式。我国最有名且认知度最高的的当属超星学术视频（网址为http://video.chaoxing.com/）。MOOC是网络公开课以及远程教育等网络教育形式的整合、发展、延伸性产物，是网络教育目前最高级、最先进的形式。其不但包含网络公开课的相关功能，而且改进且开发了很多新的功能与形式。那么，两种视频学习最大的不同是什么？或者说MOOC的优势在哪里？简单地讲，MOOC最主要的优势是其教学交互性的实现。网络公开课基本上都是事先录制好，上传到平台上之后，供学生进行学习；而MOOC是实时性的同步学习（但讲授完的课程，学员还可以在平台上找到且反复收看），其更强调交互性、及时性。2013年3月3日，“上海高校课程资源共享平台”上线。平台中有一段阐述Coursera平台互动性的文字，“Coursera的特色是互动，这就使它区别于过去的在线课程。到目前为止，大多数在线课程很大程度上都是录制的讲

① 构建有中国特色的在线开放课程体系和课程平台[EB/OL].(2015-04-28)[2015-11-07].http://www.moe.gov.cn/jyb_xwfb/gzdt_gzdt/s5987/201504/t20150428_187562.html.

课，需要用户独自学习，学生无法与同学或老师互动。而 Coursera 要求学生跟着进度走，每周需完成五到七个学习模块(共耗时不超过两小时)。在 MOOC 的视频中，教授们讲解概念、在白板上涂涂写写，这些视频通常被切割成众多短小的片段，中间穿插习题和小测验在屏幕上出现。除了视频讲解，还有互动功能和小测验。只有通过教师制定的标准，才能获得证书。如果学习中遇到了问题，学生可以选择去讨论区借鉴别人的想法，也可以直接提问，等待同学的帮助。特隆说，不断地向学生提问会让他们持续投入到课程中，这同时也是一种强化的方式，已经被证实可以巩固理解和记忆”。[①] 此段文字指出了 MOOC 的互动性是极高的，同时，也从另一个侧面让我们体会到 MOOC 教学过程的完整性。

另外，MOOC 要求的视频清晰度、播放的流畅性更高，也就是绝对不能出现影像中有马赛克、视频停滞、网络缓冲等状况。因此，MOOC 平台在正式上线投入使用时，往往需要进行严格的认证、检测与监测。我国的原创 MOOC 平台存在网速较慢的问题。可以说，MOOC 平台有效且真正地实现了教、学、评、测、练、认证、互动等教育环节的网络化，初步实现了教学的完整性、灵活性、集约性等目的。如果用一句话总结 MOOC 与网络公开课的差异，即 MOOC 是实时的现场互动教学，强调“动”；网络公开课是定期上传且播放录制好的课程，强调“静”。还有，MOOC 的认知度相对网络公开课要高。例如，上海有 30 多个高校对学生在“上海高校课程资源共享平台”学习相关课程后获得的学分是认可的。

五、MOOC 的优缺点

(一)优点

第一，教学资源的优化组合。MOOC 的课程不单单依附于一个国家、一所高校。只要条件允许、教师个人同意，从逻辑上来讲，其可以请世界上任何一个国家、任何一个高校的任何一个教师进行授课。这样独特的授课方式，使 MOOC 平台的课程组建者可以把所有优秀的师资与课程集结到自己的平台上。这种方式打破了高校之间的壁垒。例如，有些同学对哈佛大学的某门课程非常感兴趣，但是受到地域、时间等主客观因素的限制不可能轻易听到，但是 MOOC 平台可以向此课程的教师发出邀请，让该教师通过 MOOC 平台授课。2012 年，比尔·盖茨就曾大胆预言：“五年以后，人们

---

① 王文礼.MOOC 的发展及其对高等教育的影响[J].江苏高教，2013(2)：53-57.

将可以在网上免费获得世界上最好的课程，而且这些课程比任何一所单独的大学提供的课程都要好。”[①]中国数字媒体艺术学学科创始人、中国传媒大学副校长廖祥忠教授也曾指出，“MOOC 的出现，正在改变世界。尽管它走得很艰难，受到学分、学制、观念、技术等诸多因素的影响和制约。但是我认为，它开启了一个新的时代，这个时代会来得很快。未来的课程，将由全球几所顶尖大学或行业顶级大学来完成，大学的知识传授的职能将由此而改变，大学将重新定位和分层，很多大学都将淘汰或转变职能”。[②] 从以上内容不难看出，MOOC 教育的不断深化，必然会导致高校及教师队伍的优胜劣汰。

第二，学习者无人数、地域等限制。也就是说只要能够上网的地方，并且具备基本的电脑设备，就可以进行 MOOC 学习。师生不必集中到一个固定的地点，体现了教学的灵活性特点，这种方式也让以学生为中心的个性化选择性教育得以实现。

第三，使终身教育成为可能。只要你爱学、想学，你就可以自由支配时间、搭配课程来进行学习，彰显主动学习、反复研习的特点。这样就把学习融进了生活中，学习成为社会生活中的一部分。这种随时随地，不分文化出身、学历背景、年龄大小的施教方式让全世界人民可以一生受学，终身受益。很多 MOOC 网站的首页标语口号就是“我的学习，我做主”，一语中的。

第四，授课时长较短，提供“干货”。MOOC 的每节课授课时间一般是在 5 至 10 分钟。这样做，一是因为学生更容易集中注意力，防止他们在授课中走神；二是无形当中要求主讲教师要在较短的授课时间内精炼知识内容，形成完完全全的“干货”；三是符合年轻人自身的学习心理习惯。因此，MOOC 的教学方式青年支持者较多，这也是重要的原因之一。

第五，课堂互动性的最大化。MOOC 的互动性体现在教师与学生之间、学生与学生之间两个方面，而且这种互动是密集型的。例如，在课堂上教师讲解一个问题时，如果学生很有兴趣，可以马上中断听课，进行相互的交流，随后再观看后面讲授的内容。另外，学生也可以在教师授课中随时按下提问键，教师如果有兴致或者认为不干扰自己上课的进度或者思路，就可以马上回应，并且可以进行视频切换，直接看到该生。

第六，反馈及时。MOOC 要求对学生的反馈一定要及时，一门课程配备了若干位助教，他们都需要提前受到平台的认证才可上岗。这些助教有些是固定的，有些是 MOOC 平台临时聘用的。平台安排了详细的解答问题值班表，助教都会在第一时间

① 贺斌.慕课：本质、现状及其展望[J].江苏教育研究，2014(1)：3-7.

② 廖祥忠.放眼全球，心怀大志，不忘责任，不辱使命[Z].中国传媒大学艺术学部新生开学典礼大会上的讲话，2015 年 9 月 13 日。

回答学生提出的问题。如果学生的提问实在有难度，助教解答不了，助教可向主讲教师汇报，主讲教师根据时间以及问题的多少，集中在一个时间段内解答学生的一批问题。另外，学生可以使用邮件提问、在线平台提问、MSN 等方式。这种全天候、及时解答学生问题的方式是传统课堂所做不到的。

（二）缺点

MOOC 不是传统面对面的教学形式，是一种隔空式的传播方式。尽管其优势突出，但从目前的状况来看，还是出现了一些弊端。

第一，大学有教育、科学研究、社会服务和文化引领等价值功能，MOOC 目前很难实现实体大学的全部功能。面对面的知识传授过程，对于育人中的人格与道德的熏养更为直接。曾为美国普林斯顿大学终身讲席教授，现为清华大学副校长的施一公教授说："我回国的根本目的是为了育人，教育一批人。育人在于育心，做科研是育人的一个重要环节。"[①]另外，MOOC 教学中的情感注入少、素质教育的有些目标难以实现。由于 MOOC 的授课时长较短，教师单讲授知识的时间就很有限，何况还要加入育人的相关话题。因此，在教学中渗透的情感教育、德育教育等相对有限。有的时候一个教师的魅力以及学生对其的信服度，都是在他讲解其自身的治学经历等相关方面体现的。知识之外的讲授可能对育人更有效果。同时，这也会造成师生之间的生疏感，因为毕竟大家没有面对面地深入交流，即便有互动，但是这些互动往往只止于知识方面的内容。

第二，考试诚信问题突出。由于 MOOC 的考试非现场进行，所以考生答卷的真实性令很多人质疑。也就是说，我是此课程的学习者，但是我结课的试卷可以让其他人帮我去答，最后以我的名义提交。虽然现在有了所谓的视频巡查机制，也就是固定一个时间大家统一考试，巡查员可以随意地切换视频镜头，看考生的信息，但是这种监督对于一些数万人、甚至数十万人的热门课程考试，基本上是无济于事的。而且往往人数众多的考试科目，更需要通过考试选拔出优秀的学生，以此来体现学生的不同学习程度与水平。考试诚信问题如得不到合理的解决，自然会造成社会对 MOOC 教育认知度的降低。认知度的降低主要涉及"认"和"知"两个层面："认"即社会对 MOOC 这种教育模式的认可程度降低；"知"即 MOOC 自身的知名度、"品牌"效应、社会影响会降低。

第三，教学秩序难以保证，教学质量无法估计，有些学生半途而废。首先，教师与

---

① 顾淑霞.施一公：回国是最好的选择[J].神州学人，2013(2)：126.

学生非面对面，其“震慑力”相对较小，必然会造成诸多学生自觉不自觉地在课上走神、溜号，影响上课的实际效果。其次，每个人都有一些懒惰性，毕竟学习不如上网购物、看电影等娱乐方式更令人惬意。自律性高、有韧性的学习者适合 MOOC 方式的学习，往往能够坚持把课程学完，并且达到预期的效果；但是那些意志力薄弱的人时常就会半途而废。有记载称，“在 Coursera 公司，注册参加特龙和诺维格讲授的线上人工智能课的 16 万名学生中，最后只有 14％念完了课程。而在 2012 年初注册参加麻省理工学院的一门电路课程的 15.5 万名学生中，只有 2.3 万人完成了第一套习题，约 7 千人即 5％通过了这门课程”。①

第四，有些课程利用网络难以开设，或者说即便开设也达不到此课程应有的目的与意义，例如体育课等。

人们对于 MOOC 的评价褒贬不一。从目前来看，其支持者会稍多一些，但是也有一些教育、文化等相关行业的专家对其进行了实践与理论上的批判，甚至有一些学者对 MOOC 进行了颠覆性的否定。英国博尔顿大学教育控制论研究所的袁莉、斯蒂芬・鲍威尔(Stephen Powell)两位教授就指出 MOOC 是一种破坏性创新，“所谓‘破坏性创新理论(Disruptive Innovations)’是由哈佛大学商学院的 Christensen 教授提出来的，是描述一种开始时植根于低端市场、功能简单的产品和服务，之后无情地侵占高端市场，并最终取代已有竞争对手的过程”。②

六、舆论以及对 MOOC 发展趋势的预测

针对 MOOC 的迅猛发展，无论是学术界还是业界都不免会发问，MOOC 会逐渐成为教育的主流吗？由于 MOOC 的出现以及日后的逐渐成熟，实体学校会大量消失吗？实体学校的教师会大量失业吗？学生足不出户就能获得学位吗？这些疑问的核心归结起来其实都指向了 MOOC 的发展趋势问题，如果发展势头迅猛，以上的问题自然会出现。那么，对于 MOOC 教育与传统教育之间的博弈，我们自然会联想到一个发展态势：完全传统教育→传统教育为主与 MOOC 为辅→传统教育为辅与 MOOC 为主→完全 MOOC。如按以上发展预期发展，MOOC 将是对世界教育界以及相关行业的重大颠覆。诸多专家对 MOOC 的发展趋势有不同的看法，美国太平洋大学传播学系主任、终身教授董庆文教授说：“可能 10 年甚至用不了 10 年，世界教育模式就会

---

① 王文礼.MOOC 的发展及其对高等教育的影响[J].江苏高教，2013(2)：53-57.

② 袁莉等.MOOC 对高等教育的影响：破坏性创新理论视角[J].现代远程教育研究，2014(2)：3-9.

被 MOOC 完全颠覆,大量教师要下岗。"[①]这是一位从事传播学研究的教授从自己的专业角度思考而得出的结论。这其中有一定的道理,我们设想一下:现代传播技术的确给人类带来了翻天覆地的改变,20 年前人们完全不会想到现在互联网给我们的生活、学习、工作等带来的变化与冲击。人们现在可以足不出户地进行网络购物,也不用去邮局邮寄信件,更不用再去银行排长队进行现金汇款,大部分的影视节目也都可以在互联网上找到且反复观看……但是大多数学者还是保持中立、含蓄、观望态度来看待 MOOC 的发展。"正如网络技术在 20 多年间已颠覆我们以前的生活和工作方式一样,MOOC 在未来 20 年也必然重塑人们的学习状态。"英国的多米尼克·卢克斯教授指出,"展望未来,MOOC 不大可能成为高等教育的救星,也不大可能造成传统大学的解体。最有可能的是未来会开放新的访问平台,供人了解更多内容"。[②] 哈素·普拉特纳学院的总裁克里斯多夫·梅内尔教授指出,"MOOC 是对传统大学的颠覆性延伸而不是威胁。MOOC 不能取代现存的以校园为基础的教育模式,但是它将创造一个传统大学过去无法企及的、完全新的、更大的市场,因为传统大学校园受物理的限制"。[③]

因此,笔者认为 MOOC 平台的教育形式一定会对传统教育产生强烈的冲击,但传统教育也不会由此消失。MOOC 与传统教育形式各有利弊,并驾齐驱较为可能。也就是网络的 MOOC 与实体的传统教学相辅相成,互助互利,最终两种教育形式都可以受到社会的认可,每个学习者完全可以根据自身的需求与特点来进行选择,进而达到被教育的目的。

〔王韡,中国传媒大学艺术研究院〕

① 美国太平洋大学传播系主任董庆文 2015 年 6 月 20 日在中国传媒大学讲学时的发言。笔者也在当时的讲学现场。

② LUKES D. The great MOOC slander? realities and narratives of education and learning [EB/OL].(2012-09-15)[2013-11-15]. http//researchity.net/2012/09/15/the－great－mooc－slander－realities－andnarratives－of－education－and－learning/.

③ ZHU A.Massive open online courses—a threat or opportunity to universities? [EB/OL].(2012-09-06)[2012-10-29].http: / /www.forbes.com/sites/sap /2012 /09 /06 /massive－open－online－course－a－threat－or－opportunity－to－universities/.

传媒类实践教学方法的探索与研究

——以“高清现场转播节目制作”课程为例

◈ 刘杰锋　张　俊　汤思民

引　言

《国家中长期教育改革和发展规划纲要(2010—2020年)》明确指出，进一步加强高校实践育人工作，是全面落实党的教育方针，把社会主义核心价值体系贯穿于国民教育全过程，深入实施素质教育，大力提高高等教育质量的必然要求。对于深化教育教学改革、提高人才培养质量，服务于加快转变经济发展方式、建设创新型国家和人力资源强国，具有重要而深远的意义。

在“全民创业、万众创新”的今天，全社会尤其是高校应切实改变重理论轻实践、重知识传授轻能力培养的观念，注重学思结合、知行合一、因材施教，以强化实践教学内容与要求为重点，以创新实践育人方法与途径为基础，以加强实践教学基地建设与发展为依托，以加大实践教学经费投入与管理为保障，积极整合社会各方面的资源，形成实践与育人合力，构建实践与育人环境，夯实实践与育人长效机制，努力推动高校实践育人工作取得新成效、产生好效果、开创新局面。

中国传媒大学作为教育部直属国家“211工程”重点建设大学，有着鲜明的传媒特色，面对传媒行业实践性、应用性强的特点对人才培养提出的客观要求，学校创新育人理念，倡导“校园大课堂、传媒大舞台”的育人模式，全方位搭建开放性实践平台，使学生在传媒工作真实情境中学知识、长才干。其中，中传电视台就是学生实践教学的一个重要平台。2013年，学校与索尼(中国)有限公司合作共建10讯道高清/3D转播车，这在国内高校中尚属先例，不但提升了教学的技术装备水平，也为学生提供了更优质的实践平台。“高清现场转播节目制作”就是在此背景下开设的一门课程，课程开设三年来，将理论教学与实践转播有机结合，培养了200多名熟练掌握转播流程的学生。部分学生在毕业后成为专业骨干，获得了用人单位的极大好评。本文即以此课程为例,探索传媒类实践教学方法的改进措施。

一、对实践教学的认识

实践教学是学校教学工作的重要组成部分,是深化课堂教学改革的重要环节,是学生获取知识的重要途径,也是强调以学生为主体、教师为辅助的一种全新教学方式。

教学方法的改革是推动实践教学改革和人才培养模式改革的关键。要从基于实际、基于问题、基于项目和基于案例的教学方法和学习方法入手,加强综合性实践项目设计和应用,加强学生创新创业教育,支持学生开展研究性学习、创新性实验、创业性计划和与实际生产接轨的实践活动。

在设计实践教学项目时应体现以下目标:

第一,在理论指导下开展实践,在实践中感知理论,在实践后巩固理论。

第二,培养兴趣、提升信心,调动学习的自觉性、主动性和创造性,进而激发求知欲望。

第三,逐步培养发现问题、分析问题、解决问题与总结问题的综合能力。

第四,提升职业素养、规范职业道德,培养社会责任感和使命感。从实践教学育人的角度来看,这一点尤为重要,同时也是实践教学的核心所在。

因为,只有通过实践活动才能给学生提供提升职业技能与素养的空间与舞台,也只有在真实的实践环境中才能让学生感受到什么是职业道德所要求的岗位责任与社会担当,而这往往又是理论教学所难以承担的重任。

实践实验教学中心和中传电视台,两单位以下共同简称"中心(台)",是中国传媒大学的校内实践教学综合平台("一套人马、两块牌子",依托中传电视台为全校开展综合性的实践教学工作),也是国家级和北京市广播电视与新媒体实践教学示范中心、北京市高等学校示范性校内创新实践基地。

如何真正发挥中心和基地在传媒领域内的实践教学示范引领作用,探索和开展实践教学方法的改革,是当前急需思考和解决的问题。只有探索出一条既符合社会和行业需求、又被学生认可的人才培养之路,才更有实际意义。

二、实践教学的出发点与立足点

中心(台)在媒介融合的大背景下现已初步建成集传统电视、网络电视、楼宇终端、移动终端以及纸媒于一体的全媒体内容生产和传播的综合性硬件平台。每学期有超过 1 000 名学生在此接受实践课程的学习并开展各种形式的实践活动，他们生产出的作品用于全媒体平台的播出与展示。

2013 年，高清转播车到位以后，为了更好地依托转播车开展实践教学，充分服务于人才培养，中心(台)进一步明晰实践教学的目的与意义、探索实践教学方法的改革。除了从社会层面了解实践教学的目的与意义外，还从行业需求与学生意愿两方面综合考虑其出发点与立足点。

(一)实践教学的出发点

在社会主义核心价值观日益凸显的今天，职业素养的培养和职业道德的规范在实践教学人才培养方面会占有更为突出的地位。中传电视台一直把培养具有一定职业素养和良好职业道德，具备“与理论相结合、与行业相结合、与社会相结合”的综合型人才作为教学的根本出发点。

电视转播是极为辛苦的工作，不仅挑战体力，更考验同学们的意志和品质。转播活动不只是我们想象中的“技术工作”，还包括布线、搬运设备、架设系统、打扫卫生、收线等“重体力劳动”，每次至少持续十五六个小时。对此，我们要求所有人员不分岗位、不论男女都必须参与，这是培养职业道德最好的环境。

团队精神是电视转播的关键。岗位不分轻重，都不可或缺，胜利共享、责任共担。我们常和学生比喻：转播场如战场，拉线好比挖战壕，摄像可比扛枪架炮，视频是正面战区，音频是隐形战场，系统通讯与后勤保障必不可少。因此，我们要求每位成员都必须具备大局意识和全局观念，随时进行有效的沟通与协作，确保团队强大的凝聚力和集体荣誉感。

专业功底是电视转播的基础。无论是技术操作，还是内容创作，都需要扎实的专业功底来支撑。仅凭课堂教学远远不够，更多的努力在课堂之外，主动学习显得尤为重要，创造性思维更是成功转播的保证。

直播安全是电视转播的核心。设备、人身及转播安全要求每位参与者都必须在思想上高度重视，行为上要严格遵循职业规范。具有良好的职业素养是最基本的要求。

正是由于电视转播的综合性和复杂性等特点，我们在教学过程中不断强化职业素养与职业道德的规范与要求，通过大量的转播实践使之内化为学生的行为规范，同学们在这方面的提升非常明显，而这些往往是理论教学较难做到的。

(二)实践教学的立足点

在互联网高速发展、媒介高度融合的今天，人才培养方向应该重新定位与调整。

立足于“一切为了学生、为了学生一切”，围绕创新型、复合型和精专型人才培养目标进行探索与研究是开展实践教学的立足点。

电视转播是一个非常复杂的综合系统，由多个子系统构成，岗位繁多且交叉融合、相互配合。对于设备先进、系统复杂的10讯道高清转播车，如何将设备操作、系统调试等技术教给学生，本身就是一件非常艰巨的任务，遑论通过一个学期的学习将其培养为创新型、精专型和复合型人才。

树立“以学生为中心”的教学理念，是培养创新型、精专型和复合型人才最有效的办法，也是开展实践教学的立足点。无论是在学生管理、教学开展，还是在转播实践中，都要充分发挥和尊重学生的自主性，明确教师的宏观指导作用，减少教师微观的亲力亲为。实践证明，只有给予充分的信任，才能调动学生的主动性、积极性和创造性。他们不仅能管理自己，还能创造出更多让我们不敢相信的奇迹。

针对“高清现场转播节目制作”课程，教师团队不断观察与反复商榷，做出了让学生管理转播车的决定，由学生负责每次课程和转播中所需的设备、设施的收发管理、调试运行、维护检修等具体工作。看似简单的决定，收到了意想不到的效果。学生们通过主动学习，不但能熟练操作所有设备，也深入掌握了设备的工作原理，还能轻松自如地调整全车系统，甚至绝大多数同学都能做到一专多能。更为重要的是，他们针对转播活动逐步拟定了配套的转播日志、转播手册和管理制度等常规性文件，极大地提高了效率、保障了安全，真正做到创新型、精专型与复合型的结合。

三、实践教学改革

(一)教学改革方法

自高清转播车进驻中传电视台伊始，教师们就开始思考与探索实践教学方法的改革，最终决定围绕转播车，设置一门课程，成立转播团队。两者构成电视转播实践教学的两个维度。

1. 课程设置与团队建设

首先，开设“高清现场转播节目制作”实践课程(4学分)，由教师团队授课。授课内容包括电视转播的技术系统和内容创作两个方面，涵盖转播所需的相对完整的知识体系，体现出技术与艺术相结合的复合型人才培养方向。技术系统主要包括转播车概况、视频系统及视频制作、音频系统及音频制作、信号传输及多平台播出；内容创作包括转播活动的策划与组织、转播设计、机位设置、镜头设计与转播切换等。课程分课堂讲授和实践训练两部分,可交叉进行,其中,理论部分 32 学时,实践训练不少于 64 学时。

其次,开设转播班。转播班每学期 35 人,设置微信号"中传电视台第 X 届转播班"。主要面向中传电视台内已具备一定节目制作经验且对电视转播怀有浓厚兴趣的同学,并设置选拔和多轮面试等环节。为了团队的专业化建设,确保在较短时间内打造一支具有一定转播理论基础知识、熟练掌握转播流程与技能,并能完成一般性转播任务的预备队伍,转播班同学来自校内多个专业。

同时,成立转播部,规模保持在 50 人左右,设置微信号"中传电视转播"。采用竞争淘汰机制,将已完成转播班学习任务且具备足够能力的同学纳入转播部。转播部成员通过不断参与校内外各种大型活动的转播,进一步巩固所学知识、提升转播所要求的职业技能,打造出一支有高凝聚力、高执行力的转播队伍。

最后,明确转播部与转播班的关系。第一,转播部与转播班都是转播实践教学的一部分,由教师团队统一指导;第二,转播部在教师的指导下,负责转播班的宣传招生、教学组织、日常管理、技术培训、课程考核等工作;第三,大多数的转播活动从策划开始,到转播实施和收尾总结,都由转播部在老师的指导下带领转播班完成;第四,每次转播都必须通过专有微信公众号进行全面总结并宣传。

在每次的转播实践中,我们通过"以老带新"的方式,采用"传、帮、带"的方法,不但要求老生全方位指导新生,还通过发挥老生的模范作用,为新生提供学习的榜样。这对于新生的快速成长和进步、老生的知识巩固和运用都有十分明显的效果,促进了整体水平的快速提升,为团队建设夯实了基础。

2. 延伸课堂与改革举措

课堂延伸体现在时间与空间两方面,主要通过课程微信号进行沟通连结。课程特点决定了 32 学时的理论教学不可能将全部知识讲授完,64 学时实践也不可能将全部操作学会,大量知识点的学习与基本操作只能在课下完成,无形中将课堂进行了延伸。同样,所有实践也不可能都在教室进行,不同知识点的讲授需要不同的环境与场合,因此,课堂在空间上也进行了延伸。采用常规的教学方式无法完成上述要求,课程改革势在必行。

每次开学前,教师团队都会根据教学大纲,对本学期的教学内容与安排从理论与实践两方面做出详细的教学计划,并完成课程 PPT 的制作。每节课前还要集中备课,针对本次课程内容进一步细化讨论,将预习内容、讲授内容、实践内容等全部明确后形成教学PPT,通过微信号至少提前一天发给同学,要求他们提前预习相关知识,明确教学内容与要求。

教学要讲效果,就必须考虑学生的接受能力。长时间灌输大量知识并不能产生好的效果,因此,转播班课程每次基本做到前半部分为理论讲解,后半部分是对应的实践环节,最后留出半小时总结,劳逸结合。

实践课程的理论讲授要避免两点:一是上成纯理论课;二是没有设计、缺乏条理、不成系统。实践环节的设计也要做到以下四点:第一,要符合实践教学的要求,与理论部分紧密相关;第二,在时间与地点安排上要方便教学及管理;第三,实践活动的内容要能激发学生参与的兴趣;第四,实践结果要以成果化的形式体现,让同学们获得成就感,这对提升学生的自信心、激发其学习兴趣有很大的帮助。当然,如果实践要走出校园,就必须考虑安全问题,强制购买特种保险,这点正在探索与尝试中。

3. 翻转课堂与设计实践

翻转课堂作为教学改革的具体方法之一,有很多值得探索与思考的地方。

传统的教学模式是以老师讲课为主,学生听课并完成作业。而"翻转课堂"则要求学生在课前自主完成知识学习,课堂则在老师的主持下,变成师生间和同学间彼此分享心得、交流与讨论问题的场所。当然,所有环节及问题由老师提前设定,包括知识的理解与运用、答疑解惑和综述总结等,而不包括知识点本身。

例如,对转播中最核心的岗位"电视节目导播"的认识,教学计划中第八次课程被设计为翻转环节,前面几次课程则进行系统的准备。从第二次课到第四次课设计三次演播室制作实践环节,让同学们了解演播室制作流程,熟悉岗位职责,初步认识导播的地位与作用。第五次与第六次课设计为EFP制作(即电子现场制作)实践环节,该部分明确要求思考和分析导播在多讯道转播效率与团队配合中的作用。第七次课简单而又系统地介绍导播的概念与地位,并针对第八次课的内容进行任务布置,将全班同学根据不同内容分成三组,要求每组讲授一个小时。其中,第一组结合已经完成的转播活动总结导播的基本职能;第二组结合即将转播的活动介绍导播的工作流程;第三组结合期末结课转播的项目,介绍作为一个优秀导播应该具备什么样的综合素养。看似简单的三个问题,实则都围绕着如何更加全面地认识导播这一问题,并且巧妙地将已经完成的实践项目进行有效总结,即提前思考需要进行的转播,而将结课时选择的重大活动结合导播综合素养的要求做更深入的思考与分析。

通过这样的一次翻转课堂,同学们不但对前面七次课做了一个既全面又系统的总结,也能看出他们的团队配合意识、主动意识、语言表达能力、分析问题和总结问题的能力得到了提升,同时,还为后面的学习和实践做了很好的铺垫。

对于"高清现场转播节目制作"课程,要想通过一学期的学习就将整个转播从技术操作到内容制作都掌握,就必须进行精心的设计,并安排大量的实践项目。

第一类为常规的实践活动,由教师团队根据课程内容来设计。安排在正常上课时间内进行,由转播班同学完成。遵循由简单到复杂、由演播室内到演播室外、由录播到直播、由单一网络直播到全媒体直播的规律,安排6—8次。

第二类为非常规的实践项目,针对学校内举办的大型活动,教师团队有目的地进行选择,原则是选择有影响、有规模、同学们感兴趣的活动。对于这类活动,我们都安排直播。由转播部组织并带领转播班的同学共同完成,一般安排3—4次。

第三类为固定的实践活动,这也将作为转播班的结课考核项目。春季学期固定为毕业典礼,秋季学期在新年音乐会与其他相当活动间选择。以全媒体直播形式进行。以转播部为中心,带领转播班全体同学,组织全台力量共同完成,每学期1次。

4. 自管为主与督管相辅

学生自我管理为主、教师督管结合为辅是实践教学改革必须明确的观念。

任何一项教学都离不开督导和管理,实践教学更是如此。"高清现场转播节目制作"课程配备班主任,对转播团队所有工作进行一定的组织和协调,保证各项工作顺利推进。

转播活动的特点决定了转播团队成员要有很高的执行力,组织纪律性是一再强调的事情。因此,教学实行较为严格的管理,对课程出勤、转播活动参与都有明确的要求,设立退出机制,对达不到要求的实行劝退,不允许有"打酱油"的情况发生。充分运用新媒体方式加强沟通,包括教学通知、制作课程PPT、问题讨论、教学互动、转播安排等在内的大部分日常管理工作都通过课程微信号进行。即时的沟通方式,对拉近师生及团队成员间的距离、增强团队的凝聚力有很大的促进作用。

自我管理在转播团队中占有非常重要的地位,也起到了很好的效果。对于每次转播任务,转播部通过自荐或推选在团队内确定一位负责人,这与大型转播活动实行的导播负责制类似。负责人作为团队的核心,对外负责与主办方的联系和协调,对内组建转播团队、进行人员分工及工作安排等。通常,负责人还会担任导播等重要角色,因此除了组织管理及沟通能力之外,对业务能力的要求也相对较高。在此过程中,指导老师不做过多干预,充分信任学生,发挥其自我管理和组织能力。通过这样的实践,不但能提高学生们的转播能力,同时其组织能力、沟通能力、协调能力与领导能力都会得到明显提升。

成绩对于每位同学来说都是非常重要的。转播班的考核成绩先由转播部根据每位同学的综合测评得出基本成绩，提交全体指导教师审核，通过后发到转播班微信群进行公示，无异议后最终确定上报教务系统。综合测评内容在课程的教学大纲里有明确规定，包括平时学习 40%（出勤 10%、课堂表现 10%、平时作业 10%、自主学习 10%），平时实践 30%（平时转播中的表现，共设计不少于 3 次转播，每次各占 10%），期末 30%（结课直播中的表现，个人岗位表现 15%、团队配合表现 15%）。这样，既做到了公开、公正、透明，又培养了同学们的自我管理、自我约束意识。

5. 沟通思想与引导成长

经过多年的教学思考与总结，我们认为师生间思想的沟通和精神的交流在实践教学的过程中，相比于知识的讲解与技能的传授往往显得更为重要。只有这样，教师才能更加了解学生，帮助他们学习、引领他们成长，使之成为社会有用之才。

现在的学生无论接受能力、理解能力、学习能力，抑或创新能力和创业能力都很强，只要想学、想做就没有学不会、做不好的。在大学里之所以出现“低出勤、低抬头、低及格”现象，是因为他们没有真正认识到学习是为什么，学好了有什么用，要学什么，怎么学才是最有效的方法。如果能把诸如此类的问题解决好，彻底摆脱应试教育所带来的唯分数论的学习方法，清楚认识到所学知识与未来工作的关系，找准自己未来的位置，了解自己应该承担的社会责任与社会担当，相信他们一定能提高学习的兴趣，增强学习的信心，激发学习的动力，变被动为主动，健康快速地成长。

转播团队的实践教学，无时无刻不在通过线上（微信）与线下（面对面）、课堂与实践，运用语言和行为的多种方式进行，教师与同学们即时沟通交流，引导他们成长。

6. 传承历史与开拓未来

好的做法必须宣传，好的成果一定要传承，只有这样，才能更好地开拓未来。

对于引导同学们正确认识课程，激发他们的学习兴趣和学习主动性，实践课程可以起到很好的效果。教学方法的改革固然重要，围绕课程做好宣传同样重要。宣传要接地气、讲实效，从课程本身、课程内容、课程和未来工作的关系、课程成果、职业素养与职业道德在未来人生中的重要性以及师哥师姐们取得的成就等方面进行。

课程的第一讲即安排三分之一的时间回顾往届转播班的光辉历史，让新一届转播班同学能够充分感受到其中的荣誉，并希望他们能够传承下去。每次教学中都强调职业素养与职业道德的重要性。请业界优秀的师哥师姐回来谈感想。每次的转播成果进行微信推送，鼓励他们的家长、同学们关注。对于特别重大的活动，我们都会在前期进行大量的宣传、推广报道，动用全台资源进行全媒体直播，尽量扩大影响，不仅仅让同学们感受到压力，更多的是让他们体会到荣誉感和自豪感。正是因为这些举措，他们的自主学习达到了一种空前的程度。为了做好 2016 年中国传媒大学新年音乐会的转播，光是打印出的导播工作台本厚度就达到 1.5 米，工作量是惊人的，当然，最终的直播效果让业界同行们也感到震惊。所有这一切，对传承历史与开拓未来有着非常重要的作用。

总的来说，课堂改革与转播实践是“高清现场转播节目制作”课程培养人才的两个支撑点。二者有机结合，密不可分，体现了人才培养的不同维度。

(二)教学改革成果

1. 显性成果

经过 3 年来的不断尝试与探索，“高清现场转播节目制作”课程取得了一定的成果。连续成功开设 6 届转播班，培养 200 多名熟练掌握转播技术的同学，第一届转播班毕业的同学就业情况及就业后的表现都非常不错，有从事一线转播的、有自主创业的、有去主流媒体的，他们在择业的过程中具有明显的竞争优势。

这些年转播班完成了包括中国传媒大学建校 60 周年校庆晚会、中国传媒大学新年音乐会(2015 年、2016 年)、中国传媒大学毕业典礼(本科、研究生，2013 年、2014 年和 2015 年)、光影纪年颁奖典礼(第三届、第四届和第五届)等在内的近 40 场大型直播活动，几乎涵盖了学校所有重大活动，不只是为学校留下了非常珍贵的高清影像资料，而且多场转播完成的节目在多个卫视频道进行播出，充分体现了较高的制作水平。

“高清现场转播节目制作”课程获得中国传媒大学课堂教学改革立项和北京市课堂教学改革立项。

2. 隐性成果

不但取得了上述的显性成果，还在以下几方面获得了收获：

第一，转播班所有同学清楚地认识到，只有在职业素养与职业道德的规范与要求下，将自己打造成为具有创新能力的复合型与精专型相结合的综合型人才，才是社会最需要的。

第二，从转播班走出去的同学坚信团队配合的重要性，他们往往能够表现出更多的社会责任感与担当意识，更容易获得用人单位的认可。

第三，加入转播班的同学非常清楚转播班培养人才的目标与要求，他们都会朝着这个方向努力。同时，转播班的生源越来越好，影响也越来越大，为行业培养更多优秀人才夯实了基础。

第四,“高清现场转播节目制作”课程教学方法的探索,取得了较丰硕的成果,也形成了一定的品牌效应,为今后的实践教学改革创新了工作思路、明确了方向,在一定范围内对其他学校相关专业的实践教学也起到了一定的示范与引领作用。

四、小结

中传电视台依托10讯道高清转播车开设“高清现场转播节目制作”课程,在较短时间内取得了较为突出的成绩,以课程为依托成立的学生转播团队不但“拿得出”,而且“能战斗”,完成了大量看似不太可能完成的转播任务,以实际表现赢得了师生的赞誉,同时也得到专业人士的高度认可。

培养创新型、复合型和精专型人才是高等学校落实实践教学改革的立足点与出发点。在中传电视台学生转播团队的人才培养中,我们通过摸索与实践,逐步走出一条极具特色的人才培养之路,切实践行了中国传媒大学“校园大课堂,传媒大舞台”的办学理念,体现了学校在加强学生职业素养与职业道德修养方面的责任担当。

〔刘杰锋、张俊、汤思民,中国传媒大学实践实验教学中心(中传电视台)〕

ACCA 考试对会计专业学生的影响：冲突还是补益？

◈ 刘 钰

一、ACCA 在中国的发展现状

ACCA 从 1990 年进入中国开始到现在，与高校的合作迅速发展。截止到 2011 年，国内已开办 ACCA 项目的高校有数十所，到 2015 年，已经增加到 90 多所。近几年来开办 ACCA 项目的高校主要集中在私立大学和一些公立高校的二级学院，而较早开办 ACCA 项目的高校则主要集中在一流综合性大学和顶尖财经类院校，如北京大学、中国人民大学、南京大学、中央财经大学、西安交通大学、厦门大学、四川大学、西南财经大学、对外经济贸易大学、东北财经大学、上海财经大学、中南财经政法大学、南京审计学院、天津财经大学等。

鉴于 ACCA 在国内的快速发展，ACCA 对于国内会计学教育的影响已经不可小觑。ACCA 能够在很大程度上与我国本科会计学专业相衔接，一定程度上弥补目前会计专业在某些地方的不足。因此，探索二者的差异，有助于我们在优势与劣势的比较之中更好地完善会计学教学。

二、ACCA 与国内会计学专业教育的差异分析

（一）ACCA 相对于国内会计教育的优势

1.会计准则依托

众所周知，ACCA 依托的是国际会计准则，而国内的会计学教育依托的主要是中国财政部发布实施的企业会计准则，二者虽有差异，但大部分的准则都是相同的，且从

财政部不断发布的新的企业会计准则来看，相似的程度还在进一步上升。从整个宏观层面来说，全球会计准则趋同步伐进一步加快，我国审时度势、顺势而为，财政部发布实施的企业会计准则对国际会计准则的借鉴程度不断加深，正一步一步向着国际会计准则修改完善。从这个大的趋势来看，本身就以国际会计准则为依托的 ACCA 教育似乎比国内的会计教育有着更为成熟、完善的先天优势。

2.知识体系

从教学课程设置来说，我国的会计学专业教育课程分为财务会计、管理会计、其他三大板块。其中财务会计下设会计学基础、中级财务会计、高级财务会计等，管理会计具体细分为成本会计、管理会计等，而其他板块主要涵盖税务会计、电算化会计、政府与非营利组织会计等课程。整体上来看，课程内容设置完善且重点突出。然而不难发现，国内会计学专业的教学体系较为松散，知识模块主要呈现点状式分布，知识体系的整体宏观层面的搭建略有不足。

相比之下，ACCA 的课程知识体系搭建得更为完善。ACCA 的知识体系框架主要围绕四条线展开：法律、商业、财务会计、管理会计。法律分支下设 F4 商法、F6 税法、P6 高级税法。商业细分为 F1 商业会计、P1 商业风险、P3 商业分析。财务会计下设 F3 财务会计、F7 财务报告、F8 审计认证、P2 公司报告、P7 高级审计。管理会计下设 F2 管理会计、F5 业绩管理、F9 财务管理、P4 高级财务管理、P5 高级业绩管理。更重要的一点是，这四条线并非完全独立，而是在教学中相互穿插。对一条知识线脉络的学习难免会涉及其他主线的内容，这时 ACCA 课程体系的设置优势就得以体现出来：不孤立地分割知识点，学习中对于涉及的其他知识会进行集中说明，阐明影响和意义，从而实现知识点的融会贯通。

表 1 ACCA 与国内会计专业相应课程的比较

ACCA	国内会计专业相应课程
F3 Financial Accounting 财务会计	会计学基础 中级财务会计
F7 Financial Reporting 财务报告	中级财务会计 高级财务会计 国际会计
P2 Corporate Reporting 公司报告	高级财务会计 国际会计 会计理论
F2 Management Accounting 管理会计	成本会计 管理会计
F5 Performance Management 业绩管理	管理会计
P5 Advanced Performance Management 高级业绩管理	管理会计 战略管理 管理控制系统
F9 Financial Management 财务管理	财务管理
P4 Advanced Financial Management 高级财务管理	财务管理、投资学、战略管理

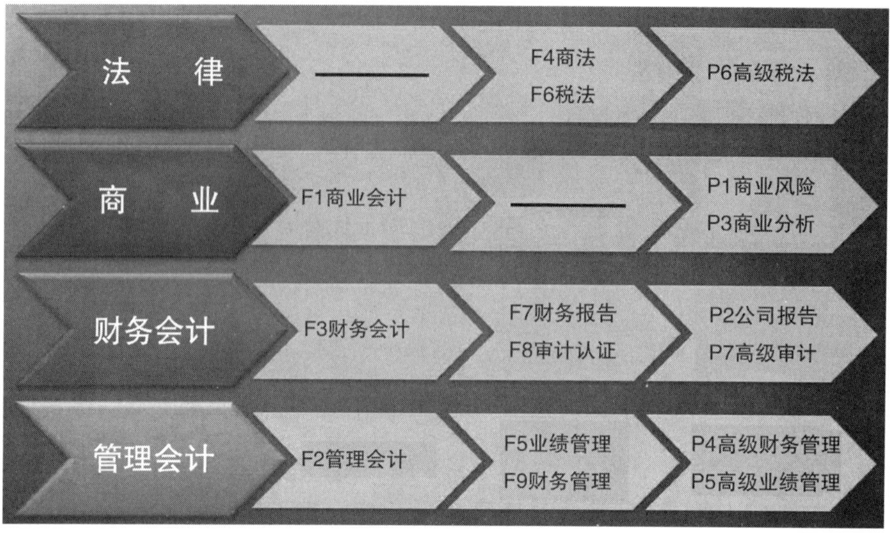

图1　ACCA课程体系图解

3.教学语言

ACCA的教学语言为英语,这对ACCA学员的英语水平有一定的要求。ACCA考试中,除可以选择机考的F1、F2、F3和F4采用客观题多项选择题,其他的各个科目均有计算题、论述分析和案例题。随着考试级别的提高,大致有50%甚至以上的题目是需要用英语回答的,要求应试者不仅要看懂各种复杂的财会问题,还要能娴熟地运用英语表达出各种商务决策的分析过程中应用的原理,这就要求参加ACCA考试的考生,必须有过硬的财经英语应用能力。相对于全程中文教学的国内会计学教育模式,ACCA的全英文教学模式更加国际化,有利于增进学员在英文环境下的会计知识运用能力,有利于国际化人才的培养。

4.思考模式

国内的会计学专业教育存在一定程度的片段式、填鸭式等教学缺陷,很多学生在完成一个知识板块的学习之后只知其一不知其二,往往只知道如何进行应试答题层面的操作,而对原理理论、真正的实际案例应用等不求甚解。这种培养模式缺乏从理论到应用的过渡,缺乏对会计整体知识的把握,不利于学生向更高层次发展。ACCA的教育模式则是理论与实践并重,注重对学员思维模式的培养,这一点在案例分析的过程中体现得尤其明显。在ACCA的学习过程中,学员被要求具有连贯的思考分析问题过程,其注重对学员分析问题、解决问题实际能力的培养;对于案例的分析,要求一步一步展开论述,有理有据,逻辑严密,思维连贯。这种教学方式对于学员思考问题、解决问题的能力提升有指导性的意义。

(二)ACCA 相对于国内会计教育的劣势

1.应试化

ACCA 毕竟是以参与考试、通过考试后获取证书的模式生存,其应试化的弊端也非常明显。50 分的通过线对于知识的整体掌握程度的测试远远不够,仅仅学会考试重点内容、知道应该如何答题、以 50 分刚好过线的大有人在。这就意味着部分学员在自学、参加培训班或者参与高校成建制班学习 ACCA 的过程中,可能只注重考试重点的学习,对非考试重点内容则采取简略了解甚至直接忽视的学习态度。靠着这样的学习方式,即使通过了考试,却一问三不知,为了考而考,并没有真正学到东西。

相比之下,国内高校的会计专业教育却有着自身的优势。一方面,现在的高校教育越来越注重过程培养,即最后的期末考试只占最终成绩的一定比例,课堂表现、小组展示等模式增加了对于知识灵活运用的考察度;另一方面,国内会计学专业的教育以学校为依托,按照教学计划有序运行,而 ACCA 学员大部分依托商业化培训机构或者自学模式,以通过考试为最终目的、挑选考试重点进行学习的现象非常普遍。

2.免试政策

ACCA 对于不同背景的学员有一些免试政策,这项政策滋生了许多潜在风险。ACCA 免试政策出台的目的是减轻那些有一定会计学基础的学员的学习负担,而判断相应基础是否达到免试的标准的唯一依据是学生的国内会计专业背景,这自然就存在一定的风险。出于语言差异、知识框架差异等原因,在国内修会计学专业的学生并不一定就能将自己的专业所学与 ACCA 的知识体系无缝对接。本来 ACCA 的知识体系设计较为完整规范,但是免试政策的出台却在一定程度上影响到教学质量和后期通过率。免试的科目虽然不难,但却是后期知识学习的基础。免试之后学员进行后面课程的学习,由于对免试部分的知识一知半解,地基没有建好,后期如同建空中楼阁,知识的断层让学员后期的学习比较费劲且很难理解透彻,使得学习更加浮于表面。

3.师资结构

ACCA 教育的师资结构主要由外籍教师、已通过 ACCA 考试的科班生的教师、"半路出家"的教师构成。有的外籍教师中文水平不高,授课的方式不能完全被中国学生接受,这会影响学生对于会计专业知识的理解,达不到良好的学习效果。已通过 ACCA 考试的科班生的教师往往由于课程多、教学和科研任务重,与学生的交流机会更少。"半路出家"的教师是指没有参加过 ACCA 的考试,而是通过自学或参加相关培训,成为 ACCA 的授课教师的人。这部分教师中有一些对 ACCA 的教学特点和考试规律不甚精通,可能会让学生在学习上走一些弯路。相比较之下,高校会计学专业的师资存在的问题没有这么明显,且师资水平在学历、经历、科研等方面是呈上升趋势的。

此外,还存在与原有会计学本科教学计划冲突,置换或剔除模式使学员国内会计知识缺失、知识体系不完整等问题,例如税法考试是可以选择国家的,中国税法相对于英国税法更为复杂,所以考生大多选择英国税法,而很多时候刚好赶上校内本学期开设了中国税法,学生为防止混淆会选择上课不太听讲,考完英国税法再返回来恶补落下的中国税法以应付期末考试。文化、准则等背景差异导致教学困难,这些问题也是客观存在的。

三、ACCA 考试对会计专业学生的影响:冲突还是补益

(一)冲突

从时间角度看,ACCA 总共包含 14 门课程,耗时长,肯定会占用学校课程的学习时间。从学费角度看,考试费每门约 100 英镑,投资较大,不是每个学生家庭都能负担得起。从含金量角度看,无签字权,认可范围有限,外企认可度还好,在事务所受重视程度较低,事务所主要还是要求 CPA。

(二)补益

首先,从会计 ACCA 方向与普通会计学专业的区别上来看:ACCA 在校生可以考。某些学校的会计学专业还可以免考几门。三年以上的工作经验是指取得 ACCA 证书,不是指报考。有些学生大学阶段报考 14 门都通过,然后再工作三年拿到证书。一般来说,如果课程注明 ACCA 方向,那老师应该会在大学阶段把考试课程都带一下。但是费用肯定会比较高,因为 ACCA 的教材价格较高。

有些省份不允许在校生考注册会计师。学校的课程应该包括注册会计师课程和一些基础课程。学生大学大一时统一学会计基础,大二起细分专业方向(也不排除大一进去的时候通过选拔考试细分方向,因为 ACCA 之类的不是所有学生都适合学的,需要经过选拔)。

其次,从课程内容中看,两种课程有一些融会贯通的地方。例如,学习 ACCA F2 和 F5 课程,就会对在大二学习管理会计和成本会计学有一定的帮助。F3 和 F7 对于

财务会计课程也有一定的帮助。

最后，由于 ACCA 对于应试者的英语要求很高，在考试中除 F1、F2、F3 是采用客观题多项选择题，其他各个科目均为计算题、论述分析和案例题，随着考试级别的提高，对应试者应用英语的能力的要求更高。以 F9(财务管理)为例，在四道考题中，无论投资分析题目还是融资的题目，在计算解题后大多要求结合计算的结果和公司财务情况进一步分析说明。这就要求应试者能够精确地运用英语解释各种财务理论、分析各种财务数据，其中至少有百分之五十的题目是需要用英语分析的。由于有大量非英语国家的应试者，而且应试者的英语水平参差不齐，ACCA 考试机构特别推荐应试者参加 ACFE 金融英语证书考试以提高专业英语水平。

而我国的会计学专业课程设置时，对会计专业英语的要求主要体现在一到两门专业英语课程上，比如会计英语、金融英语等。但是对于现在中国的会计专业的学生来说，普遍是中文教学，这对于会计专业的学生的发展并不利。因此，在学生学习会计专业时，可以通过学习 ACCA 课程，进一步提高财经英语应用能力、用英语直接分析财会问题的能力。这也是对各种双语教学的极好的补充。

四、小结

ACCA 的出现可谓为国内的会计学教育注入了新的活力。ACCA 虽然在免试政策、师资结构、办学方式等方面还存在一定问题，但它相对国际化的人才培养模式、完善的知识结构体系，都值得国内会计学专业教育借鉴参考。我国高校会计学教育应当更好地与国际市场接轨，且保持原有特色，在适应国际市场需要的同时，关注国内会计准则和中国特有的财务市场需求，不断地发展完善，为中国的经济发展输送高素质人才。

〔刘钰，中国传媒大学经济与管理学部〕

研究、创作与文学艺术理论课堂教学

——“中国学者音乐”作品服务于课堂教学的尝试

◈ 杜寒风

大学教师要做好本科的教学工作，研究能力是十分重要的。虽说教师不是科研机构的研究人员，教学是其天职，是必须承担的工作，但教师也需要具有一定的研究能力，能够对所讲课程、所研究的领域有自己的观点。科研、教学都很重要，但完全以科研为重中之重而忽略教学工作，显然是不谙大学教育规律的做法。当然教师的研究能力有高有低，但不管是教学研究型教师，还是教学型教师，进行学术研究都应该在其所承担的工作中占合理权重。我们要在教学、研究中发现问题、解决问题，获得新的、自己的学术成果，使自己在相关课程内容上有发言权，可以发出自己的声音，而不是人云亦云，照本宣科，没有自己的见地。中国传媒大学鼓励文学艺术创作、倡导教学手段丰富化。自 2014 年正式从事词、曲创作以来，讲唱结合，学术研究与音乐创作结合，就贯穿在笔者的《文学概论》《艺术概论》《美学概论》《文艺美学》等本科课程中。这是探索教学表现手段多样化的一种尝试，以音乐弘扬社会主义核心价值观，弘扬祖国优秀文化（也有为外国诗歌作曲的歌），而且能够进行词曲创作，真正实现“讲自己”“唱自己”。讲别人的研究成果相对容易，讲自己的研究成果不容易，没有自己的研究，讲不出自己的东西。唱别人作曲的歌相对容易，唱自己作曲的歌不容易，没有自己的创作，唱不出自己的东西。

在互联网发达的年代，教师所下载的图片、音视频很容易被学生找到，而教师自己创作与制作学生在网上找不到的图片和音视频就比较可贵。尤其是教师新创作的作品在没有发布前，对学生是有吸引力的，它是来自创作第一线的作品，这样便于让学生了解一个作品是如何产生、传播的。同样，我们介绍自己的学术论文，不一定要介绍正式发表的论文，也可介绍未发表的论文，包括介绍修改稿，可以让学生了解一篇学术论文是怎样产生的。无论创作成果还是研究成果，里面都有教师的心血。当然，未正式发表的学术论文、文学艺术作品，也要适当注意知识产权的保护。教师是有著作权的，这一点也要给同学说清楚，可以此对学生进行学术规范、创作规范的教育，坚决反对对他人学术理论成果、创作成果的抄袭、剽窃。

2014 年我试着为元代政治家、思想家、文学家刘秉忠的词《木兰花慢·混一后赋》作曲,可谓正式开始了音乐创作的生涯。在我的两个硕士生的帮助下,2014 年 11 月 23 日我在中国原创音乐基地开设"杜寒风音乐空间"发布作品,至今已在原创栏目发布 130 余首原创歌曲(其中有修改的歌曲或重唱的歌曲)。我于 2014 年在网络上正式提出"中国学者音乐"概念;2015 年在"第七届北京传统音乐节"—学术研讨会主题发言中提出了学者音乐的艺术追求与审美理想;2016 年"中国学者音乐"这一概念印在正式纸质出版物上,我还在演唱方式方面提出了"无伴奏实景独唱"的概念;2017 年提出学者音乐的核心价值观。"中国学者音乐"之名的意义在于打出了旗帜,作为纯粹的非商业音乐,在众声喧哗中给人们以新的选择。

"中国学者音乐"指非音乐院校毕业的从事大学非音乐专业教学的教师(研究生学历)创作的音乐,不是用简谱或五线谱作曲。2015 年 7 月 9 日,我在新浪微博发布"中国学者音乐"的最简单表述——"学者音乐主要就是非音乐专业的教授、博士直接以歌词唱出的歌曲,而且可用乐器作曲。"2015 年又补充了"用乐器创作记谱作品",供关注"中国学者音乐"创作这一新生事物的朋友参考。我的身份虽是教授、博士,但音乐创作是为广大人民群众服务的。我作词作曲的《回报社会飘书香》就表达了学者音乐创作的理念。能够从事学者音乐创作的人极少,学者音乐有自己的追求、自己的理想,目前还未走进市场,定位为公益歌曲。它的出现可以丰富中国当代的音乐创作。学者要有自己的审美表现,为人民抒情、为人民书写、为人民歌唱,歌颂信仰之美、崇高之美,提供正能量。我自己创作的目的就是回报人民、回报社会。唱与讲结合,是服务教学的新方式。所以,从一开始我就不满足于自娱自乐,而是要在这个浮躁的时代,在中国原创音乐发展没有形成产业链、缺乏有效推广传播机制的情况下,试图发出中国学者在音乐创作方面的声音,虽然这个声音还微弱,但有总比没有好,它不染铜臭,绝不媚俗,以心写词,以心唱曲。笔者主张,一个教文学艺术理论课的大学教师,总是研究别人的作品,而自己不去创作原创作品,终究是让人遗憾的事情,现在学校重视文艺创作,教师更应珍惜这个时机。

理论来自于实践,没有音乐创作的实践,就无法产生理论,所以要提升理论就不能被乱象裹挟。讲理论,务必理论联系实际,空讲理论,貌似什么都点到了,但是没有深入的实践也是不行的。所以,在讲理论课的内容时,要讲鲜活的、生动的例子,加深同学对理论的印象。"实景无伴奏独唱"是我在演唱实践中提出的一个概念,指不带任何音响设备,在实景地演唱词曲作品的独唱形式,可根据现场情况调整自己的声音大小,现场可以有听众,也可以无听众,这是一种自由方便、简单易行的以真声演唱的方式,不需要在声音上进行修饰。

实际上,教师课堂教学要有自己的东西,这个“自己的东西”可从理论上、创作上来进行阐释。一些艺术专业的学生有不重视文学艺术理论的倾向,往往只重视自己所学专业的课程。文学艺术理论具有打通特殊艺术门户界限的作用,理论的综合性、概括性,使同学能不局限于自己学科的立场,产生普遍联系的观点,进行辩证的思考,能举一反三、触类旁通,就能够开阔自己的视野,使自己的思维活跃,产生理论创造、作品创作的冲动。浏览式的阅读,使阅读碎片化、浅表化,对纸质出版物的阅读,有助于抽象思维的运用,我们的阅读不能只是悦读,而应是苦读,要攻破一个又一个难关。经过自己的思考,而不是不加分析地拿来就用,我们的理论才能创新。理论对于创作的指导是明显的,可以让我们在创作中少走弯路。我们往往看到教师的理论研究对课堂教学有促进作用,实际上不可忽视教师的文学艺术创作经验与创作理论对于了解课程创作理论及相关理论的解释、检证作用,甚至也可以质疑常见的定论,以促进对理论的进一步探讨。2014 年 12 月,我完成反映南京大屠杀、紧密联系现实的歌曲《每到十二月十三日》的词曲创作,可说是对作家创作动机的中途转换的一种现身说明。通过这首歌的作词作曲,悼念遇难同胞,让大家永远不忘侵华日军在南京犯下的令人发指的暴行!“创作动机的中途转换……对于文学创造来说,似乎不是阻力和影响质量的因素,反而可能是作品质量得到提高的一个契机”。①

我创作的这么多的歌曲不可能全在课堂上唱,我一般选择跟讲课内容相关的作品进行演唱,或全首唱,或唱出歌曲的第 1 段,或放演唱录音。我所要表达的一个理念就是创作不是神秘的,它离我们很近;创作不是专业工作者的专利,每个人身上都有文学艺术创作的潜能,要使用好、开发好。真正的文学艺术创作是要接地气的,接地气意味着创作者不离人伦日常。

2014 年 10 月 15 日,国家主席习近平在北京主持召开文艺工作座谈会并发表重要讲话,这是中国文艺界的大事。2014 年 10 月 28 日晚上在中国传媒大学文法学部 108 室,文法学部研究生会举办学术沙龙之“解读习近平主席在文艺工作座谈会上的讲话”,我受邀参加并发言,沙龙持续 3 个多小时,气氛热烈。之后我萌发了为习近平同志创作《军民情・七律》谱曲的想法,我曾到过福建,见过习主席的父亲习仲勋同志,看过彭丽媛老师的演出,自己带学生参加过斋堂军训,等等,这些是我为创作而积累的素材,后来我完成了此诗作曲。

2006 年 9 月 21 日在北京中国艺术研究院马克思主义文艺理论研究所建所暨《文

① 童庆炳.文学理论教程:第 5 版[M].北京:高等教育出版社,2015:162.

艺理论与批评》创刊20周年座谈会上，我有幸见过著名诗人、编剧贺敬之同志。我近年研究过他的文论，就其典型人物、典型性格论、塑造社会主义新人理论说，已经发表了4篇论文：《贺敬之文论中的典型性格论》，载《时代文学》2015年第1期上半月；《贺敬之文论中的塑造社会主义新人论初探》，载《马克思主义与文化研究："马克思主义与文化研究"学术研讨会论文集（2014年·北京）》（中国社会科学出版社2015年版）；《贺敬之文论中的塑造社会主义新人论再探》，载《当代视野中的马克思主义文论研究：全国马列文艺论著研究会第32届学术年会论文集》（中国社会科学出版社2016年版）；《贺敬之文论中的典型人物论》，载《语言文学前沿》第7辑（知识产权出版社2017年版）。我不满足于理论的"纸上谈兵"，而是用创作说话。我为贺敬之诗歌《雪花》《百折再看高潮来》所作的曲子简谱已正式发表于《语言文学前沿》第7辑"艺文天地"）。

"中国学者音乐"的艺术追求与审美理想为：(1)典雅化；(2)平民化；(3)个性化，有自己的审美趣味与审美品位。歌曲创作与传播的特征为：(1)创作题材较为丰富；(2)乐谱旋律多样化，民族唱法、美声唱法、通俗唱法都有，音乐形象较有意蕴；(3)线上、线下传播方式结合。核心价值观为：(1)创新为学者音乐之魂；(2)道义为学者音乐之力；(3)人文为学者音乐之韵。

学者音乐的教学功能如下：

一是减轻学生听课的疲劳感，使学生能够集中精力听课，有新奇感。教师在50分钟内只是说，就难免单调，学生虽然可以在课堂上提问，但还是说，除此之外，唱也是一个选项。教师也可以用肢体语言等表现手段丰富课堂内容。虽然可以放音视频，但除非是教师自己的作品，否则就看不出教师自己的创作才能。

二是激发学生的感情与热忱，尤其是爱国主义歌曲能够激发学生的爱国主义激情，能够引起学生的共鸣。有相当多的学生虽然喜欢听音乐，但自己不唱歌，觉得自己五音不全、不好意思开口，这个观念是不对的。每个人五音都全、都可以唱歌。只听歌不唱歌，自己还是不能唱。教师带头唱歌，将自己体验过的不同感情传达给学生，可以唤起学生对不同感情的体验，以审美的精神、艺术的气质给学生作出示范。

三是培养学生的鉴赏能力和创作之心。学者音乐敢于和已有作品进行比较，在比较中可以让学生判断作品的优劣。艺术的百花园不应是一枝独放，即使是名作曲家的作品，也不可能没有缺点，真正有才华、有特色、有个性的作品，终究会被听众认可的。我们不能有这首诗或词，某某作曲家创作过了，别人就不能创作了的观念。如果这样，就没有艺术创作的多样化了。

"中国学者音乐"得到了校内外一些人士的支持。中国传媒大学文学院领导、中文系领导在文法学部召开的会议上对我的创作予以了肯定。中国音乐家协会官方网站

2016 年 9 月 28 日发布了我作曲的《这里是你的诗歌和远方》(陈法玉词)获江苏省宿迁市"继往开来 再创辉煌"庆祝宿迁建市 20 周年歌曲征集活动优秀奖(全国范围征集歌曲)的消息,中国传媒大学文法学部网 2016 年 10 月 6 日发了获奖消息。《人民音乐》2016 年第 1 期,环球文化网 2014 年 8 月 18 日、11 月 24 日对我的相关音乐创作做过相关报道。我已经正式发表简谱 5 首、《叠只纸船到台湾》《逐梦海门》歌词 2 首(先后发表于《语言文学前沿》第 6 辑、第 7 辑"艺文天地",第 6 辑由知识产权出版社 2016 出版)。我愿以实际行动告诉这个世界,学者音乐是一种存在,绝不一味迎合市场,它与研究、教学密切相关。

在我的创作实践中,从研究人物的哲学、禅学、美学、文论、教育学等思想,到为人物的语录、诗词等作品进行作曲,是从研究到创作的一种途径。这种研究与创作相结合的方式,显示了非音乐专业毕业的具有博士学位的大学教授直接参与音乐创作的实力,这也是一种社会责任的担当。当代知识分子参与审美文化创造的实践,就是有文化自信的表现,证明自己有审美创造力,也是告诉世人,大学教师不应完全是学术研究、艺术创作的追随者,而应努力成为学术研究、艺术创作的引领者。虽然当下中国原创音乐环境十分不利于创作,但还是需要人付出,还是需要人去探索。"中国学者音乐"证明了艺术源于生活、艺术属于人民的真理,它在探求更好地服务于人民、服务于社会的基础上,正在走出一条自己的路。

〔杜寒风,中国传媒大学文法学部〕

人才培养

RENCAI PEIYANG

浅谈高校青年教师创新培养发展思路

◈王　婧

党的十八大提出教育是民族振兴和社会进步的基石。中国高等教育既是基础素质教育成果的体现,又是对知识功用性转化的检验。实现教育强国的质变,办好人民满意的教育,培养优质创新型人才是时代发展对我国高等教育提出的新要求。

一、当下国内教育环境分析

党的十八大以来,国内教育发展的关键突破点集中体现在“教育公平”和“教师队伍建设”上,这体现了党和国家实现全民优化教育的决心。2016 年 4 月 7 日,教育部发布了《中国高等教育质量报告》,这是世界首份国家级的高等教育质量报告。根据报告数据显示,中国高教水平已跻身世界中上水平,部分“985”高校已跃居世界一流水平。

我国人口众多、经济发展水平极不平衡,由此带来的教育公平、教育质量等问题仍旧存在。与世界高等教育强国相比,中国高等教育仍然存在不少问题。学科专业结构尚待优化,创新人才培养模式尚待确立,优秀教师尤其是高水平教师团队仍待组建,有较高学术造诣的大家学者有待挖掘,此外还有知识科技成果转化与应用水平低、就业率低等问题,这些都是现阶段我国高等教育发展所面临的突出问题。

二、青年教师所处的职场环境分析

据统计,从 2010 年到 2014 年底,全国高校专任教师数增加了 2 倍多,且过半数专任教师具有研究生学位，45 岁以下的青年教师占到专任教师总数的三分之二。① 青年教师群体的迅速膨胀，为高等教育师资队伍建设与发展提出了新的课题，而青年教师的成长也成为关乎我国高等教育发展的重要因素。

（一）青年教师的结构

目前，青年教师队伍的学历水平逐步提升。以中国传媒大学为例，2015 年从中国传媒大学毕业的博士研究生中从事教育行业的比例高达 76.79％，从事文化、体育娱乐业的是 12.50％，从事信息传输、软件和信息技术服务业的仅为 0.89％。相较而言，硕士研究生从事教育业的比例为 9.76％，从事文化、体育及娱乐业的为 35.70％，而从事信息传输、软件和信息技术服务业的比例为 24.56％。本科毕业生从事教育业的比例仅为 4.97％，从事文化、体育及娱乐业的有 50.00％，而从事信息传输、软件和信息技术服务业的比例为 23.87％。② 数据显示，博士毕业生群体选择从事教育行业的几率最大，而硕士研究生和本科生则依次递减。数据的变化与毕业生的未来职业规划有关，也与招聘单位的招聘条件有很大的关系。由此可得出的结论是，未来青年教师队伍将以硕士、博士为主体，硕、博群体的加入将有效拉高青年教师团队的整体科研水平。如何将自身科研能力与注重实操性的本科教学进行有效衔接，是青年教师进行职业规划时要考虑的重要课题。

（二）青年教师的职场压力

青年教师泛指 45 岁以下的教师。按照正常的学习经历推算，应届毕业的博士生走上讲台的年龄应该在 30 岁左右，正是组建家庭的时候，而这也恰恰是青年教师进行角色转换、适应职场的阶段。华东师范大学学前教育与特殊教育学院党建课题组曾对高校中青年教师压力状况进行过统计分析。统计数据表明，教龄在 6－10 年的青年教师，其压力感知程度明显高于其他教龄段的教师。他们的主要压力来自于住房生活压力、教学科研压力、学生工作压力以及职称晋升压力。如何完成角色的过渡转换，如何正确处理家庭、工作与社会之间的关系，成为青年教师亟待解决的首要问题。否则，超负荷的压力环境很容易让青年教师被动地接受现实，失去创新意识，进而产生职业倦怠感，严重者甚至会将消极情绪带进课堂，产生不好的影响。

---

① 数据参考来源：http://www.moe.gov.cn/jyb_xwfb/xw_fbh/moe_2069/xwfbh_2016n/xwfb_160407/160407_mtbd/201604/t20160408_237171.html.

② 中国传媒大学 2016 届毕业生就业质量报告[EB/OL].(2016-12)[2017-05-16].http://jy.cuc.edu.cn/pub/ebook_zlbg/html/index.html.

三、青年教师创新发展策略

(一)高校培养策略建议

1.完善管理机制,为青年教师提供自主发展的空间

教学管理是指管理者通过一定的管理手段,使教学活动达到学校既定的人才培养目标的过程,教学管理是正常教学秩序的保证。[①] 制度保障是教学工作得以顺利开展的外因,高质量的教学水准则依赖于教师的自觉意识。大学教师走在理论前沿,具有很强的自主意识,过多的行政干预会消磨教师的工作积极性,甚至会引发他们的逆反心理。但同样的,如果行政干预不足,过分依赖教师自觉性,又容易助长教师的消极怠工心理。因此,建立科学管理体制、细化和完善管理制度,是为青年教师提供良好工作环境的前提。

2.健全绩效考核制度,为青年教师提供必要的物质保障

绩效管理是现代人事管理的重要组成部分,而绩效考核又是绩效管理工作的重要环节,是创新管理的必要手段。在高校,教学和科研水平是衡量教师业务水平的关键,而绩效管理则是保证教学质量、实现科研成果的必要途径。

传统绩效考核制度以考核"德政勤绩"为主,但旧制度未必适应新形式。当今高校绩效考核的着眼点应放在"人的工作价值"上,考核内容应更注重质与量的关系。保证基础工作量是前提,提高教学、科研质量才是关键。量的积累只是一方面,质的提升才是考核的目的所在。合理的绩效考核制度既要关注青年教师已取得的成果,又要看到其未来发展的可能性,注重其优良素质的培养和挖掘,确保结果与结果实现过程的平等关系。制订合理的绩效考核方案能够有效提高教师的工作自觉性,调动教师的工作积极性。要制订合理的绩效方案,应做好岗位分析和价值评估工作,按照岗位类型制订合理绩效比例,量化考核指标,保证执行公允。

3.适当给予政策性倾斜,为青年教师创建绿色生态校园

目前,高校青年教师普遍面临的职业压力与重科研、轻教学的职称考评机制有密切关系。科研压力大使得很多高校教师尤其是年青教师轻视教学活动,缺乏专业发展的主动性。因此,建立科学的职称考评机制是青年教师正确规划职业道路的前提。科

---

① 熊军.教学管理之我见[J].重庆陶研文史,2009(4):206.

学的考评机制应更注重自身的激励和导向功能,增加专业发展的考评权重。此外,适当的政策性倾斜也是鼓励青年教师积极寻求自我发展的外在动力。

首先,为青年教师搭建创新教学平台。鼓励慕课、翻转课堂等新型教学模式,充分发挥移动互联网的作用,实现知识不间断供应、线上线下无缝连接,为学生提供更多学习机会,提高学生学习自主性,同时提升教师的综合教学能力。

其次,为青年教师提供交流学习平台。教学的过程是教师实现自我价值的过程,除了教学手段的创新外,教师本身的知识涵养也需要不断提升。通过教学研讨、督导监督、导师引导等方式,实现经验共享,及时解决教学过程中存在的问题,提高青年教师的专业教学水平,鼓励青年教师建立职业自信。

最后,为青年教师开设专项科研基金申请通道。为青年教师提供更多发展平台,设计适合青年教师研究的项目方向,为青年教师提供更多科研项目申报机会,促进整体科研水平的提高。

4.建立培养机制,为青年教师提供多种形式的进修渠道

青年教师是高校的未来,注重青年教师的培养即为高校的未来投资。建立符合青年教师发展规律的培养机制,完善青年教师培养体系,搭建系统化培训平台,设置个性化培养方案是高校师资队伍建设的重要任务。

首先,青年教师的培养机制应遵循系统化和专业化规律,将培养内容与实践操作相结合,通过培养平台的建设进一步完善教师培养机制。其次,教师培训体系的设计要体现科学性、实效性,充分考虑青年教师的特点,有针对性地设计符合青年人才培养的培训内容,并根据实际情况及时更新、调整。最后,创建培训平台也是青年教师培养的重要环节。设计广而专的培训内容,分阶段规划培养方案,为青年教师提供更加专业化、个性化的服务平台。

(二)青年教师自身发展建议

现代化的网络科技手段正悄然改变着人类的认知习惯,在“互联网+”的时代背景下,如何识势、顺势和造势,在传统中寻找突破,在协同中实现创新,已成为青年教师寻求自我发展的首要任务。

1.教学与科研协同创新

高校最初的存在形式是学术研究机构,在这种观念的影响下,教师可能更注重与职称晋升相关的学术科研活动,而忽视了人才培养与教学活动。重科研、轻教学的政策性导向,让教师对重复性的教学活动产生倦怠感,忽视了教学对象的差异,不能及时

更新教学内容、调整教学方法。与此同时,学科差异等问题,致使监督评价系统存在诸多漏洞,督导仅能从课程设计、教学手段、教学方法等方面进行客观评价,而与人才培养相关的内容方面却因专业性太强等因素无法提供更有效的信息反馈,这使得教学监督环节过于形式化。

解决高校中出现的科研、教学地位悬殊的问题,一要靠政策引导,二要靠部门监督,但更要靠教师自身教育专业精神的养成。高尚的职业理想、传递知识的坚定信念、兢兢业业的工作态度是每一个青年教师都应该具备的基本素质。

青年教师面对科研与教学的双重压力,最好的疏解方式是实现教学与科研的协同创新。青年教师需要借助科研、学术活动来及时更新学科专业知识结构,掌握学术前沿,增加学科知识含量。对学术研究过程的分析和成果的应用需要在实践中体现,而课堂可以作为实践的第一站,思想的碰撞会激发学生思考的积极性,知识的分享又是学生掌握理论前沿的最好方式。因此,只有科研创新与课程实践相结合,成为相互促进的统一体,才能平衡科研与教学的关系,实现教学与科研的协同创新。

2.自主研修与集中培训协同创新

教师是拥有专业知识技能、进行传道授业解惑的社会角色,也就是说,教师只有不断更新、充实自己的知识结构体系,才能无愧于"教师"二字。在网络信息时代,搜索工具功能强大,知识随处可得。如何捍卫教师的地位,如何在人机对抗的过程中保持优胜态势,是每一个青年教师都应思考的问题。新时代的教师,不能是照本宣科、循规蹈矩的教书先生,而应紧追时代步伐,努力实现自我提升。

自我提升的方法主要有两种:一种是由内自发。通过自主学习、访学交流获得新知识,拓宽眼界,更新知识结构,巩固知识体系。另外一种是外在牵引。优化进修渠道以激发教师的自主进修意识,组织培训考核或赛事实践等活动培养教师的自我提升意识。只有自主学习与集中培训相协同,才能更全面地为青年教师解决共性与个性的双重需求。

3.团队合作与个人拓展协同创新

青年教师队伍庞大,提高队伍整体素质需要个体与整体的协同发展。作为集体中的一分子,青年教师更需要团队合作。鼓励青年教师之间的协作与对话,以专业为单位,加快专业团队化建设,促成专业发展共同体,充分发挥集体的带动作用,进而实现个体与集体的全面协调发展。

青年教师尤其是专业教师因其职业特点,交际圈相对狭窄,这不利于青年教师的身心发展。青年教师的业务水平提高需要专业团队的带动,还要加快专业交流平台建设,充分发挥学部的作用,通过学术交流、项目合作等方式打通壁垒,实现青年教师之间的通力合作,最终实现个体与整体的协同发展。

4.互联交互与教学设计协同创新

20世纪70年代联邦德国的K.沙勒与K.H.舍费尔首先提出了侧重探讨师生关系的教学论思想。他们将复杂的教学与交往关系当中内隐的一条线作为逻辑线索,把教学具体分为“教学之外的交往”“为了教学的交往”“作为教学成分的交往”以及“教学就是交往”四种。[①] 其中“教学就是交往”已经成为现代教学的指导性思想,尤其是在这个注重用户体验的互联网时代,互动教学模式已成为一种流行趋势。

近几年出现不少围绕教学模式创新而展开的探索性尝试。其中有应用于远程教育的在线网络课堂,有强调课外学习、课上探讨的翻转课堂,还有基于移动端的辅助教学手段,如微信订阅号、微信讨论群组等。这些教学模式的创新都围绕着交互式教学展开。过去的授课方式多为单点对多点式,而今,在互联网技术的推动下,现代课堂逐渐向单点对单点、多点对多点、点对面的有机交互课堂转变,其目的是打破时空限制、实现全网互动。教学模式的转变对教师提出了新的要求,从台前转为台前、幕后双肩挑,既要当好台前的精神领袖,也要做好幕后的技术操控工作,这需要广大教师付出更多的时间和精力。这是一次挑战,但对于在新媒体环境下成长起来的青年教师来说,又不失为一次非常好的发展机遇。

青年教师是推动高等教育强国的中流砥柱,只有将未来投注在高素质、专业化的青年教师人才的培养之上,才能真正实现我国高等教育的内涵式发展。高校青年教师的成长发展是一个循序渐进的过程。教师的成长过程不仅体现在学术能力的提高和专业知识的积累上,还应包含个人世界观、价值观的成熟。教师不仅是一种职业,还是一种信念,一种闪耀着光辉、吸引着无数青年才俊加入这一行列的精神信仰。让我们怀揣理想,投身到伟大的教育事业之中,为实现我国高等教育强国之梦而奋斗终生。

〔王婧,中国传媒大学动画学院〕

① 李其龙.德国教学论流派[M].西安:陕西人民教育出版社,1993:4.

当前教育环境下艺术类高校青年教师的发展

◈ 郭瑛霞

教师是人类灵魂的工程师，教师的工作是神圣而又艰巨的。韩愈在《师说》中提到："师者，所以传道、授业、解惑也。"教师是教育教学的主体——学科建设依靠教师，教学科研依靠教师，学校声誉、教学质量等都离不开教师。

研究当前教育形势下青年教师的发展，首先要明确青年教师的概念。《青年教师专业成长论》[①]的绪论中提出："关于'青年教师'一词，不需要精确地下定义，(它)是一个泛指，包括生理年龄属于青年人范畴或生理年龄和心理年龄都显得年轻的这样一个教师人群。"青年教师作为教师群体的主力军，在推广与实施素质教育、践行与推进教育现代化发展以及教育的改革发展等方面发挥着重要作用。周远清先生曾指出："教师教育是建设高质量的教师队伍、全面推进素质教育的基本保证，在振兴教育事业中具有先导性、基础性的作用，必须摆在发展教育的关键性位置上。"[②]由此可见，培育青年教师，是当前环境下教育改革与发展的基本任务之一，是时代发展的趋势，对文化进步、民族兴旺、社会繁荣等方面意义重大。

那么，如何让青年教师迅速成长，成为新时代下合格的教育工作者呢？这不仅是一个现实性问题，更是关乎教育未来性的一个重大课题。接下来，笔者将从青年教师的发展现状和当前的教育形势等方面入手，具体分析当下大学青年教师的发展方向，也将进一步指出艺术类高校青年教师发展的独特性，进而帮助我们更好地理解这个课题。

一、青年教师发展现状

青年教师，大多是指生于20世纪八九十年代这一年龄阶段的教师群体。20世纪

---

① 蒙佐德，曾光福，李雪梅.青年教师专业成长论[M].北京：电子科技大学出版社，2014.

② 周远清.大力推进教师教育工作的改革[C]//教师教育论坛论文集.北京：语文出版社，2005.

八九十年代的社会处于转型阶段,社会经济、政治情况急剧变化,思想价值矛盾突出。这一代人面临着巨大的社会变革,在彷徨迷茫之际也会变得焦躁失落。青年教师在社会转型期间也面临着诸多问题,冉乃彦就曾直言:“轻视理论,懒于学习,囿点招数,想走捷径,反映的是年轻人的浮躁。”①

青年教师的发展现状,大致分为以下几个方面。

(一)专业知识匮乏、自身素养低下

深厚的文化素养和精深的专业素养是教师必须具备的两大素养,然而现代青年教师出于各种原因并未完全掌握教育教学的基础与关键,在教学中存在着知识结构不完整、知识迁移能力差、教学理论与经验不足以及教学方法老套死板等诸多问题。而我国目前的艺术教育也呈现出明显的注重“实用性”“技术性”的倾向,艺术类青年师资培养中也有“重艺术、轻学术”的弊病。在艺术教学中,还出现了艺术教学资源利用不合理、教学工具和手段利用不充分等问题。这些问题的出现,不仅消磨青年教师的激情与信心,更会导致学生丧失学习兴趣等后果。

(二)职业信念不强、缺少职业规划

所谓“职业信念”,指的是人在进入一个行业工作后,无论遇到什么挫折与困难,都能坚持走下去的精神支撑。而当下的部分青年教师只是将自己的工作看作谋生的手段,并未充分认识到教师所肩负的教育重任,也并未将“教师”作为自己崇高的理想而为之奋斗与拼搏,所以会出现职业倦怠感,故步自封、停滞不前,甚至浑浑噩噩、敷衍教学。在相关的青年教师职业规划调查结果显示,只有少部分人有明确清晰的职业规划,一些人则只有短期的安排和计划,一些人则认为“计划赶不上变化”,没有制订职业计划(见表1)。青年教师的职业认同感不强,也没有明确具体的职业计划,这也不利于教育教学质量的提高。

表1 青年教师工作态度调查统计②

工作态度	热衷工作,力求创新	履行本职	没必要投入太多精力	无发挥能力余地
比例(%)	0.6	49.4	46	4

① 冉乃彦.给年轻教师的建议[M].上海:华东师范大学出版社,2014.

② 田娟,邱伟.青年教师发展现状调查报告[J].赣南医学院学报,2014,34(5).

（三）面临诸多压力、幸福感不强

目前青年教师承受着巨大压力，压力不仅来源于学生、学校、社会等方面，也有一部分来自教师自身。根据田娟、邱伟的《青年教师发展现状调查报告》显示，青年教师主要心理压力源前三位分别为"职称评定""生活压力"和"知识危机"。其中，艺术类高校青年教师因为其专业教育的特殊性，更是面临着严峻的考验。"在社会成员中，高校教师所面临的知识更新需要是最强的。在国内外艺术行业爆发式发展的今天，各种来自技术、工艺、艺术思潮等领域的知识需要更新，作为艺术类专业的高校教师，必须紧跟时代的步伐，才能更好地教导学生。"①适当的压力可以激励青年教师不断成长，然而过大的压力则会让青年教师产生职业倦怠感，挫伤教师的工作积极性，不利于教育质量的保障。所以，如何缓解教师压力，增强教师的幸福感也是青年教师发展研究的一大方向。

二、当前教育环境分析

当前的教育环境也对青年教师的发展提出了新的要求，下面笔者将从教育形势与政策和当代大学生的特点两个方面进行分析。

（一）教育形势、政策分析

对于教育方针政策的要求，党的十七大提出："优先发展教育，建设人力资源强国。教育是民族振兴的基石，教育公平是社会公平的重要基础。要全面贯彻党的教育方针，坚持育人为本、德育为先，实施素质教育，提高教育现代化水平，培养德智体美全面发展的社会主义建设者和接班人，办好人民满意的教育。"

党的十八大又提出："教育是民族振兴和社会进步的基石。要坚持教育优先发展，全面贯彻党的教育方针，坚持教育为社会主义现代化建设服务、为人民服务，把立德树人作为教育的根本任务，培养德智体美全面发展的社会主义建设者和接班人。全面实施素质教育，深化教育领域综合改革，着力提高教育质量，培养学生创新精神。"

通过十七大、十八大提出的教育政策的对比可以看出，十八大提出的教育政策是对十七大的教育政策的继承和发展，这种发展也体现了新时代下教育环境的变化。

---

① 张宇杰.艺术类高校教师群体的生存危机[J].都市家教，2014(7)：247.

1. 教育地位不断提升

党的十八大在十七大“优先发展教育”的基础上加上了“坚持”二字,充分体现了党和国家对教育的重视、对教育发展的不懈追求。2015 年 12 月 27 日第十二届全国人民代表大会常务委员会第十八次会议通过的《关于修改〈中华人民共和国高等教育法〉的决定》对高等教育的地位做出了具体阐释:“高等教育的任务是培养具有社会责任感、创新精神和实践能力的高级专门人才,发展科学技术文化,促进社会主义现代化建设。”同时,也对高等教育提出了新的要求:“高等教育必须贯彻国家的教育方针,为社会主义现代化建设服务、为人民服务,与生产劳动和社会实践相结合,使受教育者成为德、智、体、美等方面全面发展的社会主义建设者和接班人。”

青年教师作为教师的主力军,应承担起素质教育先行者的责任,在提升自身素质的同时,积极引导学生塑造正确的人生观、价值观、世界观,促进素质教育的发展,为社会主义建设输送更多的人才,培养社会主义接班人。

2. 教育改革不断推进

十八大对教育改革的关注点发生了一些变化,对教育改革的要求更加宏观、更加综合,从教学内容方式、考试招生制度、质量评价制度等的改革,进一步拓展为教育领域的综合改革。对高等教育的要求从“提高高等教育质量”提升为“推动高等教育内涵式发展”。

《中华人民共和国高等教育法》和《中共中央国务院关于深化教育改革,全面推进素质教育的决定》对现代教育和课程改革提出了新要求和新方向:“以教学内容和课程体系为突破口,用现代教学观念审视、选择和组织好传统的教学内容,把近代内容和前沿进展适当引进课程,努力做到现代化与基础性的统一;实现教学内容和课程结构的整体优化,形成课程间相互衔接、合理分工,具有开放性、多元性和动态性的现代化课程体系;普遍提高课程建设的档次和优秀率,逐步减少达不到教学基本要求的薄弱课程。”①

青年教师作为师资力量中最具活力的群体,在课程建设中应积极主动地承担起相应责任,依据在教学中总结出的经验为完善课程建设规划、改善教学环境、创新教学方法与教学手段等工作建言献策,提高教学质量,培养新型人才。

3. 教育现代化不断发展

党的十七大和十八大都十分重视教育现代化的发展,十八大更是对其做出了更加

① 郜锦强.教师教育改革研究与实践[M].合肥:安徽大学出版社,2007:84.

明确的方向性指导:“要坚持教育优先发展,全面贯彻党的教育方针,坚持教育为社会主义现代化建设服务、为人民服务,把立德树人作为教育的根本任务,培养德智体美全面发展的社会主义建设者和接班人。”

1983年,邓小平提出“教育应该面向现代化、面向世界、面向未来”。

《国家中长期教育改革和发展规划纲要(2010—2020年)》对教育现代化的概念做出了新的诠释:“教育现代化,就是用现代先进教育思想和科学技术武装人们,使教育思想观念,教育内容、方法与手段以及校舍与设备,逐步提高到现代的世界先进水平,培养出适应参与国际经济竞争和综合国力竞争的新型劳动者和高素质人才的过程。具体包括教育观念现代化、教育内容现代化、教育装备现代化、师资队伍现代化、教育管理现代化等。”

虽然我国社会的现代化水平不断提升,但教育的现代化并未同步发展,当前教育现代化的失衡也对青年教师提出了新的挑战:站在教育第一线的青年教师需要有效地解决教育的功利化、教学资源浪费、教学方式单一等问题,并将现代化的特质——“自由化、民主化、多元化、人本化、人本化、科技化、本土化”有效合理地融入现代化教学中。

(二)当代艺术类高校大学生的特点

1. 思想道德方面

当代大学生的思想道德修养水平总体来说是很高的,但是仍然存在着政治觉悟不高、思想意识不够成熟、缺乏梦想与信念等问题。而艺术类学生由于其专业特点和个性发展,思想活跃,富有激情,但考虑事物容易理想化、与现实脱节。他们热爱艺术,追求个性和自我,所以在处理社会和个人问题时,往往会感到迷茫与彷徨,甚至产生极端的想法。因此,教师的疏导与教育格外重要。

2. 价值观、人生观方面

目前大学生的价值观、人生观呈现出多元化、世俗化、功利化等倾向,而艺术类学生大多自我意识和竞争意识强烈,艺术的理想性与社会的现实性又让他们陷入迷茫,甚至产生严重的心理问题。艺术类学生往往极具个性表现力,有自己的想法,甚至有时会表现得很“怪异”,也存在组织纪律性差、集体观念淡薄等问题,在人生观、世界观、价值观方面极易发生偏差。

3. 知识能力方面

目前艺术类高校招生时,普遍更重视考生的专业能力,对文化成绩的要求相对较低,这也造成了艺术类学生重视艺术而忽视文化课学习的现象。文化知识的匮乏势必会影响艺术类学生的修养、见识,不利于艺术类学生的长远发展。

三、艺术类高校青年教师发展方向

(一)个人方面

1. 做一名学习型教师

教师教书育人,学习对于青年教师的成长至关重要。完整的知识结构、专业的教育能力和熟练的技能技巧是现代教育对教师的基本要求。要成为一名合格的教师,就要不断学习、不断汲取养分。鱼霞与毛亚庆在《论有效的教师培训》一文中就指出,“教师的学习是自我导向的学习,是丰富多样的人格化经验参与的学习,是以问题为中心的学习,是资源共享的学习,是以提高绩效为目的的学习等”。[①] 成为学习型教师,首先要有浓厚的学习兴趣,学习知识不仅要“博”,也要“精”,要有一定的深度,及时整理自己学习到的知识,进而总结出相应的教学理论以完备自己的教学资源库。

艺术类高校的青年教师更应该完善自己的知识结构,重视学术修养,努力做到学术与艺术并修,不断创新艺术教学方式,为艺术教育提供丰富的知识储备。

我校为教师的学习提供了一个很好的平台,例如,教师发展中心举办的“Prezi 入门和快速制作”教学培训讲座,教学主题沙龙活动,微课大赛以及教师基本功大赛等。青年教师应该积极把握机会,合理利用丰富的资源和优质的平台,不断完善知识结构。

2. 做一名实践型教师

实践是理论的基础,做一名实践型教师不仅是教师自我提升的一个重要途径,更是现代教育对青年教师的新要求。

艺术类高校设置的专业课程对青年教师的专业素养要求很高,如何更好地阐述艺术理论,将艺术理论融入社会实践,并引导学生进行艺术探索,这些课题都是需要教师去摸索、尝试的。

我校也在培养实践型青年教师方面做出了许多努力:举办“中国传媒大学中青年教师业界实践座谈会”;六位青年教师及博士生赴石家庄广电局挂职锻炼;四位青年教师赴台州广播电视台挂职锻炼等。我校青年教师到业界实践、锻炼也得到了教育部的认可与表彰。

---

① 鱼霞,毛亚庆.论有效的教师培训[J].教师教育研究,2004,16(1):14-19.

实践型教师的实践主要包括两个方面：一是实践教学，青年教师在教学工作中应将相应的教学理论运用到教学实践中，以此发展、完善教学理论；在教学中，积极培养学生的实践意识与实践能力，树立“实践是检验真理的唯一标准”的科学方法论。二是实践科研，部分青年教师认为科研很神秘，甚至认为与自己无关，其实不然，就如苏霍姆林斯基所说：“教师的劳动就是一种真正创造性的劳动，它是很接近科学研究的。”教育工作本身就带有一定的科研性，所以青年教师首先要转变对科研的看法，然后积极投身于科研实践，这也是青年教师找寻自我价值、实现人生理想的重要途径。

3. 提高职业素养与道德修养

陈霞在《教师专业发展的时效性研究》中表示：“完整的教师素质结构是一个包括师德修养、知能结构、身心素质等在内的素质系统。”[①]德乃立身之本，“师德是教师在教书育人过程中应当遵守的共同行为规范和准则”[②]。青年教师在新的教育形势下面临着诸多挑战，青年教师应该从我做起，从现在做起，切实加强师德建设，提高思想道德修养。在教师专业素养方面，陈霞提出，“教师的专业素养一般由三部分构成：专业情意、专业知识和专业能力”。专业情意即专业精神，大致分为专业、乐业、敬业；专业知识分为“背景性知识、本体性知识、条件性知识、实践性知识”[③]；专业能力分为教学能力和科研能力。

4. 制订职业生涯发展规划

青年教师一般要经历四个时期，即准备期、适应期、发展期、创造期。与之对应的教师层次为新任教师、合格教师、骨干教师、专家型教师。[④] 苏格拉底曾说：“未经思考的人生是没有价值的。”青年教师应该充分认识自己，制订合适的职业规划，打好基础，不断进修，脚踏实地地工作、学习，从而实现自我价值。

5. 找准角色定位，加强个性创新

随着素质教育和教育现代化的推进，教师在新时期也要找准自己的角色定位，“从构建新型师生关系的视角出发，新时期的教师应该承担起学生的引导者、能力的培养者、学习方法的给予者以及因材施教者等新角色”[⑤]。

美国“2015 年度教师”得主尚娜·皮普尔斯就因为不断创新教学方式、教学手段

---

① 陈霞.教师专业发展的时效性研究[M].北京：北京大学出版社，2011：21.

② 蒙佐德，曾光福，李雪梅.青年教师专业成长论[M].北京：电子科技大学出版社，2014：76.

③ 谭春芳，石威.论新时期教师的专业素质[J].辽宁师专学报(社会科学版)，2007(4)：123-124.

④ 蒙佐德，曾光福，李雪梅.青年教师专业成长论[M].北京：电子科技大学出版社，2014：13.

⑤ 霍力岩.教育的转型与教师角色的转换[J].教育研究，2001(3)：70-71.

而获得了大家的认可，甚至得到了奥巴马的赞扬。皮普尔斯不断创新教学理念，广泛地运用最新科技，保持学生的学习兴趣，也激发了他们的创新潜力，她的创新性课程值得我们每个人学习。

与国外教育相比，中国青年教师在个性创新方面略显弱势。哲学家罗素指出："同艺术家、哲学家和作家一样，教师只有感到自己是一个独立的、受内在创造性冲动指导的人，而不受外界的控制与束缚，才能尽职尽责。"青年教师想要在现代化教育中做一个合格的教育工作者，必须具备创新意识和批判意识。加强个性创新，不仅体现在教学方式、方法的个性创新上，更体现在对学生创新意识的培养与引导上。青年教师在发展过程中，应当正视不足，发掘优势，均衡发展。

6. 培养新型师生关系

现在的高校大学生大多是90后，他们自我意识强，追求自由、平等和个性。这种情况下，青年教师应积极建立新型师生关系，坚持以学生为中心的学生观，在教学中做学生的"助手"和"引导者"，引导学生树立正确的人生观、世界观、价值观；提升学生的思想道德水平和修养水平；加强对学生综合能力的培养；引导学生创新思维和个性的发展等，从而建立平等、民主、和谐的新型师生关系。

我校教师大多秉持着平等、尊重的原则，积极与学生构建和谐的师生关系，也时常组织班级主题班会、班级集体出游、学部师生大合唱等师生共同参与的活动，让老师和同学在活动中增进了解，加强沟通，真正建立朋友式师生关系。

(二)社会方面

1. 完善教师职业培训机制

随着现阶段互联网和新媒体的迅速发展，社会对教师技能提出了新的要求，为顺应时代发展，学校应该正视教育发展现状，积极组织教师团队的培训与建设，培养教师团队的凝聚力，进一步增强青年教师的知识技能储备，引导青年教师提升思想道德修养，为教师的发展提供一个好的平台。

我校也一直将师资力量的提升放在重要位置，积极组织各项青年教师培训活动，如邀请北京高等学校师资培训机构的吴疆教授来我校做微课专题讲座，举办青年教师英语培训活动，开办中国传媒大学中青年教师教学研讨会等。

这些活动对我校青年教师的发展起到了非常积极的作用，然而，目前的教师培训机制仍不完善。

"现实情况是，我们的大多数教师培训既没有严格的学员学习评价，也无法满足教师的兴趣，更无助于提高教学成绩，且在解决教师迫切需要解决的教育教学实际问题上也无法提供具有操作性的建议。”[①]那么，如何完善教师培训机制呢？《教师专业发展的时效性研究》为我们提供了以下几个原则：(1)重视参训教师的主体参与性。培训项目应充分考虑教师的专业和兴趣，满足教师职业发展的需求。(2)坚持实用、实践的原则。培训应摆脱单一、刻板的内容，加强实用性知识技能的培训，贴合教学实际。(3)合理安排时间、地点。目前有些培训安排在休息日进行，而且培训环境恶劣，这些因素都会导致教师参与培训的积极性不高、培训效果差等结果。

2. 完善教师教学评价机制

“在世界范围内，教师评价制度兴起较晚.....总体来看，英美等国家的教师评价研究发展过程大致可以分为三个阶段：(1)基于教师责任制的教师效能评价，也称作教师有效性评价，它要求教师对学生的学习结果负责，强调通过学生的学习结果来评价教师的效能；(2)基于非控制观的发展性教师评价，它认为大部分教师是胜任自己工作的，评价的目的应是帮助教师改进教学；(3)基于专业化理论的教师评价，它认为教师作为专业人员应该享受充分的专业自主权，教师评价的标准应由教师自己建立，任何外在的标准和规范都不利于教师主动追求自己的专业成长。”[②]

而我国现行的教师评价机制还停留在第一、二阶段，存在着评价信息不真实、评价方式单一、评价标准与学生成绩挂钩等问题。完善教师评价机制，不仅能使教师准确把握学生需求，不断提升自我、改善教学质量，而且能促进师生互动、加强双方了解，使其相互促进、共同成长。

如何让中国的教师评价机制合理科学地运转？我们可以从国外找到相关可借鉴经验。

美国实行的新型教师评价方法——教学档案袋，得到了教师的广泛认可，“教学档案袋，是某一时期不同情境中产生的有关教师与学生工作信息的系统收集，它通过反思构建、合作得以丰富，最终目的是促进教师专业发展和学生学习进步。”[③]档案袋内容的选择是由教师和相关人员共同决定的，它包含的内容很广泛，如教学计划、教学理念、学生作品展示、班级活动策划等，但是这些内容的选择都必须遵循一个原则——有利于教师的专业发展。

而英国实行的新型教师评价制度——“PRP”体系，“即 Performance Related Pay,

① 陈霞.教师专业发展的时效性研究[M].北京：北京大学出版社，2011：49.

② 饶从满，杨秀玉，邓涛.教师专业发展[M].长春：东北师范大学出版社，2005：225-226.

③ 刘淑杰，陆兴发.新课程理念下教师教学评价方法探微：美国教学档案袋述评[J].外国教育研究，2002(5)：30-34.

最显著的特点是将绩效与薪金联系起来……一个通过中介(外部评论员)实施的多元化综合评价体系正在形成:它既结合了政府的宏观调控,又照顾了具体组织及个人发展目标的实现;实行自上而下和自下而上、标准与非标准、形成性评价和终结性评价相结合的方法”,这个方式也取得了一定的成就。①

“PRP”的理论基础是“以绩取酬”,即依据员工的工作成绩和劳动效率发放工资,这在一定程度上激发了教师的工作积极性,使其努力实现教学目标,提高教学质量。

因此,中国的教师评价体系的建设和改革应遵循以下原则:“(1)目的定位——促进教师专业发展;(2)功能定位——强调展示成就与改进激励;(3)内容定位——突出综合素质,重视个体差异;(4)方法定位——注重质性评价,主张自我反思;(5)主体定位——以自评为主,各方协同参与。”②

我校为让教师及时有效地得到教学反馈、改进教学质量,也设置了一系列的教师评价机制,例如,为更好地了解大家对任课教师课堂教学质量的意见,每一学期学校都组织学生利用教务在线系统开展网上评教工作,要求学生严肃认真、实事求是、客观公正地对本学期所修的全部课程逐门进行评价。教务处把评教作为进入成绩查询系统的前提条件,未完成网上评教的学生在此期间不能查询成绩。这在一定程度上保证了信息的全面性和真实性。学部也会每年举行“最受欢迎的老师”和“最受欢迎的课程”等投票选举活动。

这些方式运行的效果总的来说是不错的,但也存在一些问题。教学评价机制的改进也需遵从以上所说原则,使评价体系以促进教师发展为目的,注重评价质量,尊重教师个性发展。评价应服务于教学,而不是支配教学。

3. 完善教师教育人才培养模式

教师教书育人,教师的质量直接影响着教学的质量,所以教师教育显得尤为重要。郜锦强在《教师教育改革研究与实践》中写道:“在探索人才培养新模式过程中,坚持三个原则,采取三项举措,取得了积极成果。坚持三个原则:(1)遵循教育教学基本规律,坚持知识、能力、素质协调发展和综合提高的原则;(2)体现整体优化的原则;(3)坚持统一性与多样性相结合的原则。采取三项举措:(1)修订专业教学计划;(2)优化学科专业结构;(3)精选教学内容、优化课程体系、改革教学手段。”③

以经验为师,我们在探索艺术类高校青年教师教育人才培养模式时,应以这三个

---

① 王小飞.英国教师评价制度的新进展:兼PRP体系计划述评[J].比较研究教育,2002,23(3):43-47.

② 饶从满,杨秀玉,邓涛.教师专业发展[M].长春:东北师范大学出版社,2005:237-239.

③ 郜锦强.教师教育改革研究与实践[M].合肥:安徽大学出版社,2007:153-154.

原则、三项举措为蓝本,遵循艺术类专业的教学基本规律,坚持学术知识和技能知识协调综合发展;优化艺术类专业的教学结构;完善教学计划,创新艺术教学手段,从而培养出更多的艺术教育人才。

这不仅是当前教育形势下培养艺术类青年教师应该遵循的原则,也是艺术类高校青年教师在教育教学中应该秉持的理念。

4. 加强教学管理,提高教育质量

加强教学管理是落实教育计划、提高教育质量的保证。创造一个严肃的教学环境,对青年教师的责任心和积极性都有重大意义。加强教学管理、提高教育质量是一个十分艰巨的任务,需要教师、学校、国家等各方力量共同努力,不断创新管理形式,进行科学管理。那么,如何做到科学有效地管理呢?《教师教育改革研究与实践》为我们提供了方向——“加强制度建设,规划教学质量管理;健全教学管理组织系统,明确院、系、教研室管理责任;建立、健全科学规划的课堂教学质量监控体系”①。

艺术类学生所表现出来的个性特征也给艺术类高校的管理带来了严峻考验。艺术类高校的教学管理也应该充分考虑到学生特点,规划符合艺术类专业的教学计划,加强学生的文化素养学习;积极组织特色艺术活动,给予学生良好的艺术创作环境与氛围;明确职责,加强艺术教学的反思。

5. 教师权益保障

据相关资料显示,目前我国教职工工资方面存在以下几个大的问题:一是教师的最低工资标准较低,教师承受的经济压力较大;二是教师工资的城乡差距较大,导致农村的师资力量薄弱、城乡教育水平不平衡;三是教师工资的地区差异较大,等等。我国的教师奖励机制、福利制度和权益保障制度仍然不够完善,这就导致了教师的工作积极性不高和教职工人才流失等问题。

李晓婷《北京高校青年教师生存状态研究》中的相关资料显示,青年教师收入低于高校教师群体月均收入,同时,高校青年教师收入低于北京市在岗职工平均工资;加之北京物价贵、房价高,北京青年教师普遍承受着巨大的心理压力,生活质量不高,幸福指数低下。

要促进青年教师良好发展、缓解青年教师压力、吸引青年教师人才,我们必须在教师权益保障方面做出改变与努力,例如,提高教师最低工资标准,为教职工提供养老保险、医疗保险,完善教职工福利制度等,保障教师的合法权益,从而激发教师的工作积

---

① 郜锦强.教师教育改革研究与实践[M].合肥:安徽大学出版社,2007:164-166.

极性，促进青年教师的良性发展，共同致力于教育现代化发展进程。

青年教师作为社会先进思想的宣扬者和教育现代化的先行者，在社会的现代化进程中发挥着重要作用。艺术类高校青年教师的良性发展，将为我国文化、艺术等领域注入新的活力与创造力，这对我国文化艺术氛围塑造、艺术文化软实力和艺术专业的学术影响力提高等都有着重要作用。

艺术类高校青年教师在艺术师资力量建设和艺术教育改革中扮演着重要的角色。艺术类高校青年教师的发展不仅需要其自身不断反思、不断提升，加强艺术理论学习与实践学习，提高艺术专业素养，做好艺术职业规划，加强创新能力培养；还需要艺术类学校加强艺术专业课程建设，优化艺术教学环境，加强艺术教学管理；更需要社会、政府和国家等多方力量的支持，为艺术类高校青年教师的发展营造一个良好的氛围，共同推进艺术教育现代化进程。

〔郭瑛霞，中国传媒大学组织部〕

实践性教学和人才培养的思考与探讨

◈ 李 晨 迟绍翠

一、引言

实践性教学是相对于理论教学而言的。实践性教学以实践性知识为核心,主要是以在实践中学习、体验、思考和分析等形式进行的,其基本特征就是要归于实践。在本科教学过程中,很多教育工作者都认识到了实践类课程教学的重要性。本文在以往研究的基础上,从人才培养的角度出发,介绍了大学生的学习与就业现状,分析了实践性教学的短缺原因和必要性,并提出了本科教育人才培养的目标。

二、当代本科生学习与就业现状

很多大学生认为他们在大学中所学的东西在实际工作中大多都用不上,所学非所用。这是因为在本科教学中,理论教学依然占据主导地位,对培养学生实际操作能力的重视程度不够。比如理工科,不论是研究生还是本科生,高校都进行了扩招,这使得现在的本科生毕业后难就业,只有经过用人单位的重新培训后才能上岗。

虽然学校为本科生提供了很多实践机会,但是因实践教学学时有限,其教学效果并不明显。学生往往需要自己到校外寻找实习单位,花费大量时间和精力。

三、实践性教学缺乏的原因

(一) 从高校的角度分析

1. 实践性教学资源补充过慢

以教师资源为例,根据国家统计局的统计数据可知,自 2000 年至今,我国普通高等学校本科生每年招生人数的增长率远远超过教师,教师资源的欠缺,严重影响了实践性教学的发展。在高校,很多教师主要讲授理论课程,缺乏实践教学经验,很难完成对学生实践进行辅导的工作。不止是教师资源缺乏,实践教学设备、实践教学场所等资源也更新较慢,这就限制了实践类课程的开展。

2. 教学经费不足

教学经费不足,一是因为经费总数有限,二是因为经费去向太多。实践性教学往往成本比较高,比如一次实习的费用就包括交通费、住宿费、补助费、实习教学管理费、参观费、资料费、指导及授课酬金等诸多费用,这些费用加起来是很多的。为了节约经费,很多高校只能适当限制实践性教学课程开展的规模和形式,尤其是高性能的实践。这些实践所需的实验设备成本极高,仅凭教学经费,高校很难大量购置此类实验设备,这就限制了学生学习和实践的机会。

3. 实践性教学考核模式的落后

目前,关于实践性教学的考核,大多采用书面考试与让学生上交实践报告相结合的形式。这样有两点不足:一是很多内容没有明确的考核标准;二是重视结果而轻视过程。这样的考核模式不但不能正确评价学生和督促学生进行实践学习,而且也不能很好地激发学生的学习兴趣。学生在实践性教学过程中缺乏主动性和积极性,限制了自身的实践能力的提高。

(二)从学生的角度分析

1. 缺乏吃苦耐劳的精神

一位主管学生实验的老师曾指出,真正完成一项高标准的实验需要投入大量的资金。尽管如此,学校还是很愿意投入大量资金供学生做实验、搞科研的。但与过去的学生相比,现在的大学生大多是独生子女,有些人缺乏吃苦耐劳的精神,很难完成一个复杂的、任务繁重的实验任务。学生的学习态度也多半是得过且过,因而出现很多原来的学生能做,而现在的学生做不了,或现在的学生应当能完成却完成不了的现象。

2. 缺乏学习主动性

大学以前,学生的学习基本上都是被动的,并且大多数学校都轻视素质教育,这阻碍了学生的主观能动性的发挥。与理论课程相比,大学实践性教学有很大的不确定性。由于学生缺乏主观能动性,所以,他们难以主动解决复杂的实践问题,不能很好地完成实践资料的整理工作,甚至出现在实践教学中相互抄袭的现象,这使得实践类课程的教学难以达到预期的效果。

四、理工科专业加强实践性教学的重要性和迫切性

尽管现在中国的高等教育正在高速、超常规发展，但与发达国家相比，仍然有重理论轻实践的不足，这也是我国在将科学技术转化为生产力的方面落后于其他国家的一个重要原因。因此，加强理工科专业实践性教学环节十分重要。

(一)理工科专业特点

理工科是利用数学、物理学、化学等基础科学的原理，结合生产实践所积累的技术经验而发展起来的学科。其目标是培养在相应的工程领域内从事规划、勘探、设计、施工、原材料的选择研究和技术管理等方面的工作的高级工程技术人才。因此，理工科专业具有理论性和实践性强的特点，要求学生具有专业的理论基础和较强的应用能力、动手能力、创新能力。实践性教学环节是高等院校教育的重要组成部分，它对培养学生实践能力和提高学生综合素质、确保教学质量、更好地把理论与实践结合起来、促进劳动就业等方面有着十分重要的作用，特别是在操作性强、对动手能力要求特别高的工科专业中，更是占有举足轻重的地位。

(二)市场需求使理工科毕业生培养目标发生改变

近几年来，高校理工科毕业生的紧张就业趋势以及各单位对毕业生综合能力和动手能力的现实要求，从侧面反映出社会对于理工科专业毕业生的需求在不断地发生变化。这说明了一个事实，即社会需要的是理论能力和实践能力均较强的专业性、应用型人才。因此，重视实践性教学环节，有益于提高高校理工科专业毕业生的综合素质，进而提高就业率。

五、对理工科教学人才培养目标的探讨

(一)理工科人才的定位与内涵

人才的培养方式取决于人才需求。从人才需求的角度来看，一般来说，高等院校和科研院所主要需要学术科研型人才，而社会其他行业则既需要科研型人才又需要应用型人才，但以应用型人才为主。因此，高校的人才培养一般可粗略分为学术型人才

培养和应用型人才培养。

学术型人才主要指那些专注于学术探讨的人才。比起知识的具体应用，他们对知识本身更感兴趣、对事物内在原理更感兴趣。对于这类人才来说，进行知识创造是他们研究和探求的目的，学科兴趣和学术价值则是他们的出发点，所以他们不关心自己所探求的结果是否能被应用。学术型人才的理论基础比较扎实、综合素质较高，有着较强的思辨能力，能够在错综复杂的现象中发现事物的本质属性，能够辨清事物发展的方向、目标及内在规定性，从而制定促进事物发展的规则。学术型人才更适宜从事基础理论研究和教学工作。

应用型人才主要指具有较强的专业能力和职业素养、能够创造性地从事实际工作的专门人才。应用型人才的探究兴趣来自实践中的问题，他们关心的是相关的专业知识如何应用，为企业增效和为社会服务则是他们的出发点，因此他们的实践能力较强。应用即面向实际、面向社会/领域，将知识或技术转化为一种实际生产力，是一种实践活动。因此，应用型人才可以说是一种面向社会、面向实践的人才，他们的实践是基于专业知识的实践，是对专业知识进行转化的实践。应用型人才具有专业知识面广、实践能力强、综合素质高的特点，并有较强的科技运用、推广、转换能力。

需要指出的是，学术型人才与应用型人才之间不是截然对立的，他们之间有一个连接点，他们都是从现实问题出发的。但学术型人才更注重现实问题背后的理论价值，而应用型人才则更注重它的实用价值；学术型人才的兴趣来源于其对事物运行机理的关注，应用型人才的兴趣来源于如何改变现有状况；他们一个是从战略上进行思考，一个是从战术上进行思考。

（二）理工科人才培养的特性

目前高校理工科专业的培养目标存在诸如具有趋同性，缺乏科学性、规范性和可操作性等一系列问题。现代工程技术发展对人才提出的一些新要求尚未引起高等学校的足够重视，这导致人才培养目标可有可无、形同虚设，必会影响人才培养质量。因此，必须重视人才培养目标的重要作用。

1. 以需求决定价值导向

现代工程教育体系应当是以需求决定论为价值导向、以全方位的产学结合为生态基础、以国际化的现代工程师为主要培养目标的专业教育体系。所谓需求决定论，是指社会发展的需求、市场经济的需求、第二产业（尤其是制造业）发展的需求以及学生未来发展的需求，决定着工程教育的信念、目标、体制、运作过程和质量评估标准。然而，上述需求在不断发展变化，彼此之间也并非完全相契合，加之我国高等教育体系自身仍存在种种问题，譬如定位失准、办学目标趋同等，这就导致教育教学目标建设面临抉择。许多高校，尤其是重点高校在目标问题上躲躲闪闪，不愿明确表示工程教育的主要目标是培养现代工程师。

人才培养归根到底是为社会服务的，社会需求是人才培养的原动力，是学校确定人才培养目标、规格和模式的最重要的依据。实践性教育是面向国家需求的，它与社会需求之间具有内在的适应性，实践性人才培养目标应以社会需求为导向。

2. 在人才培养模式中起指导作用

人才培养目标决定了人才培养模式的设置。如果把人才培养模式本身当作一个系统，那么可以说"目标决定系统"。人才培养模式中有培养目标、教师、学生、课程、教学方法、评价等诸多要素，培养目标在整个系统中起到了"龙头"作用，它不仅给整个体系注入了活力，而且还决定着整个体系的性质和发展方向，可被称为"驱动子系统"。倘若没有清晰明确的培养目标的指引，培养体系改革即使进行得如火如荼，也是劳而无功的，很可能会流于空泛，逐渐形成一种"为改革而改革"的怪圈，而不知为什么要改革、这样做究竟为了达到怎样的目的。久而久之，这种盲目跟风式的体系改革终将导致培养出的人才严重脱离社会需求，成为学校和社会的负担。

3. 培养目标本身具有系统性

如上所述，培养目标在整个人才培养体系中起到了决定性的作用。其实，培养目标本身也具有系统性。这里可以借助系统论的思想进行解释。系统论认为，整体性、关联性、等级结构性、动态平衡性、时序性等是所有系统的共同的基本特征。任何系统都是一个有机的整体，它不是各要素的机械组合或简单相加。系统中各要素不是孤立地存在着的，每个要素在系统中都处于一定的位置上，起着特定的作用。系统受到外部和内部的约束，它依赖环境，反过来又影响环境。同时，系统是多种多样的，可以根据不同的原则和情况来划分其类型。

根据范围划分，人才培养目标有宏观系统和微观系统之分。无论怎样划分，社会需求都是培养目标的价值导向。培养目标的定位、分类、分层属于宏观系统。实践性人才的培养目标可根据经济、产业需求从层次结构和科类结构来确定。我国经济的快速持续增长、产业结构的提升和社会的转型，为实践性教育人才结构的调整和优化创造了条件，也提出了新的需求。人才的层次结构是指学士、硕士、博士的培养及本专科生与研究生数量之比。人才的科类结构是指专业设置、各科类学生的比例，由工业产业结构的高级化、工业主导产业部门的变更以及工业部门的 GDP 等因素决定。

结　语

如今大学生实践能力的培养和素质教育得到了普遍的重视，加强并完善理工科专业实践性教学环节势在必行。应以培养学生的实际动手能力、创新思想和分析解决问题能力为重点，全面提高学生的综合素质，促进理工科学生的个性发展，为国家培养出更多更专业的技术人才。此外，人才培养目标需要依据市场需求确定，并系统地指定人才培养模式。

〔李晨、迟绍翠，中国传媒大学理工学部实验教学中心〕

实验、竞赛和科技型社团协同培养传媒科技领域创新人才的探索与实践

◈ 章文辉 黄祥林 赵 宇

创新人才培养一直都是我国高等学校人才培养体制改革的主要方向。近年来，我校对传媒领域复合型人才培养体制进行了大胆改革，充分实践了“校园大课堂，传媒大舞台”的育人理念，为多样化人才的实践创新能力提升创造了条件，并取得了良好的效果。由于理工科人才培养环境、氛围和规律与人文学科相比有着不同特点，所以笔者结合自身的实验实践教学工作经验，研究、探索运用实验、竞赛和专业型社团协同培养传媒科技领域创新人才的育人模式。

一、实验实践教学

我校电气信息类的实验实践教学有很多亮点，但也存在不足。如电气信息类专业建立了多层次、模块化的实验实践教育体系，开设了电子工艺设计(1 周)、电路基础实验(16 学时)、电子技术实验(16 学时)、电子线路综合课程设计(1 周)等课程。实验教学内容基本上按照理论教学内容的要求设计，优点是内容相对固定，有教科书，操作简便。缺点是实验课时偏少，学生对实验内容缺乏认识；实验目标模糊不清，为了做实验而进行实验，实验过程普遍缺乏挑战性，不能激发学生潜力；实验方案往往脱离工程实际，实验教师自身无信心，容易照本宣科。教师的主导地位和学生的主体地位的缺失，严重制约了我校电气信息类专业本科学生实践与创新能力的培养。如何通过超常规实验教学改革增强学生解决问题的能力值得探讨。

二、学科竞赛

电子设计竞赛活动是训练、提高大学生实践能力的另一个主要途径。电子设计竞赛会对作品提出明确具体的目标和任务，对学生来说，完成作品的过程具有很强的挑

战性，同时作品内容还具有工程意义。但多年的竞赛活动反映出我校参赛学生的实践训练普遍不够充分。因此，电子设计竞赛本身具有弥补实验教学缺陷的特质，实现竞赛与实验的协同，必将有利于提高实验实践教学质量，同时又能促进学生竞赛水平的提升。

理工学部每年都会拿出专项资金来支持、组织学生参加全国性的大学生竞赛活动，但比赛经费、比赛名额、指导教师有限，参与比赛的学生数量也十分有限。这就在很大程度上限制了实践教学的深入和学生的受益面。如何让更多的学生得到充分的实践锻炼机会，充分享受到学科竞赛带来的益处，值得深入研究。

三、科技型社团

科技型社团是大学生社团的一个重要组成部分，具有鲜明的学术研究特色，是锻炼、培养大学生创新实践能力的一个重要载体。目前，我校科技型大学生社团也存在诸如经费严重不足、硬件设施匮乏、缺少专业指导教师、体制保障不足等具有普遍性的问题。科技型社团不够活跃、活动内容僵化，尤其是在人文艺术氛围较强的校园文化环境中，学术型社团对学生的吸引力显得极其微弱。参加社团的学生们反映，组织内容新颖、有吸引力的好活动并不容易。因此，如何发挥科技型社团的作用，使其更好地服务于竞赛和实验实践教学，值得探讨。

四、实验、竞赛和科技型社团的协同

（一）实验教学改革

我校电子信息类专业教学大纲中的必修实验实践课程体系是根据各专业要求的教学方案制定的。在实践操作中，不修改教学大纲，就没有办法增减或改变实验必修课程内容，实践实验教学改革的空间非常小。

针对这种状况，首先，我们采取了变通的办法探索实验教学改革，就是在学部层面建设实验实践公共选修课程体系，此体系涵盖 7 门基础实践训练课程和 7 门创新实践训练课程。

其次，练好“内功”，在绩效考核和奖励评定方面出台倾斜政策，创造良好的教学环境和条件鼓励高学历青年教师发挥专业特长和能动性，积极开设创新实践选修课程。例如，2015 年，实验教学中心的三位青年教师针对移动客户端应用程序开发，开设了针对不同操作系统、不同层次的相关课程，将与最新的工程实践应用紧密结合的移动客户端应用程序开发技术全面引入实验课堂。学部督导组对其中的两位教师跟踪听课的评价平均分在 90 分以上，学生评价达到 95 分，教学成效非常显著。

最后，借助外脑，内外互补。我们与北京市东城区裕龙职业技能培训学校联合开设了面向全校学生的职业技术实训公共选修课程"演播室灯光与音响技术实训"，聘请中广电设计院教授级高级工程师边清勇、东方歌舞团灯光专业一级舞美设计师沙晓岚教授、国家文化部文化科技专家隋春立教授等行业专家、实践大师作为客座教授、特聘讲师为本科学生授课，课程内容与业界一线实践紧密结合。借助实验教学中心申报国家级虚拟仿真实验教学中心这个契机，我们还聘请了原总参某部从事航天虚拟仿真系统开发的专家卜克明为客座教授，为研究生和本科生开设了选修课程"Unity 3D 系统开发"，将 VR 行业的最新设计、制作以及程序开发技术和理念引入课堂，教学效果十分显著。聘请的业界学者、大师不仅为学生带来了新的技术和技能，也为校内教师树立了内容至上的教学理念。

（二）竞赛与实验融合

课内实验实践课程的课时十分有限，通常一门实验课程的课时只有短短的 32 学时，远远达不到充分训练的目的。为了解决实验实践训练不足的问题，我们将竞赛与实验融合，通过开展或参加与实验相关的竞赛活动，有效弥补实验教学内容的缺陷，从而达到提高实验实践教学质量的目的，同时又促进了学生竞赛水平的提升。

为了扩大学生的参赛面，我们在分析、调研电子信息类本科的培养目标和学校理工学科的特点后，有针对性地每年举办一次中国传媒大学科技创新大赛。科技创新大赛包括四个部分：电子设计竞赛、媒体机械创新设计大赛、机器人创新设计大赛、软件设计大赛。报名参与每类竞赛的学生近百人，通过竞赛培训和训练的学生总数达到四五百人。

同时，继续对校级竞赛选拔出来的优秀学生进行深度训练和培训，鼓励他们参加后续的全国性或区域性学科竞赛。如校级电子竞赛选拔出来的优秀学生参加全国和北京市大学生电子设计竞赛，媒体机械创新设计大赛对接北京市机械创新设计大赛，机器人创新设计大赛对接全国和华北五省大学生机器人设计大赛，软件设计大赛对接国际 ACM 大赛。

通过各类、各级竞赛活动的历练，参赛学生的能力得到了全面锻炼和提高，成效十分显著。2015 年，有 6 人获得全国大学生电子设计竞赛二等奖，12 人获三等奖；4 人获 2015 中国机器人大赛暨 RoboCup 公开赛勘探机器人选拔赛二等奖；2 人获 2015

年华北五省(市、自治区)大学生机器人大赛二等奖,2 人获三等奖,同时取得了大赛舞蹈机器人组团体一等奖。2016 年,在首都高校第八届机械创新设计大赛中,4 位同学获得了大赛二等奖;软件设计大赛也初显成效,学生参赛热情高涨,参加了多次校际 ACM 模拟对抗赛。

竞赛活动已经成为实验教师参与教学改革的外在动力,同时也需要学校政策导向使实验教师产生教学改革的内在动力,鼓励教师及时对实验教学内容进行更新,引导教师将竞赛内容转化为实验内容,提升实验教学的目标性、挑战性和工程性,改进常规实验教学,增强学生解决问题的能力。

受竞赛活动启发,教师通过课程设计模拟出电子设计竞赛效果,克服课程设计内容陈旧的缺点。在课题设置上,选取与课程设计内容相关联的竞赛题或优秀作品,适当修改后形成课程设计任务;按照竞赛的组织方式进行课程设计,模仿竞赛规则制定验收标准,让学生感受竞赛的氛围,使竞赛成果惠及更多学生。

(三)实验、竞赛和科技型社团的协同

积极发挥科技型社团在实验和竞赛活动中的作用。针对科技型社团活动存在的问题,经过调研和分析可以发现,很多高年级学生在实验、竞赛中获得的体验非常值得传授给新生。因此,我们开展了一项经常性的社团活动——“竞赛交流”。在活动中,参赛的高年级学生介绍优秀作品,学生会员分组讨论优秀作品的优缺点。这个过程有效激发了学生的创新热情,在思想交流和碰撞过程中出现了很多好的创意。之后,由学生社团组织、举办校内科技创新竞赛,同时作为校内电子设计竞赛的选拔,为全国大学生电子设计竞赛培养、输送人才。社团按时间和功能定位的顺序,从大一开始培养学生的专业兴趣,到大三结束时,学生在校内比赛、省赛、国赛等各项比赛中已得到全面的锻炼,最后形成大三学生引导大二学生学习、大四学生考取研究生后成为助教的实验学习和竞赛体系,从而克服指导教师不足的缺陷。

以实验教学中心的无人机应用技术创新训练团队为例。近两年,我们初步探索了实验、竞赛和科技型社团的融合培养模式。中心实验教师通过自学和培训提升自身知识和能力水平,取得无人机飞行理论教学、实践教学资格证书,开设了理工学部公共实践实训选修课程“无人机飞行技术”、校级公共实践选修课程“无人机航拍技术”,讲授无人机系统和原理,对学生进行飞行技术和航拍技术的训练。在此基础上,依托学生科协的无人机分会成立无人机开发技术活动组和无人机飞行俱乐部,学生在教师的指导下自主开展课外科技活动和飞行活动,参与、申报、承担国家、北京市和学校的大学生创新项目计划,开展与无人机相关的竞赛活动。通过课外科技活动,选拔优秀本科

生参与教师的科研项目，为硕士、博士研究生储备后续人才。实践表明，在这种训练体系下培养出来的学生会表现出与普通学生明显不同的特质，他们在完成创新项目、本科毕业设计、项目研究方面表现得更加出色，创新特质十分明显，深受高层次人才培养单位和用人单位的青睐。2017年，因为科技创新活动经历和个人的优秀素质，我们一位同学被美国南加州大学研究生院录取，一位被北京邮电大学录取；还有一位同学因为出色的科研开发能力而得到公司的肯定，成为创业公司的核心开发人员。创新人才培养成效初步显现。

实验、竞赛和科技型社团的协同和融合可以有效促进电子技术实验教学水平的提高，丰富社团活动的内容，吸引更多学生踊跃参与创新活动，提升学生竞赛水平，扩大学生实验实践训练的受益面。当然，这其中也存在一些亟待解决的问题：一个是我校工科实验场地严重不足；二是需要实验教师投入更多的时间和精力。这些问题制约了实验实践教学改革的深入开展。为了保持创新实践人才培养体系的活力和可持续性，需要学校相关部门出台配套的支持政策和办法。

〔章文辉、黄祥林、赵宇，中国传媒大学理工学部〕

小语种,大格局

——非通用语多语种复合人才培养的新思维

◈ 龚颖元

一、现有非通用语人才培养模式的弊端

目前非通用语人才的培养主要有两个途径:一是设置本科专业点,通过高考或“高考+面试”的方式招收高中毕业生,培养语言专业人才;二是面向校内各专业学生开设外语选修课,让学生在具备一定专业知识的基础上习得一到两门外语。在以前中国经济社会发展的状态下,针对一些非通用语专业的就业,特别是一些不发达国家的官方语言专业就业不佳的情况,高校设计出了多种培养模式,如“通用语+非通用语”“非通用语+非语言专业(如国际关系、国际贸易、新闻传播、法律等)”。本科非通用语专业的设置多采用“通用语+非通用语”的模式,“英语+非通用语”“法语+非通用语”“日语+非通用语”的培养模式较为普遍。“通用语+非通用语”的模式在一定程度上给非通用语专业的学生提供了更多的就业途径,但这种基于改革开放之初吸引外资的特定历史时期设置的“理想化”的模式,在当今中国经济新常态和新发展的战略背景下,弊端也逐渐显现出来。

(一)就业方面的弊端

从市场需求的角度看,自20世纪80年代以来,特别是1992年邓小平同志南方讲话以后,中国政府对待外资非常友好,外资在中国获得了全球最佳的投资环境,大量外商独资或者中外合资企业在中国落地生根、开花结果。由于当时的中国具有十分明显的人力成本优势,外方一般都会大量雇用中方员工担任中、高层管理人员,具有外语优势的中方职员在这个时期具有极大的竞争优势,更有机会进入外企、获得高收入。2000年左右,外语专业的毕业生进入欧美企业的起薪是进入其他类型企业的2-3倍。外语人才(包括具有外语特长的其他专业人才)在就业市场的强势表现,反过来促

进了高校外语专业的爆炸式增长。以英语专业为例，20 世纪 80 年代末 90 年代初我国开设英语专业的高校只有 300 多个，1998 年增加到 790 个（戴炜栋，2008），截止到 2012 年底，开设英语专业的高校超过了 1 000 个（刘贵芹，2013）。像法语、日语、德语等通用语专业本科点的数目也成倍增长。除了通用外语语言专业人才培养力度大幅增加，具有外语（通用语）特长的复合型人才也大量涌现。在这两者之外，外语的非学历教育、社会培训更是发展迅猛，外语培训成了培训市场最大的蛋糕，新东方、沪江等一批知名企业迅速占有了市场。丰收是喜事，但多收了三五斗后，通用语专业毕业生的就业形势逐渐反转，过量的毕业生带来了就业难题。前几年，英语专业就业被挂上了“红牌”（麦可思，2012）。“通用语＋非通用语”的模式是否会是未来发展的香饽饽，该模式是否能够顺应历史潮流，值得探讨。

（二）人才培养方面的弊端

从人才培养的角度看，非通用语的本科教学都是零起点的，要从字母教起。成功的外语学习既需要强度又需要密度，而在现行的学制安排中，英语等通用语以及各类公共课在大一、大二学年占据了课表中的半壁江山，按照平均一周 14 课时计算，一年总课时约为 448 课时，4 年本科专业课的总课时仅为 1 568 课时；以 50 分钟每课时计算，4 年的学习课时远不足 2 000 小时。而根据外语学习规律，要把一门外语学到能熟练运用的程度，至少要花2 000小时以上（约翰·康威，2010）。在现有的课程体系设置下，4 年的本科专业课的总课时对于掌握一门外语是远远不够的。这种本末倒置的课程体系设置让凭借非通用语就业的学生在毕业后难过语言关，口不能言、笔不能书的状况给用人单位造成了极大的困扰。

二、新时期国家战略为非通用语人才指明了方向

新时期的最大特征是中国经济发展进入新常态，经济增长由高速转为中高速，发展由中低端水平迈向中高端；与此同时，随着话语权的逐步提升，中国在国际政治和世界经济版图中的影响力与日俱增，新的国际秩序正在形成。基于新时期的特征，国家提出了新的发展战略，其中“走出去”和“一带一路”倡议为非通用语人才的培养提出了新的要求，指明了新的方向。

（一）“走出去”战略

“走出去”战略又称国际化经营战略，在党的十五届五中全会上正式提出，并在“十

一五”期间得以落实。该战略是指中国企业充分利用国内和国外“两个市场、两种资源”,通过对外直接投资、对外工程承包、对外劳务合作等形式积极参与国际竞争与合作,实现我国经济可持续发展的现代化强国战略。据商务部提供的数字,我国的对外直接投资在2003年以后进入了快速发展阶段。2010年我国境内投资者共对129个国家和地区的3 125家境外企业进行了直接投资,截至2010年底,我国累计非金融类对外直接投资2 588亿美元。我国对外经济合作业务分布在近200个国家和地区,对外直接投资、对外承包工程、对外劳务合作大部分集中在亚洲。非洲和拉丁美洲是承包工程与劳务合作业务增幅最大的地区。境外加工贸易类投资占我国对外投资总额的近一半,主要集中在轻工、机械、建材、电子、纺织服装等行业。可以看出,我国“走出去”战略的投资对象国更多是在非通用语覆盖的范围,这也是近几年一些非通用语专业就业形势好的直接原因。

(二)“一带一路”倡议

“一带一路”倡议是习近平总书记在2013年9月和10月先后提出的“新丝绸之路经济带”和“21世纪海上丝绸之路”倡议构想的统称。“一带一路”倡议构想意味着我国对外开放实现转变,即从中国对世界(西方)开放转变为“中国—世界”的双向开放。“一带一路”倡议也是对“走出去”战略的集成和提升。我国最初的对外投资大多集中于一些贫穷国家的资源开采项目。近年来,随着国内经济实力的不断增强,中国对外投资首次超过了外资流入,对外投资也被引导到了发展中经济体和发达经济体中的更为引人瞩目的项目上。五六年前,中国“走出去”模式基本上围绕着大宗商品展开,现在开始在一些实行竞标机制的国家承建基础设施项目,投资对象主要是“一带一路”沿线的一些发展中国家。“一带一路”的实施不仅有机遇,也充满了挑战,需要我们有一定的风险意识,未雨绸缪。一些国家政局并不是十分稳定,不同党派之间的理念差别很大,一个党派下台可能就会改变过去的对外政策,这必将给我国在这些国家的投资带来巨大风险。因此,我们在具体落实“一带一路”倡议时,必须对这些国家的政治格局、法律环境、人文社会等进行仔细研究,在投资之前做好应对风险的预案,将投资的风险降到最低。这些风险的评估工作需要能深入研究对象国语言、文化、历史等方面问题的非通用语人才,这也对非通用语人才提出了更高的要求。

三、基于新时期国家战略大格局的人才培养模式

以土耳其语专业为例,在过去的十几年里,我们一直采用的是“土耳其语＋英语”

的培养模式。其弊端如前所述，英语学习的效果并不能体现在学生的就业中，绝大部分理想单位的大门都是被土耳其语这块敲门砖敲开的。结合往年的就业情况和毕业生工作后反馈的情况，笔者认为应建立起“土耳其语＋亲属语言”的多语种人才培养模式；同时，在教学标准化方面，应当仿效美国的标准化教学目标体系，建立起一整套系统的、指标化的语言学习目标体系和语言能力评测体系。

（一）建立“土耳其语＋亲属语言”的多语种人才培养模式

“丝绸之路经济带”的一条主线是从中国的中东部出发，沿陕西、宁夏、甘肃、新疆一路往西，出国境后沿中亚五国（哈萨克斯坦、土库曼斯坦、乌兹别克斯坦、吉尔吉斯斯坦、塔吉克斯坦）跨里海后，经由土耳其到达欧洲的。这一路线中，土耳其与其他中、西亚国家及中国新疆维吾尔族在语言、宗教、文化上有较多的相同之处，特别是从语言上看，同属突厥语族的土耳其语、哈萨克语、土库曼语、乌兹别克语、吉尔吉斯语、塔吉克语、阿塞拜疆语和维吾尔语都是亲属语言。从语言习得来看，凭借相似度较高的语法形态和50%左右的共有词汇，习得其中的一门语言，即可较为容易地同时习得其他亲属语言，并且能从语言、历史、文化、政治、宗教等多方面的对比研究中对沿线各国有较为全面和深入的认识。这也正契合了国家“一带一路”的发展需求。熟练掌握汉语、土耳其语及其他突厥语族语言的人才将在“一带一路”中发挥举足轻重的桥梁纽带作用，语言优势将帮助他们更好地与沿线国家的政府、企业和公众交流，更准确地理解交流对象的真实意图。这种理解是通过第三方语言无法实现的。

（二）建立以标准为基础的非通用语教学模式

以土耳其语教学为例，近年来虽然也采用了任务型、话题型、反转课堂等多种新型教学手段，但是以教师为中心、注重词汇的学习与语法规则的训练、侧重单纯的讲述和知识面的覆盖仍是以土耳其语为代表的非通用语的主要教学模式。本文认为，传统的教学模式已不能满足国家和社会对非通用语人才的需求，应当反思现有的教学标准，将传统的以教师为主导变为以学生为中心，以学生必须掌握并熟练运用基本知识与技能作为外语教学的最终目标，通过设置不同层次的教学目标将教学内容和学生技能有效地衔接起来，注重教学与实践的关联性。因此，如何根据标准选择、制订明确的教学目标，同时通过教学目标规范教学活动及评测方式成了解决实际问题、实施标准化教学的关键。

“UBD设计模式”（Understanding by Design）是目前美国外语教学界普遍认可并积极付诸实践的教学模式。该模式的关键在于将外语学习标准有效地贯穿于教学活动的全过程，使教学目的、教学内容及评测方式与标准保持一致。该模式将教学活动的全过程建立在一整套较为系统的语言学习标准上,并以之为全部外语课程计划及实施的主要依据。本文认为,该教学模式中的设定总体目标、确定能力迹象及评测方式、设定具体教学计划(包括教学活动和任务的确定)三大步骤具有较好的借鉴意义。“UBD设计模式”认为外语教学目标的拟定应当将主题单元作为基本切入点,以大观念为主要参照,围绕理解与运用两个层面进行目标设定。以主题“购物”为例,对该主题的目标设定见表1:

表1

主题 大观念	交际		文化		关联		比较		社区	
购物	沟通	诠释	演示	习俗	产物	触类旁通	博文广见	语言	文化	学以致用	学无止境
A学生	√			√				√			

根据表1所示,在由交际、文化、关联、比较和社区构成的大观念中,又按照由浅入深的排布细分了沟通、诠释、演示等11个次等级。以A学生的“购物”主题习得为例,该学生五大观念中仅在交际、文化和比较三个参照面实现了最基本的目标,通过这一情况即可判定该学生对“购物”主题的学习仅达到了最基本的标准,即简单沟通、了解购物习俗语以及认识到其在中土文化中的语言思维异同等。将主题置于5大观念和11个次等级标准中进行评定,不但可以更科学地评定学生的语言习得层次,而且为立体化、层次化课堂教学内容提供了理据。标准虽多,但并不意味着每一个主题必须全面涵盖。在实际的教学活动中,教师可以结合不同的主题,选取最适合的一部分标准,制定行之有效的教学目标,从而突出教学的重点。

表2 美国教育部78个关键语种及5个级别(Wiley,2010:99)

级别	语 种
最高级	阿拉伯语、汉语普通话、波斯语、韩语、俄语、乌尔都语
次高级	孟加拉语、汉语粤方言、达里语、日语、哈萨克语、吉尔吉斯斯坦语、旁遮普语、土耳其语
第三级	阿塞拜疆语、印尼语、斯瓦希里语、乌兹别克语
第四级	豪萨语、马来语、他加禄语、泰语、越南语、约鲁巴语
第五级	其他50种语言

非通用语教学的标准化体系建设需要在不断地积累和反复的尝试中逐步完善,建立以标准为基础的非通用语教学模式、细化非通用语的教学目标是一项具有战略意义的系统工程,这一工程应当提升到国家语言战略大格局的层次上展开,而美国的关键语言教育战略具有一定的参考价值,见表2、表3。

表 3　美国主要关键语言教育项目的关键语种

项目名称	语　种
教育部中小学“外语援助计划”	7个语种：阿拉伯语、汉语、印地语、韩语、俄语、日语和土耳其语
国防部“国家领航语言计划”	9个语种：阿拉伯语、汉语、印地－乌尔都语、韩语、葡萄牙语、波斯语、斯瓦希里语、土耳其语、俄语
国防部“语言培训中心”	16个语种：阿拉伯语、汉语、法语、德语、印尼语、日语、韩语、波兰语、葡萄牙语、俄语、塞尔维亚语、西班牙语、他加禄语、泰语、土耳其语、乌克兰语
2006年“国家安全语言计划”	8个语种：阿拉伯语、汉语、韩语、日语、俄语、印地语、波斯语、土耳其语
国务院“关键语言奖学金”项目	13个语种：阿拉伯语、阿塞拜疆语、孟加拉语、汉语、印地语、印尼语、日语、韩语、波斯语、旁遮普语、俄语、土耳其语、乌尔都语
国务院“关键语言能力提高奖”	10个语种：阿拉伯语、印尼语、孟加拉语、汉语、印度吉拉特语、印度马拉地语、印度旁遮普语、俄语、巴基斯坦乌尔都语
情报界 StarTalk 夏季关键语言学习项目	9个语种：阿拉伯语、汉语、达里语、印地－乌尔都语、波斯语、葡萄牙语、俄语、斯瓦希里语、土耳其语
情报界学者中心	19个语种：阿拉伯语、缅甸语、柬埔寨语、达里语、波斯语、格鲁吉亚语、印地语、日语、库尔德语、老挝语、汉语、普什图语、俄语、索马里语、土耳其语、土库曼斯坦语、乌尔都语、乌兹别克语或越南语(2014年)

四、小结

目前我国高校本科非通用语专业采用的“通用语＋非通用语”（如英语＋土耳其语）的培养模式是基于20世纪80年代到21世纪初我国特定历史时期的状况设计的，这一设计在当前的经济新常态和新发展大战略的背景下已经表现出了明显的后劲不足。新时期国家提出的“走出去”战略和“一带一路”倡议为非通用语发展带来了千载难逢的历史机遇，同时也对非通用语人才的培养提出了更高的要求。本文结合国家战略层面的分析和数年来非通用语教学的经验提出了基于新时期国家战略大格局的人才培养模式，倡导建立如“土耳其语＋亲属语言”的多语种人才培养模式，并阐明了非通用语教学改革中推广“以标准为基础的教学模式”的必要性和紧迫性。

〔龚颖元，中国传媒大学外国语学院土耳其语系〕

虚拟现实技术(VR)与高等教育的发展和变革

◈王　也　李文华　郝晨阳

一、虚拟现实技术的概念

虚拟现实技术是一种可以创建和体验虚拟世界的计算机仿真系统,它利用计算机生成一种模拟环境,通过多源信息融合的交互式三维动态视景和实体行为的系统仿真,使用户沉浸到该环境中。它是仿真技术的一个重要方向,是仿真技术与计算机图形学、人机接口技术、多媒体技术、传感技术、网络技术等多种技术的集合,是一个富有挑战性的交叉技术前沿学科和研究领域。虚拟现实技术(VR)主要包括模拟环境、感知、自然技能和传感设备等方面。模拟环境是由计算机生成的、实时的、动态的三维立体逼真图像。感知是指理想的VR应该具有一切人所具有的感知能力。除计算机图形技术所生成的视觉感知外,还有听觉、触觉、力觉、运动等,甚至还包括嗅觉和味觉,这一方面也被称为多感知。自然技能是指由计算机来处理与参与者的动作相适应的数据,如人的头部转动、眼睛运动、手势,或其他人体行为动作,对用户的输入作出实时响应,并分别反馈到用户的五官。传感设备是指三维交互设备。

虚拟现实技术是多种技术的综合,包括实时三维计算机图形技术,广角(宽视野)立体显示技术,对观察者头、眼和手的跟踪技术,以及触觉/力觉反馈、立体声、网络传输、语音输入输出技术等。

(一)虚拟现实技术的显示技术

人看周围的世界时,由于两只眼睛的位置不同,得到的图像略有不同,这些图像在人脑中融合起来,就形成了一个关于周围世界的整体景象,这个景象中包括了距离远近的信息。当然,距离信息也可以通过其他方法获得,例如眼睛焦距的远近、物体大小的比较等。在VR系统中,双目立体视觉起了很大作用。用户的两只眼睛看到的不同图像是分别生成的，显示在不同的显示器上。有的系统采用单个显示器，用户带上特殊的眼镜后，一只眼睛只能看到奇数帧图像，另一只眼睛只能看到偶数帧图像，奇、偶帧之间的不同也就是视差，就使图像产生了立体感。

关于用户（头、眼）的跟踪：在人造环境中，每个物体相对于系统的坐标系都有一个位置与姿态，而用户也是如此。用户看到的景象是由用户的位置和头（眼）的方向来确定的。关于跟踪头部运动的虚拟现实头套：在传统的计算机图形技术中，视场的改变是通过鼠标或键盘来实现的，用户的视觉系统和运动感知系统是分离的，而利用头部跟踪来改变图像的视角，可以使用户的视觉系统和运动感知系统之间联系起来，让人感觉更逼真。此外，用户不仅可以通过双目立体视觉去认识环境，而且可以通过头部的运动去观察环境。

在用户与计算机的交互中，键盘和鼠标是目前最常用的工具，但对于三维空间来说，它们都不太适合。因为三维空间有六个自由度，我们很难找出比较直观的办法把鼠标的平面运动映射成三维空间的任意运动。现在，已经有一些设备可以提供六个自由度，如 3Space 数字化仪和 SpaceBall 空间球等。另外一些性能比较优异的设备是数据手套和数据衣。

（二）声音、语音与感觉反馈

人能够很好地判定声源的方向。在水平方向上，我们靠声音的相位差及强度的差别来确定声音的方向，因为声音到达两只耳朵的时间或距离有所不同。常见的立体声效果就是通过让左右耳听到在不同位置录制的不同声音来实现的，所以会有一种方向感。现实生活里，当头部转动时，听到的声音的方向就会改变。但目前在 VR 系统中，声音的方向与用户头部的运动无关。

在一个 VR 系统中，用户可以看到一个虚拟的杯子，你可以设法去抓住它，但是你的手没有真正接触杯子的感觉，并有可能穿过虚拟杯子的“表面”，这在现实生活中是不可能的。解决这一问题的常用方法是在手套内层安装一些可以振动的触点来模拟触觉。

在 VR 系统中，语音的输入输出也很重要。这就要求虚拟环境能听懂人的语言，并能与人实时交互。而让计算机识别人的语音是相当困难的，因为语音信号和自然语言信号有其“多边性”和复杂性。例如，连续语音中词与词之间没有明显的停顿，同一词、同一字的发音受前后词、字的影响，不仅不同人说同一词会有所不同，就是同一人的发音也会因受到心理、生理和环境的影响而有所不同。使用人的自然语言作为计算机输入语言目前有两个问题，一个是效率问题，为便于计算机理解，输入的语音可能会相当啰唆;另一个是正确性问题,计算机理解语音的方法是对比匹配,并不具有任何智能特性。

二、虚拟现实对于高等教育方式变革的影响

(一)课堂教学方式的改变

虚拟现实技术在教育中的应用随着科技发展有了飞跃性的创新,它打破了传统方式营造的"自主学习"环境,用"以教促学"的学习方式让学习者通过自身与信息环境的相互作用来掌握知识、熟悉技能,这是一种新型学习方式。当前许多高校都在积极研究虚拟现实技术及其应用,并相继建起了虚拟现实与系统仿真的研究室,将科研成果迅速转化为实用技术,如北京航空航天大学在分布式飞行模拟方面的尝试,清华大学对临场感的研究等都颇具特色。虚拟现实技术能够为学生营造更为生动、更加逼真的学习环境,例如,电脑太空旅行、建造人体模型、化合物分子结构显示等,在众多的领域中制造出更加广泛的虚拟体验,从而加速学生学习新知识的过程。比说教更具说服力的莫过于带上 VR 头盔亲身经历,亲身感受。主动地交互与被动地接受有本质的差别。虚拟实验利用虚拟现实技术,建立各种 VR 实验室,如地理、物理、化学、生物实验室等,拥有传统实验室难以比拟的优势。随着虚拟现实技术的不断发展和完善,以及硬件设备价格的不断降低,我们相信,虚拟现实技术将会在教育行业得到重视和青睐,并在教育领域广泛应用,发挥其重要作用。

另外,在教学过程中,老师如果想植入一位名师或专家学者对于这个理论或者学术观点的讲解,让同学们领略学术大家的风采,就可以利用 VR 设备,让同学们和这位专家面对面地交流。新的教学方式和形式会让同学们更加专注,也会有更好的教学效果。未来的课堂教育可能在一定程度上采取虚拟教学的方式,甚至完全颠覆传统的教学方法。

(二)图书资料查阅方面的改革

对于高校的学生来说,充分利用学校及相关的图书馆资源,是一个非常重要的学习与提高过程,目前越来越多的高校建立了数字图书馆。根据调研,日本的大学已在图书馆中使用了 VR 技术,甚至很多展馆、博物馆都在发展和应用相关的技术。

试想,学校建设了一座 VR 图书馆,学生想查阅一本书——《工程光学》,这时,学生就不用花费时间去实体图书馆了,怎么做呢?先带上 VR 设备,它可能是一个眼镜、

头盔，或者是一个特定的房间、区域，能够让人进行 VR 体验和人机交互。然后，按下开始按钮，通过“刷脸”（系统预先采集的信息）进入一个虚拟图书馆，这个虚拟图书馆的建筑和内部陈列可以跟实体图书馆一样，这样学生就会面对一个熟悉的环境；也有可能是不一样的新型建筑。学生从 VR 图书馆的一层开始参观，建筑和陈设跟实体图书馆一样，然后学生觉得不喜欢墙的颜色，此时可以通过墙上的按钮进行修改（很有趣的体验）。参观结束，学生可以按下另一个按钮，出现一个虚拟的楼梯，沿着楼梯进入二层，通过设置，调出图书借阅查询机，查询到想要的书的索书号，通过系统检索确定书的具体位置，比如在五层的第几排书架的什么位置。之后会出现一个虚拟直梯，直接从二层进入五层，学生查看一排排的虚拟书架，最终找到了这本虚拟的《工程光学》，并走到虚拟的阅读区域，翻阅起来。这是一个图书检索和阅读的流程。当然，我们还可以为它设置更多功能。

（三）在学术交流方面的变革

传统的学术交流方式主要有学术期刊、学术会议、学术论坛等。那么，伴随 VR 技术的发展，在将来的学术交流舞台上大量采用虚拟现实技术成为可能。

比如可以采用与互联网＋、新技术、大数据、新型头戴装备相结合的技术，将大量的学术期刊、学术会议变成电子化的实时阅读、发表与交流的形式。

如果是实时的学术交流会，全球的专家可以进行在线会议。在这种情况下，双方都戴上 VR 设备进行通讯，就会感觉对方在自己的面前，可以进行实时的交流，不但在语言、表达方式方面都会使交流变得更加容易，而且还节省了路途上奔波的时间、花费，保证专家有更好的精力。对于老师和同学们来讲，不必奔波于全世界各地的学术会议，会节省很多时间和费用。

三、如何合理地运用虚拟现实技术

（一）研究用于虚拟现实技术教育的内容与相关技术

目前 VR 的软件、硬件技术迅速发展，高等教育改革也在与时俱进。对于教育工作者来说，最重要的工作或者任务就是编辑和制订用于 VR 的内容。不论是理工专业还是文科、艺术专业的老师，需要做的是将大量的传统信息介质转换成相应的电子资源，包括文字、数字图像、多媒体音视频及其他相关的数据。这些东西如何变成通用的、适用的内容，可能还需要相关的标准。合理地运用 VR 技术，就要不断地丰富与发展相关的内容与资源。

对于教育和教学来说,有针对性的VR技术才是实用的。高等教育本身的目标对VR的技术要求与其他诸如娱乐、游戏、工程应用等很多行业是不一样的。因此,对于进行VR研究的公司、企业、学校与科研院所来说,要结合前述的三个实际方面,进行创造与制作。

(二)相关的教学计划与方式的调整

传统的教学计划是基于课堂教学与实验室等方面制订的。为了适应VR教学方式的发展与变革,我们要对目前的教学计划与教学方式进行调整与改革。

一是教材的改变与增加。除了传统的纸质教材,可能还要增加多媒体、VR装置等,未来的互联网技术、先进影像技术都会成为新兴的教材资源。

二是教学时间的改革。VR教学方式可以给学生更多自主的学习时间,因此在教学时间与地点的确定方面,也需要更多的灵活性,当然这也将推动学生管理方面的改革。

四、总结

本文经过大量的调研与思考,从虚拟现实技术本身的特点出发,提出了其给高等教育带来的变革,同时也提出了相关的应对方法。

总之,虚拟现实技术的迅猛发展,给高等教育的教学改革带来了非常大的挑战,也提供了更多的机会。无论在内容、形式上,还是在管理方式上,都需要我们与时俱进,不断地改革与完善,积极应对新技术、新概念、新方法带来的冲击与机遇,借此更好地发展未来的高等教育。

〔王也、李文华、郝晨阳,中国传媒大学理工学部光电科学与工程系〕

浅谈研究生指导教师上岗选任与考核制度在研究生教育改革中的作用

◈ 张　磊　胡红斌

自2013年国家全面启动研究生教育改革以来，教育部、国家发改委、财政部下发了《深化研究生教育改革的意见》，国务院学位委员会、教育部先后围绕学位与研究生教育质量保证和监督、对学位授权点的评估、对研究生学位论文抽查等问题出台了一系列新政策、新措施，可见国家对于研究生培养质量的高度重视。随着这些政策与办法的出台，深化研究生教育改革的任务便迫在眉睫。

在改革的呼声与热潮中，研究生导师评选制度的改革无疑是在研究生教育改革进程中迈出了重要的一步。以中国传媒大学为例，2015年学校正式发布了《研究生指导教师上岗选任与考核办法》，明确规定“取消原有研究生导师的选聘方式，建立研究生导师上岗选任与考核制度”。在这项改革实行的初期，一部分教师多少有些抵触，认为多年辛苦挣得的“荣誉”要被移除了。经过一年的时间，随着2015年研究生指导教师上岗选任工作的顺利展开，他们逐渐了解了管理办法的精神与实施流程，对这项改革多表示积极的回应。以目前的改革状况来看，此项改革制度极大地促进了研究生指导教师思想和行动上的转变，尤其对于导师责任意识的提高、勤勉意识的提升，起到了不容小觑的作用。

一、重塑概念：从“身份”到“岗位”的转变

研究生指导教师上岗选任与考核制度重新定义了“导师”这一概念。多年以来，在高校中人们往往习以为常地将“导师”资格看作一种身份认同的标志。因为硕士、博士研究生导师普遍是从具有副高级、高级技术职称的教师当中选任的，在通过了教师职称评定之后，导师资格被视为一种更加光荣的学术身份和地位的象征。在教师们看来，导师是一种身份，拥有此资格的人具有较高的学术水平。在经过这种无意识的概念置换之后，导师这一概念的真正含义与要求却被忽视了。而导师选任与考核制度则

强化了“岗位”这一概念。它要求教师将导师资格作为适应一个教育岗位而必须具备的条件。导师岗位是为了培养研究生而设定的,而非为了满足教师晋升的需要而设定。这一概念的重塑,就将多年以来附加在这个岗位上的很多僵化的、不切合实际的元素成功地去掉了。

因为教师职称评定提携的导向,很多高校教师出现了重科研、轻教学的倾向。大学老师需要重视科研,这是毫无争议的事实,然而如果一味将注意力放在科研上,却不能将科研成果及时地转化为教育研究生的资源和手段,甚至将课堂教学、指导学生论文等培养环节的重要任务当成可有可无的事情,那么一所大学的职能就会变得模糊不清。研究生指导教师是一个岗位,而非一种身份、地位,这样一种对导师概念的重塑,实际上是重申了高校教师的职责重点,号召教师们将精力放到人民教师的本质职责上来。

二、转变态度:动态管理体系的优势

以往的导师评聘制度通常是一锤定音的,教师一旦获得了导师资格,除非有特殊情况,一般不会再有变化。所以导师资格往往被认为是教师职业、学术生涯中需要努力攀爬的阶梯。很多教师在工作生涯中的某一段时间里非常勤奋地钻研业务、创造条件,使自己具备获得这种资格的条件。然而一旦获得了导师资格,似乎就完成了对自我价值的肯定,很多老师带着这样一种荣誉松懈了。这种僵化的评定、管理体系并不利于培养高校教师的责任感和紧迫感。而实行研究生指导教师上岗选任与考核制度之后,“导师能上能下”的动态管理方式使得导师资格认定不再是终身制。按需设岗、竞争上岗的管理体制和考核机制使得教师在对岗位有责任感的基础上更感受到了一份紧迫感。这种紧迫感能够鞭策教师时刻保持学习和提高的状态,势必能极大地提高教师参与竞争的积极性。

三、责任认定:教师责任范围的重新划定

在以往的导师制度当中,导师与学生、同一个导师的学生与学生之间,其实存在着一个潜在的“师门”关系。这种关系在某种意义上起到了一定的学术传承、道德规范的作用。但同时,这种所谓的师门关系也很容易引发学术圈中的一些派系划分和矛盾。前不久,某名校的博士生导师发布了一封与自己的学生断绝关系的公开信,信中称他的一位学生在微信朋友圈中对某学界前辈无端讽刺抨击,因此宣布与该生断绝师生关

系。在笔者看来，这位博士生导师对学生少了一份耐心和责任感。即使学生年少轻狂、疏于礼节，针对学界前辈的观点发表自己的看法，身为学生培养的第一责任人，导师也应对学生耐心引导，以教育为先。为了维系自己在学界圈子当中的人情关系而宣称自己与学生毫无关系，这样的行为反映出当今一些高校研究生导师缺乏责任感。新的管理办法强调："要强化导师的责任意识。导师是研究生培养的第一责任人，负有对研究生进行学科前沿引导、科研方法指导和学术规范教导的责任。"这样的导向对于教师责任意识的培养、责任的认定都将起到积极的推动作用。

2017 年是中国传媒大学研究生指导教师上岗选任与考核制度实行的第二年，新一轮的硕士指导教师选任和考核工作已经启动。如何在考核环节上对上一年的选任工作进行检验和调整是今年研究生管理制度改革的重点。这既是对 2016 年我校实行硕、博导选任和考核制度改革以来工作流程、成效的检验，也是对此次改革的进一步深化与落实，标志着我校研究生教育改革进入实施阶段。

〔张磊、胡红斌，中国传媒大学研究生院学位办公室〕

浅谈高校人才考核评价机制

◈ 李　霞

高校教职工考核评价是对某一时期教职工的工作绩效、思想政治情况以及业务水平等给予科学评价的一种方式。这既是高校的一项责任与义务,也是开展人事管理工作的一个非常关键的环节,其对教职工职务与工资待遇的调整等都具有非常重要的意义,同时也是深化教育教学改革、促进教职工进步与发展、推动人事工作顺利开展的一项措施。因此高校必须充分重视并且积极地做好此项工作。

一、概念界定

(一)教育评价

所谓的教育评价,即为了有效地推动教育改革进程的不断深化,更加有效地提升教育教学质量,在全面、科学地收集、整理以及分析各种教育信息的前提下,科学地判断教育价值的全过程。①

(二)教职工考核评价

所谓的教职工考核评价,即以教职工为对象所开展的一系列教育评价活动。其主要目的是推动教育人事制度的改革,促进学校绩效工资制度的贯彻落实,加强教职工队伍建设,从而推动教育事业可持续发展。

① 张友恭.改革与创新:高校教师考核评价机制的探索[J].湖北科技学院学报,2015,35(12):1-3.

二、高校实施教职工考核评价的意义

(一)有助于教师端正工作态度,提升工作效率

为了促进高等院校教职工考核评价工作的顺利开展,必须加强对教职工的纪律约束,使其能够树立较强的责任感以及事业心,有效地激发其工作热情,帮助教职工树立正确的工作态度、认识到自身责任的重大,进而让他们以良好的状态投入到教学中,加强对教学工作的创新与思考,努力提升工作效率。

(二)有助于强化管理,推进教职工队伍建设

通过对教职工的考核评价,让教职工将个人目标和学校的目标有机地结合起来,有效地发挥主观能动性,便于学校对其进行管理。不仅如此,开展教职工考核评价工作还可以有效地推进教职工队伍的建设,帮助教职工在充分实现工作目标的基础上,有效地实现个人的价值,使教职工能够更加积极向上、认真负责,有效提升业务水平,最终实现其个人与学校的协同发展。

三、高校教职工考核评价机制中的问题

(一)认识不足,考核流于形式

作为一项比较关键的人事制度改革措施,教职工考核评价的最终目的为有效地强化对高校教职工的管理与约束,更加准确、科学地评价教职工的工作情况以及思想品德、职业素养、综合能力等。但是,当前的实际评价过程中却存在“走过场”的状况,考核评价工作流于形式,将考核评价变成了评先进的活动。有的高等院校甚至采用“轮流坐庄”、随机分配、投票的方法评选“优秀”。[①] 无法真正地对一些工作态度端正、工作业绩突出的教职工进行认可与表扬,这样就会挫伤其工作积极性,而且会影响到考核结果的公平性与客观性。

(二)目标考核标准不科学

当前,高校主要基于“德、能、勤、廉、绩”五个指标来完成对教职工的考核工作。然

---

① 傅怡馨.浅谈高校教师考核评价机制改革[J].太原城市职业技术学院学报,2015(3):41-43.

而，对于高等院校而言，其大部分的考核指标往往是比较粗略的，没有从实际出发对诸多指标进行分解，因此可操作性相对较差。在实际考核的过程中，不能采用统一的标准对处于不同层次以及岗位的教职员工进行考核，这样获得的考核结果是不科学、不全面的，具有较强的片面性。

（三）考核方法过于单一

当前，一些高等院校出台的考核文件中往往会提到：在考核工作中，要充分注重定量考核以及定性考核的有机结合。前者是后者的基础，后者是前者的结果。二者都存在自己独有的优势以及不足，因此是缺一不可的。然而在实际操作中，许多高校在对教师进行考核时往往只重视定量考核，即考核教职工发表论文的篇数、考核其具体的课时量、考核学生的评分情况等。在对学校的行政人员进行考核时，更多地注重定性考核，即更多地使用一些描述性的语言，如“基本称职”以及“优秀”等。这样的考核方法过于单一，考核结果也不够科学、客观。

（四）缺乏健全的考核结果反馈机制

在完成考核评价工作以后，将考核结果及时、准确地反馈给教职工，能够有效提升考核效果，达到最终的考核目的。然而，许多高等院校却缺乏对考核结果反馈工作的重视，往往只有在分配年终奖时会参考考核结果，然而在一些岗位的调配以及职务晋升等方面却没有充分发挥考核结果的作用。[①] 另外，一些高等院校甚至没有客观、如实地对考核结果进行反馈，这样就会使教职工无法了解自己的教学评价结果，不知道如何才能更好地改进工作，这也导致考核的最终目的无法实现。

四、完善高校教职工考核评价机制的对策

（一）采用科学的考核方法

高等院校在开展教职工考核评价工作的过程中，要积极地采用定性与定量有机结合的方法，在对教师进行考核时，不但要充分考虑其发表论文的数量、课时量等各种定量指标，而且还要充分考量其学术道德、职业道德水平等。不仅要由上级领导、同事以及服务对象对其进行考评，将三种考评结果进行有机的结合，而且还要采用民主测评

---

① 张雪峰，彭博，洪海英，等.论高等职业院校教师的量化考核评价机制建设[J].职业教育旬刊，2015(4)：16－19.

的方式对其工作情况进行考评，这样才能使考核结果更加公平、公正、客观。在对学校的行政管理人员进行考核评价时，也要对其日常的上班考勤情况等进行考察，要尽量量化其管理工作，使考评结果更加科学。

（二）优化考核评价准则

一是教学业绩考核。对教师进行的业绩考核，即基于其所教学生的学习效果与行为变化情况，对其价值进行科学有效的判断。在大学校园中，对教师的考核可以从两方面入手：一是文化课教学，二是实践操作教学。学校要基于学生的学习基础与其对文化课的掌握情况，对教师在文化课教学中的教学效果进行评价。另外，在实践操作方面，要考核学生实践能力与专业知识提升能力、其对技能的掌握情况，以此作为教师的工作绩效，并更加准确地对其进行衡量。

二是教学行为态度考核。此项考核主要是指对教职工在工作中表现出来的责任感、道德水平以及积极性进行考核，此项考核要结合教师的教学行为进行。学校可根据自身情况评选“荣誉教师”，鼓励教职工全心全意地投入到教学事业中。

三是教学能力考核。此考核是对教职工在教研、教育等方面创造绩效的能力进行考核。在高校中，教职工不但要有能力对学生进行管理，具备良好的道德素质、丰富的理论知识，还要有较强的实践能力。所以，学校也要对其教学能力进行考核。

在实际考核工作中，将教师的平时表现、工作态度，与学生的学习成果、学习能力的提升情况等相结合，对教职工进行全面的考核。

（三）建立完善的考核体系

1. 基于岗位设置情况对教职工考核指标进行细化。在实际考核的过程中，必须要结合不同岗位的职责制定相应的考核指标。[①] 比如，副教授以及讲师有不同的岗位职责，因此，在考核时就要为其设置不同的考核标准。在大部分的高等院校中，岗位职责说明书对处于不同职位的教师以及管理人员制定了不同的科研工作量标准。在实际考核中，对不同的教职工采用相同的考核标准进行考核是很常见的，但却是不科学的，这会造成平均考核量化得分的不公平性、不合理性以及不科学性。因此，教职工的业绩考核必须具有较强的全面性以及综合性，不但要对教职工的“绩”进行考核，也要在“勤、德、能”等方面设置比较详细的考核指标，这样才能更好地保证考核工作的顺利开展，确保考核结果的公平性与合理性。

---

① 周薇，陈红霞.创新绩效考核评价机制 促进教师可持续发展[J].新课程研究旬刊，2015(1)：98-99.

2. 合理量化考核内容,实现定量与定性的良好结合。未来在对高等院校的教职工进行考核时,实现量化测评应该是一个发展趋势。然而,并非所有的考核内容都能够采用量化的方式解决。比如,对于"出勤不出力"的行为,怎样进行考核?这不是能够采用定量的考核体系来充分体现的。所以,在实际考核的过程中还必须采用定性考核的方法作为辅助。

为了确保考核结果的科学性,在设置定性考核目标的时候,必须严格遵循可操作性、科学性以及具体性原则。比如,设置"工作态度端正,认真负责"的考核指标,考核内容就非常抽象;但是如果将其修改为"在工作时间认真负责,不闲聊,不做与工作毫无关系的事情",这样就会使考核指标更具有可操作性。另外,如果在此指标中增加"能够主动承担他人抱有消极态度或者是回避的比较艰巨的任务;能够主动加班,不计较任何报酬"等内容,就会使此考评指标更加具体。这也是在设置定性考核指标时需要充分关注的问题。对于一些比较抽象、难以进行度量的内容,则要尽可能地设置一些与此相关的具有较强可操作性的考核指标,并且将其明确地表述出来,加强其科学性、可操作性以及具体性。在通常状况下,定性考核指标的比重应该在20%－30%左右,才能成为定量考核的辅助。

(四)实现考核结果与薪酬的有机结合

为了有效地发挥考核评价的积极作用、激发教职工的工作热情,要将考核结果与其实际的薪酬进行有机结合。对于在考核中表现比较突出的教职工,学校要为其提供一些物质以及精神上的奖励。年终绩效的分配也要与考核结果结合,这样才能更好地对优秀教职工的工作情况给予肯定与认可,更好地提升员工的工作积极性。对于那些确实德才兼备,并且业绩突出的教职工,学校也要对其进行提拔,将其调配到更加重要的工作岗位。① 这样才能够达到鼓励先进、激励后进的考核目的,使全体教职工都能够积极进取、认真负责,努力提升工作效率、创造工作成果。另外,学校也要采用科学的淘汰机制,对于绩效较差的教职工,要对其工作进行一定的调整。

(五)建立完善的考核信息反馈机制

绩效反馈时不但要对教职工公布最终的考核结果,而且要准确指出教职工自身存在的优势与不足,并且帮助教职工深入地分析具体的原因、制定绩效改进方案,进而推

---

① 李辉,贾晓薇.高校教师考核评价制度存在的问题及完善措施[J].辽宁师范大学学报(社会科学版),2015(5):648-652.

动教职工绩效的不断提升。为了达到考核评价的最终目的，要制定完善的考核反馈机制，确保考核机制的全面性、可操作性以及科学性，使其发展成一个科学、完善的激励约束机制。

在每次考核评价工作结束以后，要及时地将最终的考核结果反馈给教职工，使其了解自身的优势与不足，并针对具体的问题进行改进，高校也要加强对其的培训教育。然后，在下一阶段的绩效辅导中贯彻落实之前的绩效改进方案，从而有效地帮助其发展与进步。假如教职工对考核结果存在一定的异议，那么他们可以在得知考核结果以后，向相关的人事行政部门提出仲裁申请。之后再由绩效考核仲裁委员会对仲裁进行调节，最终达到彼此信任、公平公正、信息共享与及时交流的目的。

总而言之，作为高等院校管理工作中的一项非常关键的内容，对教职工的考核评价不仅关系到高校管理工作的质量与水平，而且也关系到教职工的工作积极性，关系到高校的体制改革。因此，必须对此给予充分的重视。要建立完善的考核评价体系，采用更加科学的评价方法，实现考核结果与薪酬的有机结合，优化考核评价准则，建立完善的考核信息反馈机制，进而更好地实现对教职工考核评价机制的完善与优化，充分发挥考核评价的积极作用，推动高校教育改革工作的顺利开展。

〔李霞，中国传媒大学人事处〕

浅谈“融媒体”时代环境下的教师专业发展

◈ 胡洪春

“融媒体”是一个在“全媒体”的基础上诞生的一个更适合于当下社会的概念和理念。作为一个概念,“融媒体”不是一个独立的实体媒体,而是一个整合、利用广播、电视、互联网优势,使其功能、手段、价值得以全面提升的一种融合运作模式;作为一种理念,它以发展为前提、以扬优为手段,把传统媒体与新媒体的优势发挥到极致,使单一媒体的竞争力变为多媒体共同的竞争力,从而为“我”所用,为“我”服务。“融媒体”给当下的社会带来了颠覆性的变化,也给教育带来了史无前例的影响。“数字化、网络化、智能化和多媒体化”成为对当下信息化时代的精确概括,其基本特征是“开放、共享、交互、协作”。从教育的角度来看,信息技术对教育产生的直接影响便是:知识的信息化、信息的技术化、技术的工具化和工具的智能化。这四个方面给教师的教育教学及生存方式带来了强烈的冲击与挑战。

第一,信息开放与共享弱化了知识的权威性,同时弱化了教师的威信和地位。“师者,所以传道受业解惑也”,自古以来,教师作为知识的代言人和学生成长的引导者,在学生面前具有很高的威信,这是教师成为课堂教学中心的一个主要原因。“融媒体”时代信息的公开与共享,使得学生可以随时获取想要的知识信息,教师、课堂、学校不再是学生获取知识的唯一渠道,学生可以通过多种方式和途径学习,这就打破了教师对于知识的垄断以及对于学生学习行为的直接控制。“开放、共享、交互、协作”的信息化特征,要求老师们放低姿态、调整心态。传统的知识传授方式发生了转变,教育教学更加趋向于民主、协商、对话。教师不再仅仅是“传道”——传播知识,而更倾向与同学生一起“论道”——商讨知识。

第二,网络时代的到来提升了学生的主体地位,改变了教师教学方式与学生学习方式的秩序、结构和模式。有研究者指出,“与传统课堂教学环境下的学习相比,技术密集型的非线性学习具有学习时间的碎片化、学习空间的多样性、学习内容的离散性、拖拉式的信息传递、知识建构的主动性等重要特征"[①]。随着信息化、交互式、协作式等学习方式的崛起，学习者的学习行为渐趋个性化、多元化、非同步性和非连续性，教师的教学方式与学生的学习方式的结构和模式等都在发生改变。例如，以信息化为依托和前提，当前课程与教学改革强调"以学习者为中心"的教学理念，MOOC（大规模网络开放课程）、微课、翻转课堂等新兴课程与教学形态的产生，改变了传统教学的时空结构和生态秩序，并促使师生关系在信息化环境下重组。老师的教育教学从以教为中心向以学为中心转变，从知识传授为主向能力培养为主转变，从课堂学习为主向多种学习方式转变。

第三，随着教学方式和学习方式的转变，学习的空间、时间、内容、环境以及价值和意义也都在随之改变。国际互联网上掀起的"数字化学习"风暴席卷全球，新的"We all learn"时代已经到来。如今，课堂已经无处不在，学生可以通过网络开放平台，在任何自我能支配的时间、任何能上网的地点，以任何方式选择自己喜欢的课程内容。同样，学习也无处不在、无时不在，学生可以同课堂以外的他人、团体一起学习，他们可以运用云计算、云教育、大数据、大资源等互联网交互平台，采用"书本学"与"网络学"相结合的学习模式，实现在线学习、网络课堂学习、远程学习等多重学习。

在"融媒体"时代，技术的进步对教师的专业发展提出了新的挑战、新的内容和要求：教师不仅要在教学知识、学科知识方面得到发展，还需要掌握信息技术教学应用的知识和技能。世界各国及国际组织高度重视信息技术对教育变革的推动作用。联合国教科文组织（UNESCO）在《2012—2015 教师战略》中提出"利用包括 ICT 在内的多种方式提升教学量，促进教师专业发展"[②]。我国政府在 2015 年 3 月提出"互联网＋"国家发展战略，并在《国务院关于积极推进"互联网＋"行动指导意见》和《关于"十三五"期间全面深入推进教育信息化工作的指导意见（征求意见稿）》中，明确指出信息技术对教师专业发展的重要影响，需要高度重视"互联网＋"战略的历史意义。[③] 信息化时代的教师发展，面临的是机遇，也是挑战，教师们在新的教育形势下，需要在变革中坚守，在坚守中创新。在知识信息化、信息公开化、工具智能化的新时代，教师专业发展也面临着从"知识化生存"到"信息化生存"，进而到"智慧化生存"的转型。

教师要主动变革职业观念、专业技能、事业追求。首先，职业观念的变革。在新的

---

① 王继新，等.非线性学习：数字化时代的学习创新[M].北京：高等教育出版社，2012：2-3.

② UNESCO. UNESCO strategy on teachers（2012－2015）[EB/OL].[2016-12-26].http://unesdoc.unesco.org/images/0021/002177/217775E.pdf.

③ 国务院.国务院关于积极推进"互联网＋"行动的指导意见[EB/OL].（2015-07-04）[2016-12-26].http://www.gov.cn/zhengce/content/2015－07/04/content_10002.htm.

时代环境下，教师要重新定位自己的角色，转变传统的“老夫子”形象，充分运用信息技术，选择、组织有效教育资源为学生的学习与发展提供最优服务。教师已不再是法定知识的化身和替身，不再是知识的“搬运工”。教师工作的性质和方式要求教师有新的职业观念，即从“权威控制”转向“民主协商”，从“命令教学”转向“服务学习”，要充分、有效地运用信息技术组织教育教学，创设新的适合学生成长的教学模式和学习情境，从知识中心转向问题中心，从教学中心转向发展中心；为改善学生的学习体验，提高学生的学习兴趣、学习产出和学业质量创造良好的学习环境。其次，专业技能的变革。在信息化时代和数字化学习环境下，学生的学习内容更多地指向寻求信息意义和判断信息价值的能力，而教师的教学要求则是指导和帮助学生在信息世界中发现自我、发展自我并积极地构建个人与他人以及社会的良好互助关系，这是教育工作者的重要使命。虽然新的时代环境下教师不需要像过去那样拥有“一桶水”或者“一缸水”，但却需要将海量的知识信息转化为有效的教学资源，将抽象的学习资源转化为具体的学习情境，将潜在的学习资源转化为现实的学习条件，并且能够“简化、净化、优化、平衡”各种学习资源、工具和环境，使之有利于学生的充分、全面、健康的发展。最后，事业追求的变革。信息化的发展与进步，已给老师提出了新的时代要求：教师不仅要掌握渊博的教育知识和娴熟的信息技术，更需要具有卓越的教育智慧和育人艺术。教师专业发展必须依靠、借助信息技术，但更要超越工具理性，摆脱技术依赖。如何有效地对知识、信息、技术、工具加以整合并合理地运用，以促进学生的全面发展，尤其是思维方式、创新精神和实践能力的发展，是新时代教师的主要工作职责。“融媒体”时代教师的事业追求绝非“数字化教师”，而是“智慧化教师”、一位教育教学的智者。只有成为智者，才能成为一名优秀的教师。

新的时代背景下，大学教师的专业发展既需要自身的不断努力，也需要学校和国家的大力支持，只有双方共同努力，教师的职业发展才能得到理想的效果。对于教师自身来说，要不断通过自我学习来提升素质。社会的发展、信息时代的特点、职业的需要都要求教师做一名终身学习者。教师要善于利用信息化条件和工具，学习新知识、培养新技能，并通过不断反思和自我评价，补齐自身“各种短板”，提升素质。在学校和国家层面，第一，信息化环境下教师的专业发展具有连续性和持续性特点，保证教师专业发展需要建立健全教师专业发展的各项支持政策并增强执行力度，要制定严格、完善的政策法规体系，就资金投入、质量标准、师资要求、基础设施、监督保障措施等方面出台明确、规范的政策措施，使教师专业发展相关政策系统化、完善化。第二，在开发具有针对性的培训课程资源的基础上，为教师提供可选择的定制化培训。建立教师专业发展课程资源服务机制，根据不同专业、不同特点的教师的自身情况，设计相对应的个性化的教师专业发展培训，即在教师专业发展实践中，不仅关注整体层面的教师专业发展，更关注区域层面及教师个体层面发展的特点，满足教师专业发展目标、发展内容以及教师专业活动等的个性化需求。第三，建立有针对性、个性化的教师专业发展项目评估体系，保证教师专业发展的持续性、高效性和稳定性。定期对相关教师培训项目进行总结评估，及时发现问题，进行自我改善，以确保教师培训的有效性。同时，研究制定教师专业发展项目评估指标体系，从政策制定、需求层次、技术支撑、方法模式、持续评估等维度，梳理出教师专业发展的关键指标，注重对教师专业发展给学生学习带来的影响进行评估，注重对有技术支持的课堂教学质量进行评估。针对不同专业、不同层次的教师专业发展项目的实际情况，予以赋权重和灵活调整，并将评估的结果作为项目后续发展和改进的重要参考，促使教师专业发展效果持续、稳步、整体提升。此外，在教师专业发展评价中倡导评价模式多元化，在对教师的教育教学进行测评的同时，也可以通过学生的学习成果对教师的能力进行评估，实现学生发展和老师发展的互动和共赢，在实现对教师专业发展进行评价的同时，达成“促进学生发展”的最终目标。

目前，教师的专业发展已在国家的教育规划与政策实施过程中上升到了重要的地位，在“十二五”期间，国家设立了三十所国家级教师发展示范中心，引领其他高校的教师发展中心的发展，共同为高校教师的专业发展提供服务平台。但在推进面向信息化环境的教师专业发展的过程中，我们仍然面临诸多挑战，主要表现在：信息化教学的普及程度和实施效果亟待提升；一些教师培训的内容缺乏针对性和时效性，培训中存在“完成任务”的现象；教师专业发展项目未能帮助教师有效地使用技术；教师专业发展项目普遍缺乏系统有效的评估等。这些问题和挑战制约了信息技术环境下教师专业能力的发展，这也将是今后在推动教师专业发展工作中应重点解决的问题。

总之，“融媒体”时代环境下，教师既要继承以往教师专业发展的丰富成果和成功经验，又要适应环境、面向未来，以不断提高教学能力、职业竞争力和专业发展层次为目标导向，以提升个人终身化学习能力、信息化教学能力、国际化教育研究能力与智慧化教学创新能力为核心，以强化专业发展意识、教育理论修养和为国家培养合格人才为先导，树立持之以恒的奉献精神、坚持不懈的创新精神和不断提高的发展精神，以知识积累、知识管理、合作互助、教育实践、总结反思、研究创新为途径，以信息技术为后盾，充分发挥信息技术的优势。同时，既要充分发挥个人能动性和创造性，又要善于借助学校帮助和国家力量，在追求个人发展的同时，促进学生的健康成长与发展，为国家和社会的发展贡献一己之力，形成“个人—学校—国家”的良性互动，最终实现个人发展和教师群体的共同发展。

〔胡洪春，中国传媒大学教师发展中心〕

高校工资管理系统的设计与实现

◈ 张露予

近年来,随着高等教育体制改革的不断深入,以及信息化技术的迅猛发展,高校在行政管理方式上也进行着深刻变革。构建高效信息化协同办公平台,不断提高高校的办学质量和管理水平,已成为高校行政管理方式改革的必经之路。

高校人事管理系统建设作为高校行政管理方式改革和信息化建设的重要组成部分,是进一步推进高校信息规范与协同办公的重要内容。根据国家相关的规定和政策,人事管理过程中所涉及的晋升、调动、聘任、处分等,最终都会体现在职工的工资项目上。工资管理作为一切人事管理工作的最终落脚点,是职工人事变动的重要依据。

一、高校工资及管理系统现状

(一)手工重复,低效易错

每月在制作工资表时,人事处将变动数据或发放数据提交财务处,财务处完成变动数据或发放数据的录入,这相当于人事工资业务的重复完成。工资业务的数据量大且复杂,具有很强的政策性,准确度要求高。数据处理过程中,由于人事和财务交接需要耗费时间,变动信息容易发生变化,易出错;另外,由于每个月工作连续性弱,如果想找到某一位职工以前的变动数据,可能需要找出十几张电子表格或翻动几摞存档记录,大大降低了工作效率。

(二)整合较晚,数据分散

在互联网时代,大数据已开始为具体的工作服务,高校的信息化建设也已初具规模,高校不同部门基本都有自己的局域网和数据库,但还缺乏统一的数据规划和标准,基于网络的信息共享和协同工作比较少,仅限于简单的数据查询、导入、导出等操作。

比如工资方面，人事部门缺乏完整的工资数据，财务部门缺乏职工的实时信息，或者数据仅可以查询，难以用于实时调查、分析等。

（三）人才缺乏，基础薄弱

高校信息化建设需要既掌握这种复合型管理工作规范又对软件应用和开发比较精通的复合型人才，但目前这种复合型人才非常稀缺。现在绝大多数高校会购买市面上一些模块和功能比较细致全面的人事管理系统，再花1—2年的时间由公司开发人员和高校具体管理业务人员沟通，进行二次开发，这样才可能适应各高校不同的管理模式和需求。

（四）规则复杂，特例丰富

高校工资管理工作主要依照国家的相关政策开展，审核和监督的重点是检查工资标准确定过程中各项工资数据是否按照相关政策进行确定或调整。在实际工作中，一方面要确认变动数据本身的准确性，另一方面还要掌握不同人员在不同时期执行的不同工资变动政策可能对当下工资变动产生的影响，常存在特殊情况，无法用统一的规则进行计算，无论是系统计算还是人工计算都需要特别留意。

目前，各高校的人事管理系统有第三方软件，也有校内教职工自行研发的产品，而所购买的第三方软件比较分散。这可能是因为各高校虽然体制相同，但实际情况不同，所以选择比较分散。不论是第三方软件，还是自行研发的系统，多倾向于满足某一特定需求，大都很难做到功能全面，因而难以满足各高校的实际情况和需求变化。这些软件不但前期导入数据量大，而且需要针对各高校的不同情况进行特殊设计，再编写代码，很多上报的数据表、整体情况分析都需要从无到有的设计才能实现，维护成本较高，所以也有很多高校只实现了工资管理系统的基础记录功能，而没有通过系统全面处理工资管理的各个环节。

二、工资管理系统目标

过去纯手工的管理办法让工资制作、发放工作的完成效率非常低下，且手续烦琐，遇到大批量调整工资时，经常需要反复核算才能完成，耗费了大量的人力、物力、财力。工资管理系统的目标为：

(1)针对我校工资管理需求的实际情况，实现功能定制，操作界面简单易懂，功能实用，未来能够适应我校网络中心建设校园整体网络的需求。

(2)利用发展迅猛的计算机和网络技术,能够在同一个身份信息条件下,对人员的基本工资、绩效工资、补贴、保险等进行计算和发放;设计系统,通过系统对工资的制作、发放流程进行监控,提高办事效率,减少具体工作人员的纯体力耗时劳作。

(3)能够将员工的其他收入、公积金缴存情况等录入工资管理系统,从而提供不同层次、角度的工资数据分析,在此基础上,快速、及时、准确地为校领导提供更为丰富的教职工收入水平数据、绩效考核数据等,帮助学校制定适合学校发展的工资管理政策和计划。

(4)能够方便教师的查询和预估,以及工资管理人员对数据的导出备份、存档打印。有较丰富和灵活的筛选条件,根据不同岗位的查询需求显示不同的查询内容。

(5)考虑到高校工资改革是一个长期、可持续的过程,应该保证系统具有良好的扩展空间和较好的维护环境。

三、系统实现

(一)设计模块与规范

首先,按照人员工资发放情况建立工资组及涉及的工资项目,设置不同工资组的管理模块。基本包括在职、绩效、退休、离休、博士后、派遣、合同制、遗属等八个组别,分别管理基本工资、绩效工资等的发放。

其次,设置各工资项目的标准和使用规范。目前我校共有工资项目80余个,各工资项目标准近400条,要把工资按基本工资、国家统一津贴补贴、改革性补贴、93工改保留补贴等项目分类,设置不同项目的变动方式和使用月份。

再次,设置不同变动原因对应的工资组及包含的工资项目,设置变动工资项目的计算逻辑。不同变动原因会涉及不同的后续工作,比如正常晋升薪级、转正定级、工龄认定、岗位聘任、职称聘任等都涉及打印存档工资表的工作,打印表直接关联变动原因,所以变动原因的设置要清晰且避免重复。

最后,设置审核流程。按照工资组分别审核,审核人员可以对数据进行修改、撤销,对信息进行补充,只有审核通过的变动数据才可生成发放数据。

(二)数据内容整理导入

导入某一月份的财务发放数据作为工资系统启用的原始数据,在此基础上录入当月工资变动,继而生成下月发放数据。以后财务发放数据按月导入,且与人事工资管理项目进行核对，再次确认人事处工资项目发放的准确性，形成人事发放数据组和财务发放数据组，使工作人员可以分别查询人事发放数据与财务统筹职工所有收入后的发放数据。历史数据的整理工作比较耗时费力，比如导入每个月的工资表时要核对工资项目的变化，以及教职工工作证号码的变化，尤其是人员编号的变化，这种情况涉及职工的变动。导入的过程需要负责人员仔细完成，确保准确无误。

将历史数据导入系统，解决了以往查询一个人一段时间工资情况需要打开十几张表格进行搜索且需在各种表之间切换对比的困扰，现在只要在系统中搜索职工的工作证号，即可看到已导入的该职工所有月份的工资数据。我们还整理了近一年的工资变动数据，也就是职工因什么原因、在什么时间发生了什么变动的数据，更好地实现了数据的汇总和计算。越来越丰富的历史数据也给数据统计、分析功能的实现创造了条件。目前已导入 2016 年包括在职、离休、退休、人才派遣等情况的 31 000 余条工资数据，发生变动 4 700 余条，生成发放数据 17 000 余条；2017 年年初的工资年报，在丰富的历史数据基础上，基本实现了系统统计、测算的功能，节约了工作人员的时间，更提高了数据的准确性。

(三)功能测试对比

通过逐个对工资管理功能进行测试，可以发现与需求不符或矛盾之处，从而进一步完善系统功能，确保系统工作的质量。不定期出现的各种变动原因，不断给工资管理系统提出新的挑战。自试运行工资管理系统以来，为确保数据的准确，需要先按照传统计算方式手工制作工资数据，再把所涉及的工资逻辑设置到系统中，然后通过系统实现计算。如果两种办法计算出的工资数据完全一致，且导出的项目、标准等数据无误，涉及的计算功能基本可以投入使用了。目前测试使用过的变动原因有 40 多个，比如事业编起薪、调薪、停薪、职称聘任、岗位变动、工龄认定、转正定级，退休起薪、停薪，自费出国、归国，公派出国、归国，非事业编起薪、调薪、停薪、岗位变动、工龄认定、转正定级，遗属去世等，这些日常变动原因出现频率较高，系统计算已比较成熟，但像正常晋升薪级、事业编批量调薪、离休人员批量调薪、退休人员批量调薪、离休人员享受 1—2 月生活补助等变动原因，一年甚至更长时间才会出现一次，且有些调资政策也会调整，就只能测试实现共性较强的功能，无法细化。由于工资政策性强且与每个人实际情况密切相关，我们很难编造与实际情况相近的职工信息、工资数据进行测算，所以工资管理系统的测试和使用基本同步进行，只有用真实数据测算，才能让工资管理系统的各项功能更好地实现。

（四）规范工资信息存档机制

生成发放数据后，可以打印当月涉及存档人员的工资表格；在变动查询中，可以查询所有变动记录，筛选变动原因，即可打印相应的存档工资表。尤其是对于批量调薪的工资表存档，在系统中设计好模板后直接打印，既省时又省力，解决了高校长期无法打印存档工资表的难题。工资的制作常常是相对滞后的，实际发放涉及补发，各种存档工资表的兑现日期在半年前、一年前甚至多年前的情况颇多，这种逻辑的交错非常容易产生错误，而系统记录和打印有时是可以帮助管理者校对数据的。系统和表格的设计很细致，就像正常晋升薪级的存档工资表，要注意区分使用工资实际的兑现时间、变动时间、补发时间信息，存档表格的兑现时间并非工资实际的兑现时间，而是制作工资变动时的时间。在用系统打印在职人员调整工资标准、正常晋升薪级的存档工资表的过程中，我们发现对于个别情况特殊的人员，其与大多数人不同的工资计算方式还无法在系统中实现，只能手动调整记录，这给不熟悉职工情况的管理者的工作增加了难度。

随着在职人员、离退休人员工资管理的相关功能基本实现，我们开始探索合同制工资、劳务派遣工资、教职工考勤、绩效工资系统。在工资的制作、报送、存档、统计、数据传递等功能实现以后，我们希望开发一些方便教职工使用的小工具。高校发放工资的职能部门和二级单位较多，教职工往往无法预先知道下个月发放的项目和金额，更无法预知需要多交的税款，如果能通过整合即将发放数据来预知个税，或者根据税率倒算出合理的预发方案，也会给工资的制作和发放带来更多的主动性。相信在校园信息化建设以及成熟的网络开发技术的基础上，高效、快捷、准确的高校工资管理系统和共享、协同办公的数据信息平台终将出现。

〔张露予，中国传媒大学人事处〕